AI시대 위험 리터러시 기반 안전교육

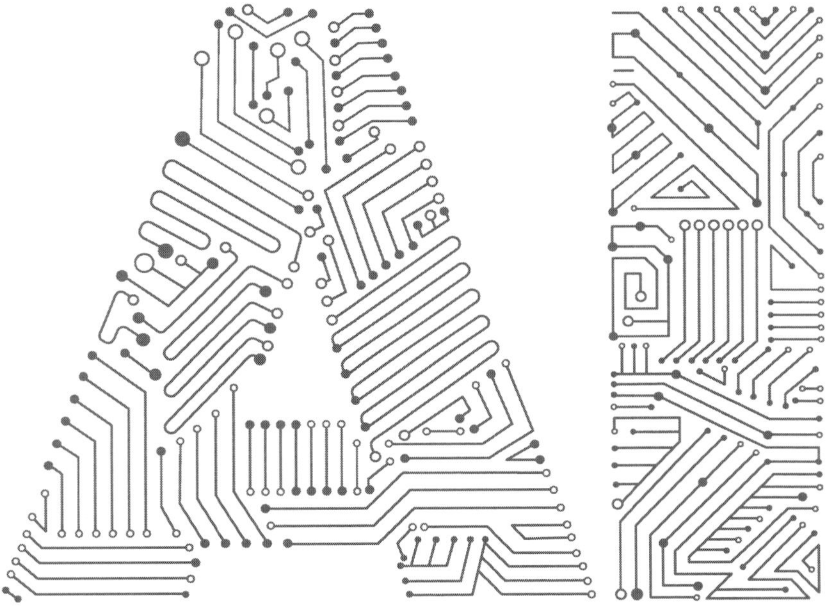

RISK LITERACY

김진석 · 장은숙 지음

AI시대 위험 리터러시 기반 안전교육

한국문화사

머리말

AI의 발달로 챗 GPT, Gemini, Perplexity 등을 통해 필요한 정보를 손쉽게 얻을 수 있고 여러 사람들이 협업하여 완수해 오던 실생활의 과업들을 특화된 AI에이전트들 간 협업으로 짧은 시간에 해결할 수 있지만, 그럴듯하고 인지하지 못할 만큼 정교하게 엮어진 잘못된 정보들이나 바른 판단을 방해하는 편향된 관점으로 치명적인 위험에 직면할 수 있다. 보고 싶은 것만 보고 믿고 싶은 것만 믿도록 관련 정보를 지속적이고 정교하게 제공해 주는 알고리즘의 굴레 속에서 살아가게 되면, 세상을 자기 주도적으로 살아가지 못하는 우려가 현실이 될 수도 있을 것이다.

우리의 일상은 사건(event)의 연속이다. 사건들은 행위자, 시간, 공간, 사물 등이 어떤 상황에서 역동적으로 연결되면서 언제나 어디서나 발생된다. 루틴하게 살아가는 일상이 동일한 사건들의 연속으로 생각될 수 있지만, 온전히 동일한 사건은 일어나지 않는다고 볼 수 있다. 사건은 잠재된 요인들이 실시간으로 연결되고, 누가 무엇을 어떤 맥락하에서 그들을 어떻게 연결하느냐에 따라 새로운 사건이 실시간으로 발생하기 때문이다. 예컨대, 행위자의 신체 상태나 자신이 취한 신체 동작으로 사건이 발생하기 시작한다. 사건이 사고나 재난(disaster)으로 이어지는 주요 원인들 중 하나는 사고를 유발하거나 영향을 끼치는 행위자의 심리적 상태이다. 개인의 특유성(singularity)에 맞춤식으로 미세 조정하면서 상호작용하는 챗 GPT는 가상 세계과 현실 세계 간 구분을 모호하게 하여 행위자의 심리적 상태를 흔들 수 있다. 경우에 따라서는 위험을 감수(risk taking)할 수 있는 정도를 뛰어넘는 행동으로 이어져 안전하게 살아가야 할 일상의 삶이 위협받을 수 있다.

일상의 삶에서 사건을 만드는 매개 요인들은 사소한 위험이나 감수할 수 있는 위험이 있지만 용인할 수 없는 위험도 유발할 수 있다. 행위자가 용인할 수 없는 위험 요인(hazard)을 제대로 인지하지 못하고 상황과 연결하게 되면 사건이 사고나 재난으로 이어질 수 있다. 유럽연합에서는 인공지능 개발 및 사용에 관한 규제로 AI시스템의 위험 수준을 위험 기반 접근법(risk-based approach)에 따라 허용할 수 없는 위험(unacceptable risk), 고위험(high risk), 제한된 위험(limited risk), 위험 최소화(minimal risk)로 나누고 있다. 인간의 존엄, 자유, 평화 등 기본 가치를 위반하는 경우(예, 의사결정 왜곡, 사회적 평점, 안면인식 데이터베이스, 감정추론 등)를 허용할 수 없는 위험으로 분류한다. 또한, 건강, 안전, 기본 권리에 중대한 위험을 초래할 수 있는 민감한 분야(예, 채용, 금융, 공공 서비스(의료)분야 AI시스템 등)는 고위험으로 분류한다. 여기에는 적합성 평가, 기본권 영향 평가, 수행 품질 관리 체계 구축, CE마크 부착, 위험관리, 기술문서 작성, 로그 기록 보존, 인간의 관리 감독 등을 의무로 하고 있다. 사람과 상호작용하는 AI시스템 중 비교적 낮은 위험을 가지며 혼란을 초래할 수 있는 제한된 위험의 경우(예, 챗봇, 딥페이크 등)에는 사람과 상호작용하는 사실을 고지하고 AI 산출물이라는 사실(기계판독 워터마크)을 고지할 의무를 명시하고 있다.

위험 요인이 사고나 재난으로 이어지지 않도록 하기 위해서는 우리는 위험 리터러시를 함양해야 한다. 위험 리터러시는 위험 요인을 분석하고 예측하며 제대로 판단하고 행동하도록 하는 핵심 생활 기능이기 때문이다. 위험한 상황에 대한 주관적인 이해와 객관적인 이해 간 간극이 클수록 위험 요인이 사고로 이어진다. 따라서, 위험 리터러시 기반 안전교육에서는 학습자들이 그 간극을 최소화하는 교사의 스캐폴딩, 피드백, 모니터링이 중요하다. 여기에는 위험 요인을 단편화하지 않고, 사회적 불평등, 정보의 공정성과 신뢰성, 제도적·정책적 책임 등 복합적 요소들이 고려되어야 한다. 이런 측면에서, 교사는 위험교육에서 위험 리터러시를 핵심 리터러시로 하고, 미디어 리터러, AI디지털 리터러시, 데이터 리터러시, 과학 리터러시, 커뮤니케이션 리터러시, 상호작용 리터러시, 교육과정 리터러시, 평가 리터러시 등을 중점 리터러시로 하여, 학습자들이 과학적 지식과 가치 판단, 사회·문화 맥락에 대한 통합적 이해와 행동 실천을 할 수 있도록 수업을 설계하고 구현할 필요가 있다.

1부에서는 '위험 리터러시 기반 안전교육의 목표와 내용체계'를 1장의 'AI시대 위험 리터러시와 안전교육 개관', 2장의 '학교 안전교육 정책의 방향', 3장의 '위험 리터러시 기반 안전교육의 목표 및 구성요소', 4장의 '위험 리터러시 기반 안전교육 실러버스'로 나누어 살펴본다.

AI시대 위험 리터러시와 안전교육의 프레임워크인 1장에 이어, 2장에서는 개개인들이 안전문화를 정착시키는 데 참여하고 안전규칙을 존중하며, 위험이 어떻게 사고로 이어지는 지에 대한 이해와 판단을 이끌어낼 수 있고, 이러한 인식이 행동과 실천으로 나타나도록 학교 안전교육 관련 교육과정을 개정하고 법령을 제·개정한 현황을 살펴본다. 또한, 학교 현장에서 학교안전지원시스템을 기반으로 위험관리체계를 구축하고, 자료실의 학습자료를 활용하여 학습자들의 안전의식을 제고하도록 하기 위해 교육부가 3년마다 발표하고 추진하는 학교 안전사고 예방 기본계획을 짚어본다. 더욱이, 독일, 미국, 일본의 안전교육 정책과 영국

왕립사고예방협회(Royal Society for the Prevention of Accidents: RoSPA)의 안전교육 정책을 고려하여 우리나라 학교 안전교육 정책의 방향을 제시한다.

3장에서는 학습자들이 위험 리터러시를 함양할 수 있도록 시대적·사회적 요구와 학습자들의 니즈를 고려하여 목표와 구성요소를 설정한 후, 위험을 관리하고 위험에 대해 소통하는 능력을 함양하는 방안에 대해 살펴본다. 교사가 위험 요인을 분석·확인하고(identify), 그 결과를 바탕으로 수업을 설계하며(design), 학습자들이 위험한 요인을 인식하고 해결하는 방안을 토의·토론하여 과제를 완수하거나 문제를 해결하게 할 뿐만 아니라(execute), 그들이 학습 목표를 제대로 달성하였는지를 관찰·평가하는(assess) 일련의 과정을 성찰(reflect)하는 IDEAR전문성을 길러야 하며, 이를 위해서는 위험 커뮤니케이션과 위험관리 능력이 무엇보다 중요하다는 것을 설명한다.

4장에서는 학습자들이 반드시 학습해야 할 내용이 무엇인지를 논의하며, 위험 리터러시 기반 초학문적·간학문적·다학문적·융합적 실러버스의 특징과 구성 방법에 대해 살펴보고자 한다. AI시대에는 테크놀로지의 기하급수적인 발달로 전동휠, 전동킥보드, 전동 스케이트보드, 전기자전거, 전기 오토바이 등의 퍼스널 모빌리티뿐만 아니라 한층 업그레이드된 컴퓨터, 스마트폰, 로봇, 드론, 어시스턴트, 가전 제품, 자율주행차 등으로 위험 요인들이 확장되고 심화되고 있다. 잠재된 위험 요인들이 사고나 재난으로 이어지지 않도록 그들을 포함하여 교육과정의 내용을 설정할 필요가 있음을 논의한다. 이러한 내용들을 초학문적·간학문적·다학문적·융합적 실러버스로 설계하여 학습자들에게 효과적으로 위험 리터러시 기반 안전교육을 실행하는 방안을 제시한다.

2부에서는 '위험 리터러시 기반 변혁적 안전교육(수업 설계와 구현)'을 5장의 '위험 리터러시 기반 변혁적 안전교육', 6장의 '위험 리터러시 기반 수업 설계와 과제(task)', 7장의 '안전 및 건강 관련 위험교육: 다학문적 실러버스', 8장의 '기후재난 관련 위험교육: 간학문적 실러버스'로 나누어 살펴본다.

5장에서는 위험 리터러시 기반 변혁적 안전교육의 방향을 짚어보고, 위험 리터러시 기반 안전교육을 효과적으로 구현하는 방향에 대해 살펴보고자 한다. 학교 안전교육에 대한 보다 총체적이고 균형 잡힌 접근 방식으로, 공식 및 비공식 커리큘럼, 정책(서면 및 실행) 및 교직원, 학생, 부모, 보호자, 다른 기관 및 더 폭넓은 지역사회 간의 관계성을 포함하는 총체적 학교 접근(whole school approach)을 제시한다. 학교 안전 정보에 대한 학교 구성원(학생, 교직원, 학부모)의 접근성을 강화하여 모두가 함께 참여하는 안전 문화의 정착 방안이기 때문이다. 총체적 학교 접근을 바탕으로 위험 요인 지각 훈련 프로그램 기반 프로젝트 수업, 위험 사례 중심 스토리텔링, 위험 리터러시 기반 체험 중심 안전교육의 실행 방안 등을 논의한다.

6장에서는 위험 리터러시 기반 효과적인 수업 설계와 과제에 대해 살펴본다. 위험교육에 사용할 과제를 개발할 경우, 학생들이 위험 요인에 대해 인지하는 데 그치지 않고 위험을 예측·판단·실천하는 능력을 함양하도록 수업을 설계하는 방향을 제안한다. 또한, 교직원, 학생, 부모, 보호자, 다른 기관 및 더 폭 넓은 지역사회 간의 관계성을 포함하는 총체적 학교 접근 방식을 고려한 과제를 완수하거나 수행할 수 있도록, 통계 정보 제공시스템의 고도화와 빅 데이터 분석 기법을 활용하여 위험 리터러시 기반 학교급별 맞춤형 위험교육의 예방 방안을 마련하기 위한 과제의 개발 방안을 논의한다.

7장의 '안전 및 건강 관련 위험교육: 다학문적 실러버스'에서는 학습자들의 위험 리터러시 기반 안전의식을 함양하기 위해, 교육과정과 교과서에 안전 및 건강 관련 내용을 제안하며, 그 내용을 반영하여 교재를 구성하고 교수–학습의 방향을 살펴본다. 학습자들이 실질적으로 안전 및 건강 관련 위험을 인식하고 위험 요소를 제거·감소할 수 있는 능력을 함양할 수 있도록 하기 위해서는 학습자들이 위험 요인에 적극적이고 능동적으로 대처하는 태도를 기르고, 위험을 지각·이해·분석·예측·결정하는 지식 및 기능을 함양하며, 위험을 신중하게 판단하고 대처하는 실행력을 함양해야 한다. 이를 위해, 위험 리터러시 기반 안전 및 건강 관련 교수·학습 및 평가 방법을 설계하고 실행하는 방향을 논의한다.

8장의 '기후재난 관련 위험교육: 간학문적 실러버스'에서는 지역·국가·글로벌 기후위기의 최근 동향을 살펴보고, 학습자들을 위한 위험 리터러시 기반 기후재난 관련 목표 및 내용 체계를 짚어보며, 기후 위기를 해결하기 위한 위험 리터러시 기반 기후재난 관련 교수·학습 및 평가 방법을 제시한다. 유치원과 초등학교에서는 학습자들이 교사의 스캐폴딩을 받아 기후재난 관련 위험 요인을 기초적으로 지각·이해·분석하여 위험에 능동적으로 대처하는 능력을 신장하도록 하고, 중·고등학교에서는 학습자들이 위험 요인을 심도있게 지각·인지·판단하여 위험에 스스로 대처하는 위험관리능력을 함양하도록 체험활동을 설계하고 구현할 수 있는 방안을 제안한다. 유치원과 초등학교에서는 교사가 임장하여 학생들이 위험 요인을 인지하고 판단하도록 스캐폴딩하지만, 중·고등학교 학교급에서는 위험 요인에 대해 학습자 나름대로의 관점을 가지고 메타 인지적 자기지식으로 위험을 해결하는 능력과 관리하는 능력을 함양하는 방안을 마련해야 하기 때문이다.

이 책을 완성할 수 있도록 도움을 주신 한국문화사 김진수 대표님, 조정흠 부장님, 유동근 대리님께 감사의 뜻을 표한다. 여러 가지 부족한 책이지만 독자들이 이 책을 통해 조금이나마 도움을 얻을 수 있다면 큰 기쁨이다.

2025년 눈 내리는 캠퍼스에서

저자 씀

차례

서문 · 5

1부 위험 리터러시 기반 안전교육의 목표와 내용체계 15

제1장 AI시대 위험 리터러시와 안전교육 개관 17

1. AI시대에서의 위험 18
2. 위험 리터러시란? 22
3. 위험 리터러시 기반 안전교육의 방향 30
4. 위험 리터러시 기반 학교 안전교육 프레임워크 34

제2장 학교 안전교육 정책의 방향 41

1. 학교 안전교육 관련 교육과정 현황 42
2. 학교 안전사고 예방 기본계획 49
3. 안전교육 정책의 동향과 접근 방식 54
4. 우리나라 학교 안전교육 정책의 방향 67

제3장 위험 리터러시 기반 안전교육의 목표 및 구성요소 85

1. 사고발생의 단계와 빙산 모형 86
2. 위험 리터러시 기반 학교 안전교육의 목표 90
3. 위험 리터러시의 구성요소 96
4. 위험 관리 능력과 위험 커뮤니케이션 98

제4장 위험 리터러시 기반 안전교육 실러버스 105

1. 학교 안전교육 내용체계 106
2. 초학문적 실러버스 114
3. 간학문적 실러버스 119
4. 다학문적 · 융합 실러버스 124

2부 위험 리터러시 기반 변혁적 안전교육: 수업 설계와 구현 135

제5장 위험 리터러시 기반 변혁적 안전교육 137

1. 위험 리터러시 기반 변혁적 안전교육의 방향 138
2. 총체적 학교 접근 방식 143
3. 위험 요인 지각 훈련 프로그램 기반 프로젝트 수업 154
4. 위험 사례 중심 스토리텔링 159
5. 위험 리터러시 기반 체험 중심 안전교육 165

제6장 위험 리터러시 기반 수업 설계와 과제(task) 179

1. 위험 인지능력의 단계와 교수 · 학습 방향 180
2. 빅 아이디어 기반 단원 설계 185
3. 위험 리터러시 기반 수업모형 189
4. 위험 리터러시 기반 안전교육 수업 과제(task) 193

제7장 안전 및 건강 관련 위험교육: 다학문적 실러버스 203

1. 2022개정교육과정에서의 안전교육 205
2. 위험 리터러시 기반 안전 및 건강 관련 내용 207
3. 위험 리터러시 기반 안전 및 건강 관련 수업 설계 211
4. 안전 및 건강 관련 교수–학습 및 평가 방법 217

제8장 기후재난 관련 위험교육: 간학문적 실러버스 225

1. 지역 · 국가 · 글로벌 기후위기 226
2. 위험교육: 기후위기 관련 통합교육 229
3. 위험교육: 기후위기 관련 교수 · 학습 방법 233
4. 위험교육: 기후위기 관련 평가 방법 238

참고문헌 · 246

부록 · 262

찾아보기 · 265

1부

위험 리터러시 기반 안전교육의 목표와 내용체계

제1장

AI시대 위험 리터러시와 안전교육 개관

사고를 예방하기 위해 적절한 조치를 취하지 않으면, 사고는 항상 발생할 수 있다.
– RoSPA (2014)

생각하기

1. AI시대에 상존할 수 있는 위험에는 어떤 것이 있는가?
2. 위험 요인을 인식하고 대처할 수 있는 방안은 무엇인가?
3. 학습자들이 위험 요인을 제대로 인식할 수 있도록 어떻게 지도할 것인가?

AI의 발달로 챗 GPT, Gemini, Perplexity 등을 통해 필요한 정보를 손쉽게 얻을 수 있고 짧은 시간에 과제를 완수하거나 문제를 해결할 수 있지만, 완전히 디지털적이어서 기술 문화적 권력의 자장 안에서 분열된 디지털 자아로 공중 분해되는 '알고리즘적 자아(algorithmic self)' (도멜, 2014)가 되어 가는 위험에 직면해 있다. 이는 가상 세계과 현실 세계 간 구분을 모호하게 하여 위험을 감수(risk taking)할 수 있는 정도를 뛰어넘는 행동을 할 수 있다. 또한, 챗 GPT는 개인의 특유성(singularity)에 맞춤식으로 미세 조정하면서 상호 작용하기 때문에 의료나 법률 등을 상담하면서 궁금증을 해소해 주고 있지만, 판옵티콘(panopticon)[1]과 같이 테크

1 중심에 위치한 감시자들은 외곽에 위치한 피감시자들을 감시할 수 있으나, 감시자들이 위치한 중심은 어둡게 되어 있어, 피감시자들은 감시자들을 감시하기는커녕 감시자들의 존재 여부를 확

노(기업) 권력의 자원료로 취급되는 위험에 처해 있다. 이장에서는 AI시대에서의 위험 요인은 어떤 것이며, 어떻게 위험을 인식하고 대처할 것인지, 이를 위해 위험 리터러시 기반 안전교육의 방향을 어떻게 정립할 것인지를 살펴보고자 한다.

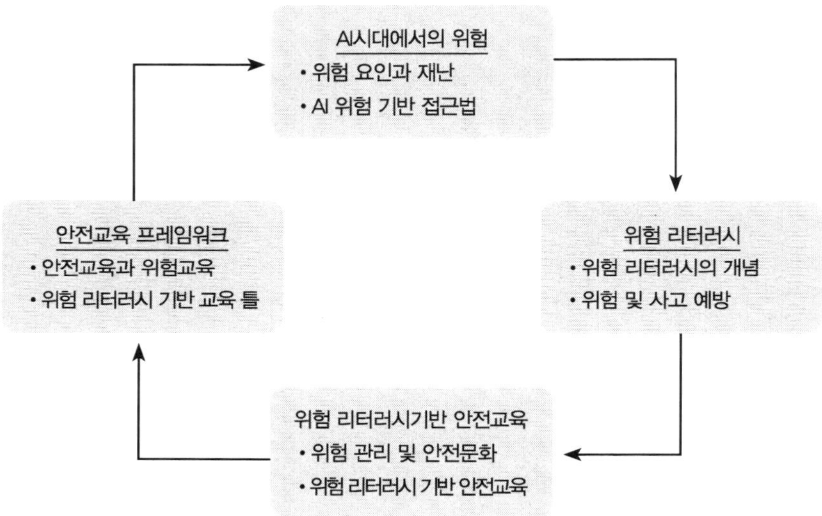

[그림 1] 핵심 내용 흐름도

1. AI시대에서의 위험

위험(risk)은 위험의 사정을 말하는 위험 요인(hazard), 위험이 발생한 사고(accident), 위험 발생의 결과인 손실(loss)이나 재난(disaster)에 밀접하게 영향을 준다. UN재난위험경감국(United Nations Office for Disaster

인하기조차 어렵게 설계되어 있다(나무위키, 2025).

Risk Reduction: UNDRR)에 의하면, 위험 요인을 인명, 재산, 환경에 사고나 손해를 초래할 수 있는 물리적 사건, 현상, 활동을 말한다. 여기에는 자연적으로 유발하는 요인도 있지만 인간이 유발하는 경우도 있다.

위험 요인을 물리적 위험 요인(physical hazard), 도덕적 위험 요인(moral hazard), 기강적 위험 요인(morale hazard)으로 세분할 수 있다. 물리적 위험 요인은 재물이나 사람에게 존재하는 물리적 또는 육체적인 성질, 사정을 말하고, 도덕적 위험 요인은 인간의 정신적 또는 심리적 요인 등 갖가지 사정이나 태도에 기인하는 위험을 말하며, 기강적 위험 요인은 잠재 의식적인 손실 욕구의 심리상태로 부주의, 무관심, 기대감, 사기 저하, 기강해이 등의 인적 사정을 의미한다(양희산 외, 2011). 특히, 부주의는 기질적 요인(심리적 귀인)과 사회–상황적 요인(상황적 귀인)을 고려하여 분류·분석할 필요가 있다[2]. 개인의 행동 및 심리적 문제로 쉽게 흥분하거나 충동적인 행동을 하고 규칙을 무시하는 행동이 나올 수 있으며, 정서적으로 불안하고 어려운 일에 직면하여 재촉받고 있거나 기분이 좋지 않을 때 사고가 발생할 수도 있다.

위험 요인이 지역·국가·글로벌 사회의 기능을 심각하게 방해하고 피해를 발생한 상태인 '사고(accident)'나 '재난(disaster)'으로 이어지는 경우가 있다. '사고(accident)'라는 단어는 원래는 라틴어 동사 'accidere'로 문자 그대로 '발생하다, 일어나다'에서 파생된다. 그러나, '사고'라는 단어는 사람마다 의미를 다르게 인식하고 있다. 영국의 사고예방왕립협회(Royal Society for the Prevention of Accidents: RoSPA)에 의하면, '사고'는

2 부주의는 개인적 요인과 사회–상황적 요인(Morrongiello과 Lasenby–Lessard, 2007)이 고려되어야 하고, 상황적 기인과 기질적 귀인을 개인의 부주의로만 진단하면 '기본적 귀인오류(fundamental attribution error)'로 재발방지대책을 양산할 가능성이 있다(Ross, 1977).

'건강하고 안전한 문화 속에 있다'라고 인식한다면 질병과 부상자가 속출하지 않을 것이다. 타인의 잘못으로 다친 사람들이 정상적인 삶을 영위하도록 하기 위해서는 재정적 도움이 필요하다는 '보상 문화'에 우리는 살고 있다(김진석, 장은숙, 2021). 무엇보다도, 안전을 우선적으로 고려하는 문화는 사고를 예방할 수 있으며, 사고로 발생하는 비용도 절감된다.

위험(risk)은 대개 부정적 함의와 연결되는 복잡하고 다차원적 개념(Nikiforidou, 2017)으로 '미래 사건이 일어날 개연성(probability)의 결과'(Adams, 2001: 30)라고 할 수 있다. 이러한 미래의 사건은 불확실하고 긍정적이거나 부정적일 수 있어서 손상을 주기도 하고 좋은 기회를 제공하기도 한다(Nikiforidou, 2017).

최근 기하급수적으로 발전한 AI는 일상생활뿐만 아니라 정치·경제·사회·문화에 긍정적·부정적 영향을 주고 있다. AI는 우리의 삶에 맞닥뜨리는 문제를 해결하거나 과제를 완수하는 데 효과적으로 활용할 수 있지만, 여러 분야에서 위험 요인을 생성하고, 그러한 위험 요인이 상황에 따라서는 돌이킬 수 없는 사고와 손해를 주고 있다. 실제, 오픈 AI에서 제공하는 챗GPT, 중국 AI 스타트 업 딥시크(deep seek) 등과 같은 도구들은 거짓된 정보를 그럴듯하게 생성·전달하는 할루시네이션(hallucination)에 대한 책임감이나 죄책감을 갖지 못하고 있다(김진석 외, 2024). 진실성을 구분할 수 없을 만큼 정교한 가짜뉴스나 딥 페이크(deep fake), 딥 보이스(deep voice) 등에 대한 죄의식이 전혀 없으며, 질문하는 상대방을 존중하거나 배려하는 것 없이 정보를 전달하고 있다(김진석, 2025).

유럽연합에서는 인공지능 개발 및 사용에 관한 규제로 AI시스템의 위험 수준을 위험 기반 접근법(risk–based approach)에 따라 다음과 같이 분류하고 있다.

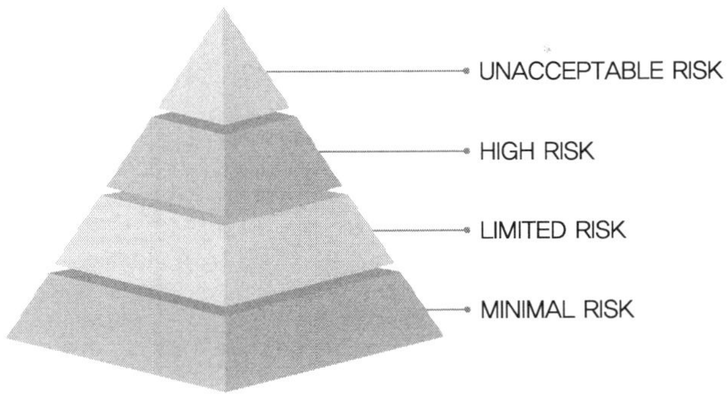

[그림 2] 유럽연합의 AI위험 등급

위의 그림에서와 같이, 허용할 수 없는 위험(unacceptable risk), 고위험(high risk), 제한된 위험(limited risk), 위험 최소화(minimal risk)로 나누고, 인간의 존엄, 자유, 평화 등 기본 가치를 위반하는 경우(예, 의사결정 왜곡, 사회적 평점, 안면인식 데이터베이스, 감정추론 등)를 허용할 수 없는 위험으로 분류하였다. 또한, 건강, 안전, 기본 권리에 중대한 위험을 초래할 수 있는 민감한 분야(예, 채용, 금융, 공공 서비스(의료)분야 AI시스템 등)는 고위험으로 분류하였다. 여기에는 적합성 평가, 기본권 영향 평가, 수행 품질 관리 체계 구축, CE마크 부착, 위험관리, 기술문서 작성, 로그 기록 보존, 인간의 관리 감독 등을 의무로 하고 있다. 사람과 상호작용하는 AI시스템 중 비교적 낮은 위험을 가지며 혼란을 초래할 수 있는 제한된 위험의 경우(예, 챗봇, 딥페이크 등)에는 사람과 상호작용하는 사실(투명성)을 고지하고 AI 산출물이라는 사실(기계판독 워터마크)을 고지할 의무를 명시하고 있다. 마지막으로, 일상의 상업적 또는 개인적 용도로 사용되는 경우(예, AI기반 비디오 게임 등)를 위험 최소화로 분류하고 실행

코드(code of practice)를 준수하도록 하고 있다.

유럽연합의 위험 기반 접근법(risk-based approach)에서 분류한 위험을 고려하여 개개인들은 일상생활에서 접할 수 있는 위험 요인을 최소화해야 한다. AI시대에는 위험을 예측하고 판단하여 위험이 사고로 이어지지 않도록 위험관리능력이나 위험판단능력을 함양하는 것이 그 어느 때보다 중요한 이유다. 이에 삶에 필수적인 생활 능력인 위험 리터러시의 개념을 다음 절에서 살펴 보고자 한다.

2. 위험 리터러시란?

학습자들은 공동체 생활 속에서 다양한 위험 요인(hazard)에 맞닥뜨리며 살아가고 있다. 오늘날의 위험 요인은 예측할 수 없을 만큼 복잡하고 여러 상황과 복합적으로 일어나고 있어서 분석하기도 쉽지 않다. 이런 측면에서, 학습자들은 위험 요인에 대한 감수성과 자기 주도적인 위험 대처 능력을 함양해야 한다. 오늘날의 위험은 주로 위협, 위험, 도덕적 공포(Garland, 2008)를 일으키는 문제들(Nikiforidou, 2017)로, 학습자 개개인에 내재되어 있는 기질적 요인(심리적 귀인)뿐만 아니라 사회-상황적 요인(상황적 귀인)을 함께 살펴보아야 한다.

최근 우리나라 사람들이 위험과 관련하여 검색하거나 정보를 조사하는 연관어는 다음 그림과 같이 도식화된다.

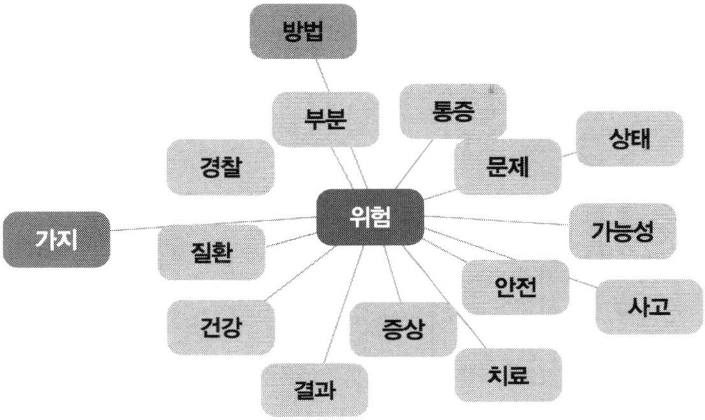

[그림 3] '위험' 연관어 분석

위 연관어는 여름 장마철 집중호우로 산사태로 자연재해가 발생할 때 분석된 것이다. 위 그림과 같이, 위험을 '통증, 사고, 질환' 등과 같이 피해야할 해로운 상황으로 간주하고 있음을 알 수 있다. 이는 위험이 변화, 가능성, 창의성의 토대가 될 수 있는 상황을 배제할 수도 있다. 그래서, 위험 요인은 무엇이고, 감수할 수 있는 용인 가능한 위험에 대한 인식을 어떻게 정립할 것이며, 위험 상황에 어떤 의사결정을 하여 대처할 것인지에 대한 능력을 함양하는 것이 중요하다고 할 수 있다. 이에, 개개인이 인식하는 위험 요인에 대한 연관어를 검색한 결과, 다음과 같이 도식화된다.

[그림 4] '위험 요인' 연관어 분석

위험 요인과 관련한 범주에는 '불확실성', '치명도', '빈도', '취약성', '노출', '잠재 위험', '잔존 위험', '리스크 관리', '위험도', '위험 수준', '위험성 평가', '위험 인식', '위험 소통', '위험 지각', '예측 모형', '모호성', '영향' 등으로 연관어가 나타났다. 재난 사고와 관련한 범주에는 '재해', '사고', '재난', '폭발', '화재', '홍수', '가뭄', '폭염', '한파', '지진', '산사태', '산업재해', '질병', '감염', '고위험군', '사고 조사', '피해', '피해 규모', '피해 심각도', '원인 분석' 등으로 나타났다. 안전 예방과 관련한 범주에는 '안전', '안전 문화', '사전 예방', '예방', '경고', '경보', '준수', '점검', '감시', '모니터링', '교육', '훈련', '비상계획', '비상 대응', '보건안전', '작업 안전', '산업 안전', '현장 안전', '보호장비', '경고등' 등으로 나타났다. 대응 회복력 관련 범주에는 '대응', '대응 역량', '회복력', '복구', '대비', '적응 능력', '회복탄력성', '비상훈련', '위기관리', '복원', '복원력', '재난 대응', '복구계획', '의료지원', '긴급출동', '복구작업', '재난 복구', '심리 지원', '지원체계', '복원 프로세스' 등으로 나타났다. 규제 관리 관련 범주에는 '규제', '법규', '관리', '정책', '기준', '허용 기준', '안전기준', '관리 기준', '감독', '통제', '평가', '보고', '교훈 도출', '위험 지수', '위험 등급', '위험 순위', '우선순위', '위험지도', '위험보고서', '점검' 등으로 나타났다.

위 범주별로 다양하게 나타날 수 있는 위험 요인을 학습자들이 제대로 인식하고 대처하는 능력을 함양하는 능력인 위험 리터러시를 기반으로, 해외에서는 체계적이고 효과적으로 안전교육의 방향을 정립하여 추진하고 있지만, 국내에서는 개념을 많은 영역에서 다양하게 정의하고 소개하는 정도에 머무르고 있고, 더욱이 학습자들의 위험 리터러시 관련 교수·학습 방법 및 평가와 관련한 체계적인 연구[3]를 지속적으로 수행해야 할 실정이다(김진석, 2021). 이에, 위험 리터러시에 대한 다양한 정의들을 비교·검토하여 개념을 재정립할 필요가 있다.

영국의 사고예방왕립협회(Royal Society for the Prevention of Accidents: RoSPA)에 의하면, 위험을 위태한 상황에 노출되어 특정 수준에서 피해를 입을 가능성으로 정의하고(Shearn, 2014), 위험 수준이 높은 경우 특정 안전규칙 및 절차를 따르도록 요구하거나 제공함으로써 위험을 근원부터 제거(또는 최대 제어 수준)하는 방안을 선택하는 것이 바람직하다고 한다(김진석과 장은숙, 2021).

위험이 높은(피해가 발생할 수 있는 가능성) 상황에서는 사람들이 단순히 특정한 안전 규칙과 절차를 따르도록 요구하거나 개인 보호 장비의 형태로 위험에 대한 마지막 방어선을 제공하기 전에 위험(해가 발생할 수 있는

3 위험 리터러시에 대한 국내·외 연구로는 Shearn과 Weyman(2004), Shearn(2005), Garland(2008), Hino(2011), McWhirter & Francis (2012), Kusumi(2013), Till(2014), Shearn(2014), Lavrysen, Bertrands, Leyssen, Smets, Vanderspikken, & de Graef(2015), Russell(2015), Nikiforidou(2017), Hansen & Hammann(2017), Carmi & Alkaher, (2019), Ghesemi & Rasekh(2020), Aven(2024), 양희산, 박남수, 임종생, 방명환, 김태숙, 신수연, 김옥심, 박지선(2011), 조인식, 정필운 (2015), 권은주(2020), 김진석, 장은숙(2021), 김종훈, 구하라, 조영철, 유용흠, 한아름, 이승현, 홍덕표, 송인발(2021) 등이 있다.

가능성)을 제거하거나 통제해야 함을 강조한다(RoSPA). 사고를 예방하는 것은 단순히 사고의 결과로부터 사람들을 보호하려는 것보다 선행해야 함을 말한다.

RoSPA의 위험 및 사고 예방에 대한 접근 방식을 살펴보면(김진석, 장은숙, 2021), 첫째, 우연하게 발생한 위험 및 사고는 거의 없고, 대부분은 근본적인 원인을 가지고 있다. 대부분은 예견될 수 있으며, 올바른 종류의 통제가 적절하게 이루어지면 발생 가능성이나 피해 가능성을 줄이거나 심지어 제거할 수 있다.

둘째, '위험'이란 위태한 상황에 노출되어 특정 수준에서 피해를 입을 가능성을 의미한다. 위험이 일어날 확률이 높은 사건에서 그 반대까지 다양하다는 것이다.

셋째, 이론상 모든 사고는 예방할 수 있지만, 실제로는 '절대 안전'이란 존재하지 않는다. 따라서, 안전은 인내할 수 있을 정도의 위험 수준을 보장하는 것이다. 실제로는 논쟁의 여지가 있고 어려운 개념이지만, 광범위하게 인내할 수 있을 때까지 위험 수준을 최소화하기 위한 조치를 계속 취해야 한다.

넷째, 위험을 이해한다는 것은 일이 잘못될 가능성과 그로 인한 피해의 규모와 성격을 평가할 수 있다는 것을 의미한다. 우발적 피해를 방지하기 위해 적용할 통제의 성격과 양은 항상 판단의 문제이지만, 그러한 판단은 피해 발생의 가능성뿐만 아니라 그 성격과 범위에 대한 충분한 평가(가능한 경우 신뢰할 수 있는 데이터 및 모델링을 기반으로)를 통해 정보를 제공해야 한다.

다섯 번째, 위험에 대한 사람들의 인식은 피해가 발생할 가능성에 대한 추정치뿐만 아니라 피해가 평범한 것인지 재앙적인지, 즉각적인지 지연 가능한지, 일반적으로 개인이나 사회에 영향을 미칠 것인지, 그리고 관련된 위험이 자연발생적인지 인재인지, 익숙한 것인지 익숙하지 않은 것인지, 제어가 가능한지 제어 불가능한지, 그리고 그들에 대한 노출이 자발적인지 비자발적인지 등에 의해 영향을 받을 가능성이 높다.

RoSPA와 유사하게 위험 및 사고 예방에 대해 접근하고 있는 Nara와 Sata(2016)에 따르면, 위험 리터러시를 "질적·양적 자료를 바탕으로 위험한 상황을 객관적으로 이해하며, 위험을 위험관리 및 위험 커뮤니케이션을 통해 주관적으로 인지하고 그 위험에 대처하는 능력"으로 정의[4]하고 있다. 이런 측면에서, 위험을 지각·이해하고 위험에 능동적으로 대처하는 능력을 신장하는 것이 무엇보다 중요하다고 할 수 있다(김진석, 2021).

Shearn(2005), McWhirter & Francis (2012), Shearn(2014), Nikiforidou(2017), Hansen & Hammann(2017), Carmi & Alkaher, (2019), Ghesemi & Rasekh(2020), Aven(2024) 등의 정의를 바탕으로, 위험 리터러시는 다음 그림에서와 같이 '위험 요인을 지각·이해·분석·예측·판단하여 위험을 제거·감소할 수 있는 실행력'으로 정의할 수 있다[5].

---

4 위험 리터러시는 위험을 지각하고 인식하며, 위험을 감소하기 위해 행동으로 옮기는 능력이라고 할 수 있다 (https://en.wikiversity.org/wiki/Risk_Literacy).

5 교육부(2021)의 제3차(2022~2024년도) 학교안전사고 예방기본계획에서는 김진석(2021)의 정의를 반영하여 위험교육을 '학습자들이 위험 상황을 인식·이해·분석·예측하여, 위험을 제거·감소할 수 있는 교육'으로 정의하였다. 여기에서는 위험교육의 정의에서 위험을 제거하는 데에 중요한 요소인 '판단'을 첨가하였다.

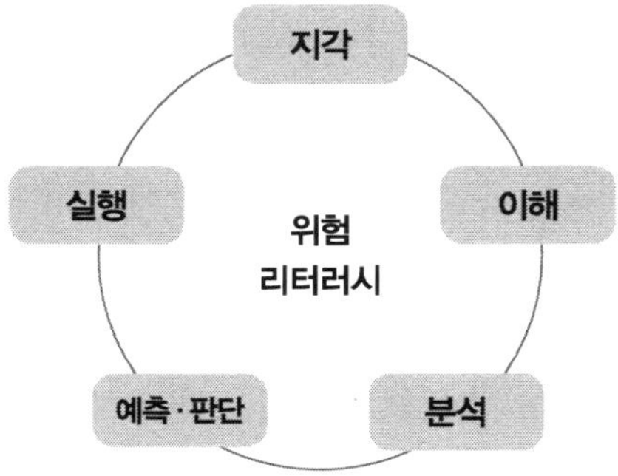

[그림 5] 위험 리터러시(김진석, 2021)

교사는 학습자들이 위험 요인을 지각·이해·분석·예측·판단하는 데 그치지 않고 위험이 사고나 재난으로 이어지지 않도록 위험을 제거·감소할 수 있는 실행력을 함양해야 한다. 그렇다면, 위험 리터러시 교육에서 학습자들이 다음과 같은 사례의 경우, 위험 요인을 어떻게 지각하고 예측·판단할 수 있도록 지도할 수 있을까?

> **사례**
>
> *2019년 8월 10일 ~ 11일(1박2일) 2학년 7반 담임 교사의 인솔 아래 전라남도 신안군 증도로 여행을 떠남. 펜션에서 하루 밤을 지내고, 다음날 짱뚱어 체험을 위해 이동하던 중 체험장 옆 해수욕장에서 친구들과 어울려 물놀이를 하게 됨. 담임교사는 해변에 앉아 아이들을 보고 있었고 물놀이는 8명의 학생이 하고 있었음. 물놀이 도중 파도에 휩쓸려 깊은 곳으로 빠지게 됨. 8명의 학생 중 5명은 스스로 나왔지만, 3명의 학생은 수영을 하지 못하였음. 그 중 한명은 밀려드는 파도에 의해 자연스레 해변으로 나왔지만, 2명의 학생은 나오지 못함. 구조대가 도착하여 1명의 학생을 구했으나 나머지 한 명의 학생은 구하지 못함. 20분가량 시간이 흘러 해안가로 떠밀려온 학생을 발견하여 심폐소생술을 실시하고 목포 한국병원으로 이송함*(학교안전공제중앙회 자료집).

위 사례는 짱뚱어 체험을 위해 이동하던 중 체험장 옆 해수욕장에서 친구들과 어울려 물놀이를 하는 도중에 파도에 휩쓸려 깊은 곳으로 빠지게된 중대 사고들 중 하나다. 피해 학생들 중 수영을 하지 못한 3명의 학생들은 해변에서 물놀이를 하게 되면 어떤 위험 요인이 있을 것이라는 것을 예측하고 판단하였을까? 학생들은 해변에서 물놀이를 하는 중에 파도에 휩쓸리면 중대한 사고로 이어질 수 있다는 것을 인식하지 못한 채 물놀이를 한 결과라고 할 수 있다. 피해 학생의 개인 요인으로는 과다 의욕이나 주의 소홀이 있을 수 있고, 피해 학생의 위험한 행동을 부추기거나 방조 하거나 휘말리게 된 또래 요인이 있을 수 있다. 따라서, 교사는 위와 같은 사례를 통해 학습자들이 위험 요인을 조사하고 탐구하여 위험이 사고로 이어지지 않도록 위험을 제거·감소할 수 있는 실행력을 함양할 필요가 있다.

위험 리터러시(risk literacy)는 인간이 삶을 영위하는 데 필수 불가결한 능력이라고 할 수 있다(김진석, 2022). Maslow에 의하면, 안전의 욕구가 제대로 충족되지 않거나 결핍되면 자아실현의 욕구와 같은 성장 욕구도 충족될 수 없기 때문이다. 개개인들은 사소하지만 사고나 재난으로 이어질 수 있는 위험 요인을 제대로 판단하고 대처해야 한다. 만약 위험 요인을 사전에 예측하고 예방하지 않으면 자아실현을 추구하고 실현하는 데 어려움을 겪을 수밖에 없을 것이다. 그래서, 위험 요인이 심각한 중대 사고로 이어지지 않도록 위험 리터러시 기반 안전교육을 내실있게 구현할 필요가 있다.

3. 위험 리터러시 기반 안전교육의 방향

안전 및 사고 예방에 대한 접근 방식은 인간 활동의 모든 분야에서 사고를 예방하기 위해 지속적이고 체계적으로 적절한 조치가 강구되지 않으면 항상 사고는 발생할 수 있다는 것에서 시작될 필요가 있다. 실제, 오늘날 테크놀로지의 발달로 화산폭발이나 지진 예측의 경우와 같이 천재지변이나 우발적 사고조차도 예견될 수 있다(RoSPA).

최근 발생했던 코로나 19 상황이나 기후재난과 같이, 지속적이고 다변화되고 있는 위험 요인을 예측하고 대비하고자 전 세계적으로 안전에 대한 관심이 증대되고 있다(권은주, 2020). 지구촌에 살아가는 모든 인간의 활동에서 사람들은 잠재적으로 물리적, 화학적, 생물학적, 심리적 위험에 노출되어 있다(RoSPA). 사고를 예방하기 위해 지속적으로 적절한 조치를 취하지 않으면, 사고는 항상 발생할 수 있다는 것이다. 천재지변이나 단지 우연하게 발생한 사고는 거의 없고 대부분은 복잡하고 즉각적이며 근본적인 원인을 가지고 있기 때문이다. 이런 측면에서, 대부분은 예견될 수 있으며, 올바른 종류의 통제가 적절하게 이루어지면 발생 가능성이나 피해 가능성을 줄이거나 심지어 제거할 수 있다(RoSPA).

위험을 이해할 뿐만 아니라 위험을 관리하여 위험 요인이 사고로 이어지지 않도록 하는 것이 중요하다고 할 수 있다. 위험관리 및 안전 문화에 대한 RoSPA의 접근 방식으로(김진석, 장은숙, 2021), 첫째, 위험 수준이 용인될 수 없는(unacceptable) 경우, 위험 요인을 근원부터 제거하는 방안을 선택하는 것이 최적(optimality)이라고 할 수 있다. 위험에 대한 최후의 방어선을 개인 보호 장비의 형태로 제공하거나 응급 및 의료 서비스에 대한 접근을 보장할 수 있을 것이다. 예를 들어, 좋은 디자인(예, 고속

도로 색깔 유도선)으로 사고를 예방하는 것은 단순히 그 결과로부터 사람들을 보호하거나 구하려는 것보다 더 바람직할 수 있다.

둘째, 위험관리에서는 위험에 대한 데이터가 불확실하고 불완전하지만, 심각한 피해가 발생할 수 있는 증거가 있을 경우, 확실한 위험 상황을 기다리지 않고 조기에 예방하는 조치를 취해야 한다.

셋째, 위험의 수준이 심각할 것 같으면 '심층 방어'를 선택하고, 단일 제어 방법이나 단일 안전 접근 방식에 의존하지 않는 것이 현명할 것이다. 실패할 경우, 비참한 결과가 수반될 수 있기 때문이다. 고 위험의 경우, 가능한 한 오류를 용서할 수 있고, 안전한 상태에서 실패할 수 있으며, 특히 취약한 그룹(예, 노인 또는 어린이)을 보호할 수 있는 통제 조치 및 시스템을 항상 선택해야 한다(일어날 수 있다면 문제가 되지 않아야 하고, 문제가 될 수 있다면 일어나지 않아야 함).

넷째, 올바른 기술적 통제 조치를 마련하는 것은 항상 중요하지만, 안전을 보장하는 것은 긍정적으로 안전 문화를 바탕으로 위험관리에 대한 적절한 일반적인 접근 방식을 갖는 것이다. 길을 건너는 체계적인 방법의 필요성을 이해하는 어린이의 문제 든, 위험을 관리하기 위해 적절한 정책, 사람 및 절차를 갖춘 사업체 든 모두 마찬가지다. 모든 안전 영역에서 강력한 위험관리 시스템을 갖추는 것이 효과적인 안전 보장의 핵심이며, 이러한 시스템은 조직이나 개인이 달성하기 위해 배치할 수 있는 다른 모든 시스템에 최대한 통합된다. 따라서, RoSPA에서는 안전은 우리의 삶을 전반적으로 관리하는 방법이어야 하고 여분의 볼트를 다는 접근 방식이 되어서는 안 된다고 주장한다.

앞 절에서 위험 리터러시를 '위험 요인을 지각·이해·분석·예측·판단하여 위험을 제거·감소할 수 있는 실행력'으로 정의한 바와 같이 학습자들이 특정 수준에서 피해를 입을 가능성이 있는 위험을 제거·감소할 수 있도록 위험교육을 지속적이고 체계적으로 실행해야 한다. 안전교육은 주어진 상황에서 안전을 유지하기 위해 아이들이 필요로 하는 특정한 지식, 기술, 이해를 가르치는 교육인 반면에, 위험교육은 특별한 교육이나 학습 기회가 없었을 수도 있는 예상치 못한 또는 알려지지 않은 상황을 대비하는 총체적 학교접근 방식(Whole School Approach)이다. 안전교육과 위험교육을 각각 한계점과 보완점으로 나누어 비교하면 다음과 같이 요약할 수 있다(Antoine et al, 2013; 민천식 외, 2013). 여기서는 위험 리터러시 기반 안전교육을 위험교육과 동일한 용어로 사용하지만, 필요에 따라서는 두 용어를 혼용하여 설명하기도 한다.

〈표 1〉 안전교육과 위험교육의 특징

안전교육	위험교육
〈한계점〉	〈보완점〉
• 학교안전교육 7대 표준안에 따른 안전교육은 이를 통해 학생들이 달성해야 할 지식, 기술, 태도를 명확히 설정하지 않고 있음	• 학생과 교직원 모두의 위험 교육과 안전 및 보건 관리 통합
• 교사들이 필요로 하는 "안전하게 가르치는(teaching safely)" 역량 개발을 위한 지식, 기술, 태도에 관한 내용을 다루지 못함	• 위험교육, 보건 교육, 안전 관리 및 건강한 학교 개념을 통합
• 학생과 교사들이 직면할 수 있는 다양한 위험 상황에 대한 위험 인식(risk awareness)과 대처 능력을 개발하는 데 한계가 있음	• 학교 안전 관리에 대한 직원과 학생의 적극적 참여
• 개별학교가 갖고 있는 재난과 안전사고 발생의 고유한 위험 환경을 고려하지 않은 표준화된 안전교육 실시	• 학생들의 위험 요소 발견 및 해결책 제안, 기술개발, 학교 안전 규칙에 대한 자율권 부여

• 학생들이 학교와 지역사회에 생활하면서 직면할 수 있는 위험과 위협에 대한 실제적 역량 개발이 미흡	• 위험 교육과 학교 안전 및 건강을 학교의 활동 전반에 걸쳐 통합하여 학교생활의 일부가 됨
• 단편적이며, 타 교과와의 연계성 부족	• 학생들이 스스로 위험 인식(risk awareness) 능력과 위험 대처 능력을 함양함으로써 자신들이 살아갈 미래의 일과 삶 속에서 스스로 안전하고 건강한 환경을 만들어 나가는 참여 중심의 위험교육을 통해 안전관리와 안전교육의 연계

Antoine 외(2013)에 의하면, 위험교육을 특별한 교육이나 학습 기회가 없었을 수도 있는 예상치 못한 또는 알려지지 않은 상황을 대비하는 총체적 학교접근(Whole School Approach)으로 정의하고, Gigerenzer(2011)는 위험교육을 "정보에 근거하여 불확실성을 처리하는 능력"으로 개념화하고 있다. 또한, Shearn(2005), Antoine 외(2013) 등에 의하면, 위험교육을 특별한 교육이나 학습 기회가 없었을 수도 있는 예상치 못한 또는 알려지지 않은 상황을 대비하는 총체적 학교접근 교육으로 정의하고, 참여 중심의 위험교육으로 학교 현장의 안전 관리와 안전교육 간 연계를 강화하며, 학생 참여형 위험교육을 통해 안전 수칙의 습득을 넘어 안전에 대한 주인의식을 함양할 필요가 있음을 강조하고 있다(민천식 외. 2020).

교실수업의 활동이나 과제에서는 학습자들이 객관적 위험을 제대로 인식하고 잠재되어 있는 위험 요인(hazard)을 이해하여 제대로 대처할 수 있도록 객관적 위험과 주관적 위험 간 차이를 줄이는 위험 관리 체계화 및 위험 커뮤니케이션 내실화가 요구된다. 이런 측면에서, 학생들이 위험을 지각하고 판단하여 사고를 사전에 예방할 수 있는 위험 리터러시를 함양할 필요가 있다.

4. 위험 리터러시 기반 학교 안전교육 프레임워크

학교 안전교육은 '학교 안전에 관한 교육' 또는 '학교에서 이루어지는 안전에 관한 교육'의 두 가지 의미가 혼용되어 사용되고 있다(박효정, 2015). 전자는 학교 내, 교육 활동 등에서 발생한 안전사고로 그 범위를 한정하고, 학교 안전사고를 예방하기 위하여 교육부령이 전하는 바에 따라 학생 및 교직원에게 실시하는 학교 안전사고 예방 등에 관한 교육을 의미한다. 교직원들이 안전교육에 대한 전문성을 내실있게 신장할 수 있도록 입체적으로 지원해야 한다. 실제, 교직원 안전교육·연수의 참여를 확대[6]하고 있지만, 사회·자연변화 등에 따른 다양한 안전 위험 요인에 대응하는 실질적이고 전문적인 안전 역량을 함양할 수 있도록 지원하는 데에는 한계가 있다. RoSPA에서는 교직원은 학습자들이 상호 학습 및 체험학습 등을 통해 학습활동에 능동적으로 참여하도록 안전교육을 구현할 필요가 있음을 강조한다. 이런 측면에서, 교직원은 학습자가 자기 주도적으로 관련 정보를 탐색하고, 짝 또는 그룹 간 주제에 대해 토론하면서 문제를 창의적으로 해결하도록 수업을 설계하며, 나아가 실행·평가하는 전문성을 함양할 수 있도록 연수 및 지원을 강화할 필요가 있다.

또한, '학교에서 이루어지는 안전에 관한 교육'은 학교생활에서 발생하는 안전사고 및 건강상의 문제 등을 방지할 목적으로 학생들에게 안전에 관한 지식, 기능, 태도 및 그 대책 방법 등을 학교 교육을 통해 습득하게

---

6 2020년 전국 교직원 안전교육 · 직무연수 평균 이수율: 96.8%(학교안전공제중앙회, 2021)

한다는 것을 의미한다. 안전사고 예방 교육을 통해 안전사고를 예방하는 것도 중요하지만 학생들이 안전에 대한 지식, 기능, 태도, 대처 능력을 함양하는 것도 안전교육에서 강화되어야 한다. 학교에서 일어나는 사고의 건수가 감소되어야 하고 위험 요인이 사고로 이어지지 않도록 차단해야 하기 있기 때문이다.

물론, 오늘날의 위험은 주로 위협, 위험, 도덕적 공포(Garland, 2008)를 일으키는 문제들을 말하는 것(Nikiforidou, 2017)으로, 위험을 피해야할 해로운 상황으로 간주하게 되면 위험이 변화, 가능성, 창의성의 토대가 될 수 있는 상황을 배제할 수 있다. Berstein(1996: 337)의 주장과 같이, '위험을 손실에서 이익의 기회로, 운명에서 확률 기반 미래 사건의 예측으로, 무력함(helplessness)에서 선택으로 인식을 전환할 필요가 있다. 실제, 안전만을 너무 강조하다 보면 아무것도 하지 않고 가만히 있는 것이 최선이라는 의식과 태도를 형성할 수도 있기 때문이다. 안전교육의 본질에 맞도록 위험 리터러시 기반 안전교육을 통해 이성적으로 위험 요인을 이해·판단하고 신중하게 행동하는 합리적 안전 주체로 길러내는 방안을 모색(유병렬, 2019)하여야 할 이유다.

이에, 교육부(2020)에서는 체험교육의 방향을 안전교육에서 위험 리터러시 기반 안전교육[7]으로 패러다임을 전환하여 학생들이 위험 상황을 예측하고 위험을 제거·감소를 위한 올바른 의사결정(risk literacy)과 행동실천(risk control) 능력을 향상시키는 방안을 수립하고 추진하고 있다.

---

7 교육부에서는 위험 리터러시 기반 안전교육을 위험교육으로 명명하고 기본계획을 설정하였다. 여기에서는 '위험 리터러시 기반 안전교육'을 '위험교육'과 동일한 개념으로 기술한다.

구분	안전교육 (Safety Education)	위험교육 (Risk Education)
목적	• 안전수칙의 습득과 습관화	• 위험상황 예측 및 위험의 제거 · 감소를 위한 올바른 의사결정(risk literacy)과 행동실천(risk control) 향상
예시	• 이론 및 규칙 중심 안전교육	• 위험장소(hazard spotting) 찾기 • 안전지도(mapping) 만들기

[그림 6] 교육부 체험교육의 방향[8]

위의 그림에서와 같이, 안전 수칙의 습득과 습관화를 목적으로 이론 및 규칙 중심 안전교육을 실시한 안전교육에서 체험을 통해 위험 상황을 인식·이해·분석·예측하고, 행동으로 실천할 수 있는 태도·지식·기능을 길러 위험 가능성을 최소화하여 안전사고를 예방하며, 안전사고 발생 시 대처하는 능력을 강화하는 위험교육으로 패러다임을 바꾸고 있다. 이는 단순한 강의식 교육보다 학생 안전 체험시설의 체험 프로그램과 같이 상호작용에 기반한 프로그램이기 때문이다(김종훈 외, 2021).

그러나 위험 리터러시를 사고의 데이터를 바탕으로 사고가 발생하는 위험의 상황을 예측하는 의사결정이나 행동 실천(risk control)을 향상시키는 것을 목적으로 한다면 '위험 상황을 이해하기 위한 내용 지식의 중요성을 간과할 수 있다(Aven, 2024). 위험 리터러시가 수치적 확률 판단에만 치중할 경우, 실제 위험이 작동하는 메커니즘이나 과학적 근거에 대한 이해 없이 형식적 판단 능력에만 의존(이현주 외, 2025)될 수 있기

8 교육부(2020). 제2차 2019~2021년도 학교안전사고 예방에 관한 기본계획. 세종: 교육부.

때문이다.

따라서, Shearn(2005), Gigerenzer(2011), Antoine 외(2013), Nara와 Sata(2016) 등은 위험교육의 기본 목표로 인식 제고(위험 발생 원인에 대한 지식과 이해를 확산하기 위해 고안된 전략들), 전이 가능한 기능(전이 가능한 삶의 기능을 개발하는 것을 목표로 하는 진보적 접근법(위험 평가 및 통제와 관련)), 행동 수정(위험 감수의 행동을 줄이는 것을 목표로 하는 접근법) 등을 설정하였다. 이를 제대로 달성하기 위해서는 과학적 지식과 가치 판단, 상황적 맥락이나 사회·문화적 맥락에 대한 통합적 이해를 포함해야 한다. 어떤 사고나 재난을 발생하게 하는 위험 요인을 단지 수치적 확률 판단만으로 의사를 결정하고 실천할 것이 아니라 위험의 주관적 원인(판단 미숙, 과다 의욕, 심한 장난, 주의 소홀 등), 사회·상황적 원인 등에 대해 제대로 이해하고, 예측되는 위험 요인을 어떻게 예방할 것이며, 발행한 사고나 재난에 대해 어떻게 회복해 나갈지 등을 고려할 필요가 있다. 교실 수업이나 체험 중심의 위험교육에서, 학습자들이 위험 요인을 인식·이해·분석·예측하여, 위험을 스스로 제거·감소할 수 있는 능력을 함양할 수 있도록 안전교육의 방향을 다음과 같이 구도화할 수 있다.

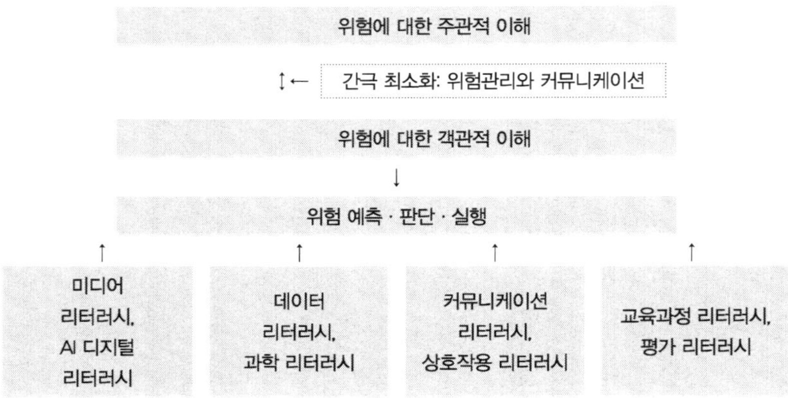

[그림 7] 위험 리터러시 기반 안전교육의 방향

위험한 상황에 대한 주관적인 이해와 객관적인 이해 간 간극이 클수록 사고로 이어지기 때문에 위험 리터러시 기반 안전교육에서는 학습자들이 그 간극을 최소화하는 교사의 스캐폴딩, 피드백, 모니터링이 중요하다. 여기에는 위험 요인을 단편화하지 않고, 사회적 불평등, 정보의 공정성과 신뢰성, 제도적·정책적 책임 등 복합적 요소들이 고려되어야 한다. 이런 측면에서, 교사는 위험교육에서 위험 리터러시를 핵심 리터러시로 하고, 미디어 리터러, AI디지털 리터러시, 데이터 리터러시, 과학 리터러시, 커뮤니케이션 리터러시, 상호작용 리터러시, 교육과정 리터러시, 평가 리터러시 등을 중점 리터러시로 하여, 학습자들이 과학적 지식과 가치 판단, 사회·문화 맥락에 대한 통합적 이해와 행동 실천을 할 수 있도록 수업을 설계하고 구현할 필요가 있다. 이를 위해, 2장에서는 학교 안전교육의 정책을 살펴보고, 그 정책을 고려하여 3장에서는 위험 리터러시 기반 안전교육의 목표 및 구성요소를 구축한다. 위험 리터러시 기반 안전교육의 목표를 달성하기 위해, 4장에서는 학교 안전교육의 내용 체계를 설정하고, 초학문적 실러버스, 간학문적 실러버스, 다학문적·융합 기반 수업 설계 방향을 제시한다. 5장에서는 위험 리터러시 기반 변혁적 안전교육을 총체적 학교 접근법(Whole School Approach), 사례 기반 스토리텔링, 체험 중심 위험교육 등으로 나누어 살펴본다. 6장에서는 위험 리터러시 기반 수업 설계와 과제(task)를 위험 인지능력의 단계, 빅 아이디어 기반 단원 설계, 위험교육 수업모형, 위험교육의 과제(task) 등으로 나누어 살펴본다. 7장에서는 안전 및 건강 관련 다학문적 접근의 교수–학습 및 평가 방법을 위험 리터러시 기반으로 논의한다. 마지막으로, 8장에서는 기후위기를 중심으로 위험 리터러시 기반 학제 간 통합수업을 설계하고 구현하는 방안을 살펴본다.

핵심개념

- UN재난위험경감국의 위험 요인
- 위험 요인의 분류와 부주의
- AI시스템의 위험 수준
- 위험 관리 및 위험 커뮤니케이션
- Maslow의 성장 욕구와 안전
- RoSPA의 위험 요인 및 위험교육 접근 방식
- 의사결정(risk literacy)과 행동 실천(risk control)
- 총체적 학교접근(Whole School Approach)

제1장 연습문제

1. 유럽연합에서는 인공지능 개발 및 사용에 관한 규제로 AI시스템의 위험 수준을 위험 기반 접근법(risk-based approach)에 따라 분류하고 있다. 허용할 수 없는 위험에는 어떤 것들이 있으며, 그러한 위험을 대처하기 위해서 어떤 규제들을 상세화해야 하는지를 설명하시오.

2. 위험 리터러시는 '위험 요인(hazard)을 지각 · 이해 · 분석 · 예측 · 판단하여 위험을 제거 · 감소할 수 있는 실행력'으로 개념화할 수 있다. 위험 요인들 중 물리적 위험 요인과 도덕적 위험 요인을 구분하고 각 요인에 대해 예시하시오.

3. 위험을 이해뿐만 아니라 위험을 관리하여 위험 요인이 사고로 이어지지 않도록 하는 것이 중요하다고 할 수 있다. 위험관리 및 안전 문화에 대한 RoSPA(Royal Society for the Prevention of Accidents)의 접근 방식을 기술하시오.

4. 안전교육은 주어진 상황에서 안전을 유지하기 위해 아이들이 필요로 하는 특정한 지식, 기술, 이해를 가르치는 교육인 반면에, 위험교육은 특별한 교육이나 학습 기회가 없었을 수도 있는 예상치 못한 또는 알려지지 않은 상황을 대비하는 총체적 학교접근 방식(Whole School Approach)이다. 안전교육과 위험교육을 각각 한계점과 보완점으로 나누어 비교하시오.

제2장

학교 안전교육 정책의 방향

사고는 개인의 실수뿐만 아니라 체계에 의해서도 유발한다.
– Perneger(2005)

생각하기

1. AI시대 학교 안전교육 관련 교육과정의 방향을 어떻게 설정할 것인가?
2. 안전교육에 대한 접근 방식이나 방향을 어떻게 정립할 것인가?
3. 시대적 · 사회적 요구에 적합하게 안전교육 정책이나 제도를 어떻게 개선할 것인가?

우리나라는 2014년부터 태안 사설 해병대 캠프 사고, 세월호 사고들을 거치면서 국가적·사회적 이슈로 대두된 학교 안전에 관한 인식을 전환하기 위해 안전교육을 본격적으로 시행하였다고 할 수 있다. 교육부는 시대적·사회적 요구에 적합하고 학생들의 니즈를 반영하여 7대 표준안을 설정하고, 그에 기초한 학교안전교육의 영역 및 내용에 관한 구체적인 가이드 라인을 마련하였다. 안전교육을 내실있게 시행하기 위해 교육 내용뿐 아니라 교수–학습 및 평가 방법을 지속적으로 개선하고 있다. 그럼에도, 지난 10년간 학교 안전사고의 발생 건수는 증가하는 추세다(교육부 제4차 학교안전사고 예방 기본계획, 2025). 따라서, 사고나 재난이 발생하지 않고 안전한 공동체에서 삶을 향유할 수 있도록 위험 리터러시뿐만 아니라 국내외 안전교육 정책, 교육과정, 안전교육 관련 실태 분석

등을 고려하여 학교 안전교육 정책을 수립할 필요가 있다. 이 장에서는 학교 안전교육 관련 교육과정, 학교안전사고 예방 기본 계획, 안전교육 정책의 동향과 접근 방식 및 원칙, 학교 안전교육 정책의 방향 등에 대해 살펴보고자 한다.[1]

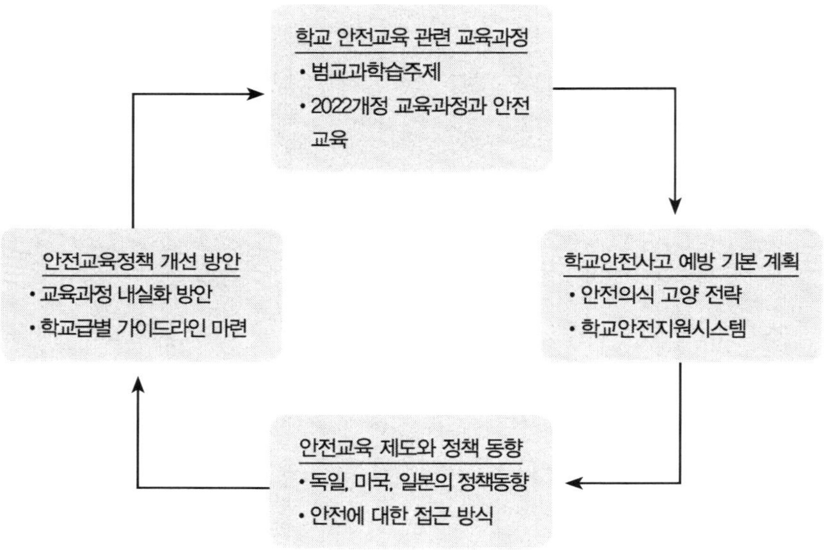

[그림 1] 핵심 내용 흐름도

1. 학교 안전교육 관련 교육과정 현황

안전관리 헌장에 의하면, "모든 국민은 안전할 권리가 있으며, 안전문화를 정착시키는 일은 국민의 행복과 국가의 미래를 위해 반드시 필요하

1 이 장은 김진석(2022a, b, c, d), 김진석 외(2021, 2022, 2023)를 위험교육의 관점에서 수정 · 보완한 것임.

다. 유치원, 학교 등 교육기관은 국민이 바른 안전의식을 갖도록 교육하고, 특히, 어릴 때부터 안전습관을 들이도록 지도한다."로 규정하고 있다. 안전의식은 개개인이 '잠재적으로 가지고 있던 안전에 대한 관심이 구체적인 행동과 실천으로 나타나는 정도'(우리말샘, 2022)를 말한다. 이는 개개인들이 안전문화를 정착시키는 데 참여하고 안전규칙을 존중하며, 위험이 어떻게 사고로 이어지는 지에 대한 이해와 판단을 이끌어 낼 수 있고 이러한 인식이 행동과 실천으로 나타나는 정도라고 할 수 있다. 우리나라 사람들의 안전의식에 대한 연관어는 다음 그림과 같이 분석된다.

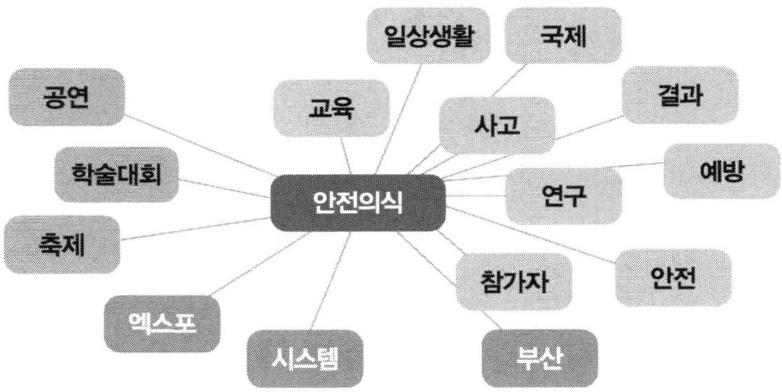

[그림 2] '안전의식' 연관어 분석

위 그림에서와 같이, 공동체의 행사에서 안전규칙을 준수하도록 유치원부터 학습하고 습관화를 형성화해 온 상황이어서 축제, 공연, 대회 등이 안전의식과 높은 연관어로 나타나고, 일상생활에서 사고가 일어나지 않도록 예방하는 교육을 받아 왔기 때문에 사고, 교육, 예방 등이 안전의식과 연관성이 높은 것으로 나타났다.

교육부는 2015 개정 교육과정에서 안전교육에서 안전의식을 강화하기 위해, 초등학교 1～2학년군에 교과('안전한 생활')를 신설하고 초3부터는 체육, 기술·가정(실과), 과학, 보건 등의 과목에서 안전 단원을 신설하여 구체적인 내용 요소를 제시하였다. 우리나라의 안전교육은『초·중등교육법』제23조 제2항에 의거 고시한 것으로, 초·중등학교에서 편성·운영해야 할 학교 교육과정의 공통적이고 일반적인 기준을 국가적 차원에서 제시하고 있다. 초등학교 1학년부터 중학교 3학년까지의 공통 교육과정과 고등학교 1학년부터 3학년까지의 학점 기반 선택 중심 교육과정으로 편성·운영한다[2].

학교급 간 상호 연계와 협력을 통해 학교 교육과정을 유연하게 편성·운영할 수 있도록 학년군을 설정하고 있다. 교과와 창의적 체험활동의 내용 배열은 학생의 관심과 요구, 학교의 실정과 교사의 필요, 계절 및 지역의 특성에 따라 지도 내용의 순서와 비중, 교과 내 또는 교과 간 연계 지도 방법 등을 조정하여 운영할 수 있다(교육부, 2022).

2022개정 교육과정에서는 초1, 2학년의 경우, 2015개정 교육과정에서 신설한 '안전한 생활'의 내용을 초등 통합교과로 재구조화하여 교과 연계 실생활 중심으로 안전교육을 강화하고 있다. 초등학교 3학년 ~ 고등학교까지 체육·음악·미술·보건 등 관련 교과목에 다중 밀집 환경의 안전수칙(경기장, 공연장, 전시관 관람 등 다수 군중이 밀집된 환경의 안전 수칙 교육) 및 위기 상황 대처 능력 함양(다양한 위기 및 응급상황에서 적절한 응급처치와 협력적 대응 방안을 탐색, 적용)을 포함하여 이론뿐 아니라 실습·체험 중심 교육으로 체계화하여 다루며, 이를 통해 궁극적으로 학교와 가정 등의 위기 상황에 대처할 수 있도록 구성하였다.

2 안전교육과 관련하여 2022년 개정된 교육과정의 구성이나 내용은 '2022 개정 교육과정 교육부 질의응답'에서 발췌한 것임

범교과 학습 주제는 교과와 창의적 체험활동 등 교육 활동 전반에 걸쳐 통합적으로 다루도록 하고, 지역사회 및 가정과 연계하여 지도하는 것으로, 안전·건강 교육, 인성 교육, 진로 교육, 민주 시민 교육, 인권 교육, 다문화 교육, 통일 교육, 독도 교육, 경제·금융 교육, 환경·지속가능발전 교육 등 10개 영역이다. 학교 안전교육은 가정과 학교, 사회에서의 위험 상황을 알고 대처할 수 있도록 체험 중심의 안전교육을 관련 교과와 창의적 체험활동과 연계하여 운영한다. 각급 학교에서는 이 기본 사항과 교과 편제와 시간 배당 기준에 따라 학교 교육과정을 편성하고 운영하고 있다.

2022 개정 교육과정에서도 2015 개정 교육과정의 10대 범교과 학습 주제(안전·건강 교육, 인성 교육, 진로 교육, 민주시민 교육, 인권 교육, 다문화 교육, 통일 교육, 독도 교육, 경제·금융 교육, 환경·지속가능발전 교육)를 유지하되, 학교 현장에서 체계적이고 실효적으로 학습할 수 있도록 개선하였다. '범교과 학습주제'를 관련된 교과(목)의 성취기준과 연계하여 활용할 수 있도록 개선하였고, 교육실시·시수·횟수·결과보고 등을 규정하는 법정의무교육을 반영하는 내용의 법령을 제·개정하려는 경우 사전에 국가교육위원회와 협의하는 조항을 신설하여 학교 교육과정의 자율성을 보장하고 운영의 부담을 완화하였다.

> ※ 「초·중등교육법」 제23조 제2항(교육과정 영향 사전협의, '23.4.19. 시행)
> ① 중앙행정기관의 장은 제23조에 따른 교육과정에 소관 법령에 따라 교육실시, 교육 횟수, 교육시간, 결과보고 등이 의무적으로 부과되는 법정교육을 반영하는 내용의 법령을 제정하거나 개정하려는 경우에는 사전에 국가교육위원회와 협의하여야 한다.

또한, 초등학교 1~2학년군에 인지·정서·사회 발달적 특성과 학습의 준비도 등을 고려하여 통합교과와 창의적 체험활동의 입학 초기 적응 활동의 중복을 개선하고, 한글 해득 및 익힘 지원을 위해 국어과에 34시간을 증배하였다. 무엇보다도, 안전한 생활의 내용 요소를 교과 연계 안전교육으로 재구조화하고, 즐거운 생활의 놀이 및 신체활동을 강화하였다. 따라서, 1, 2학년의 경우, 다음 표와 같이, 안전한 생활을 포함한 창의적 체험활동 및 국어, 초등 통합교과의 재구조화가 이루어졌다.

〈표 1〉 1~2학년 2015 개정 교육과정와 2022 개정 교육과정 간 비교

1~2학년		2015 개정 교육과정		2022 개정 교육과정
교과(군)	국어	448	⇒	482(+34)
	수학	256		256
	바른생활	128		144(+16)
	슬기로운 생활	192		224(+32)
	즐거운 생활	384		400(+16)
	소계	1,408		1,506
창의적 체험활동		336(안전한 생활 포함)		238(98)
총 수업시간 수		1,744		1,744

위의 표에서와 같이, 2015 개정 교육과정의 안전한 생활(64시간)을 2022 개정 교육과정의 바른생활(16시간), 슬기로운생활(32시간), 즐거운 생활(16시간)로 재구조화하였다. 이는 2015 개정 교육과정의 '안전한 생활'이 통합교과와 내용 일부가 중복되고, 안전교육은 관련 교과에 연계하여 편성·운영하는 것이 교육적으로 더 효과적이라는 학교 현장의 요구와 전문가의 의견을 반영한 것이다. 따라서, 2022개정 교육과정에서는 1, 2학년의 '안전한 생활'의 성취기준과 내용 요소를 초등 통합교과(바른 생활·슬기로운 생활·즐거운 생활)와 연계하여 습관화할 수 있도록 실생활 중

심의 안전교육으로 개선하였다. 3~6학년의 과학, 실과, 체육, 음악, 미술 등 관련 교과의 내용 요소, 성취기준, 성취기준 해설 및 적용 시 고려사항, 교수·학습에 구체적인 안전교육 내용을 반영하여 위기 상황 대처 능력을 함양할 수 있는 촘촘하고 체계적인 안전교육이 이루어지도록 하였다(교육부, 2022).

범교과 교육 중 안전교육 시수를 확보하기 위해, 울산시교육청은 범교과 시수 중 안전 관련 시수 확보(예시)를 다음과 같이 구성하고 있다.

〈표 2〉 울산시교육청: 범교과 시수 중 안전 관련 시수 확보(예시)

<table>
<tr><th rowspan="3">순</th><th rowspan="3" colspan="3">주제명(시수)</th><th colspan="3">시수</th></tr>
<tr><th colspan="2">필수</th><th rowspan="2">담당부서</th></tr>
<tr><th>창체 단독</th><th>교과연계</th></tr>
<tr><td rowspan="8">1</td><td rowspan="8">안전교육</td><td>생활안전</td><td>10</td><td rowspan="8">10*</td><td rowspan="8">23</td><td rowspan="8">안전총괄과
(33차시)</td></tr>
<tr><td>교통안전</td><td>9</td></tr>
<tr><td>폭력예방 및 신변보호</td><td>3</td></tr>
<tr><td>약물 및 사이버 중독예방</td><td>5</td></tr>
<tr><td>재난안전</td><td>5</td></tr>
<tr><td>직업안전</td><td>0</td></tr>
<tr><td>응급처치</td><td>1</td></tr>
<tr style="display:none"></tr>
<tr><td>2</td><td colspan="3">보건교육</td><td colspan="2">16 (최소 1개 학년)</td><td>체육예술건강과</td></tr>
<tr><td>3</td><td colspan="3">장애학생이해교육</td><td>2</td><td>0</td><td>유아특수교육과</td></tr>
<tr><td rowspan="2">4</td><td rowspan="2">성교육(15)</td><td colspan="2">성교육</td><td colspan="2">9</td><td rowspan="2">민주시민교육과</td></tr>
<tr><td colspan="2">성폭력 예방 교육</td><td colspan="2">6
(학기당 3시간)</td></tr>
<tr><td>5</td><td colspan="3">식품안전 및 영양·식생활교육</td><td>2</td><td></td><td>체육예술건강과</td></tr>
<tr><td>6</td><td colspan="3">학교폭력예방</td><td>2</td><td>6</td><td>민주시민교육과</td></tr>
</table>

7	생명존중 (자살예방)교육	2	4	민주시민교육과
8	지능정보서비스과의존 관련 교육 (인터넷 중독 예방 교육)	2 (학기당1회 이상)		미래교육과
9	아동학대예방	2 (학기당 1회 이상)		민주시민교육과
10	가정폭력예방	1		민주시민교육과
11	교권침해 예방교육	1		
	필수 시수 합계	**반영 방법에 따라 다름**		

위의 범교과 시수 중 안전 관련 시수 확보(예시)는 '학교안전사고예방 및 보상에 관한 법률제8조 동법시행규칙 2조, 학교안전교육 실시 기준 등에 대한 교육부 고시 제2021–21호(매 학년도 2종류 이상, 학기당 2회 이상 총 4회 이상, 안전교육을 교과와 연계 운영 시 안전 관련 내용 최소 15분 이상을 1차시로 인정), 울산광역시교육청 교육안전기본 조례 제7조(방사능 및 유해화학물질 사고 대비 연 1회 이상 교육·훈련 실시, 2022 학교 재난대비훈련(총 4회 이상 의무)–소방(연 2회–자체 1, 합동 1), 방사능·유해화학물질 유출(연 1회), 재난(지진 등 연 1회)), 재난안전교육(2017.5.12.) 시 미세먼지교육 실시(학교 고농도 미세먼지 피해 예방 종합대책) 등'을 바탕으로 구성한 것이다. 또한, 보건교육은 '울산: 학교보건법 제9조, 9조의2(보건교육을 체계적으로 실시하여야 한다. 이 경우 보건교육의 실시 시간, 도서 등 그 운영에 필요한 사항은 교육부장관이 정한다.)'를 고려하고, 교과 연계 또는 창체로 연간 최소 1개 학년 16차시 이상을 실시하며, 학생 감염병 예방 관리 및 미세먼지 예방 교육을 포함하여 구성한 것이다.

2. 학교안전사고 예방 기본계획

교육부는 2016년부터 시대적·사회적 요구와 학습자들의 니즈를 반영하여 3년 주기로 학교안전사고 예방 기본계획을 설정하여 추진하고 있다. 제4차(2025~2027학년도) 학교안전사고 예방 기본계획의 비전, 목표, 전략을 다음 그림과 같이 설정하였다.

비전	모두가 안전한 미래학교 구현		
목표	미래 교육환경에 대응하는 학교안전생태계 구축		

↑

3대 전략 목표	지능형 통합 안전관리	현장 중심 안전교육	지속가능한 학교안전

6대 중점과제 및 실천과제		
	1) 학교 안전관리 지능화	**2) 학교안전 데이터 관리체계 점비**
	• 지능형 확교안전사고 관리체계 구축 • 시스템 기반 학교안전 관리 강화	• 학교안전 데이터 확대 및 연계 강화 • 안전사고 통계 정비
	3) 현장중심 안전교육 및 훈련 운영	**4) 모두를 위한 체험교육 인프라 확대**
	• 학교안전 교육 · 훈련 강화 • 교육환경 변화에 따른 맞춤형 콘텐츠 보급	• 균등한 기회 확보를 위한 인프라 확충 • 안전 체험관 운영 · 관리 기반 조성
	5) 학교 안팎 안전사고 예방 강화	**6) 피해회복 강화 및 안전한 학교문화 조성**
	• 안전한 교육환경 조성 • 안전한 학교 밖 교육활동 지원	• 학교안전보상공제 제도 정비 • 학교안전을 위한 '사회적 안전망' 구축

추진체계	* [교육청 및 단위학교] 매년 학교안전사고 예방 지역계획 및 학교계획 수립 • (지원체계) 학교안전사고예방위원회 운영/학교안전공제중앙회 지원

[그림 3] 제4차(2025~2027학년도) 학교안전사고 예방 기본계획

위의 그림에서와 같이, 제4차 학교안전사고 예방 기본계획의 비전을 '모

두가 안전한 미래학교 구현'으로 설정하였다. 이를 달성하기 위해, 시대적·사회적 요구를 바탕으로 '미래 교육환경에 대응하는 학교 안전 생태계 구축'을 목표로 하고, 또한, '지능형 통합 안전관리, 현장 중심 안전교육, 지속가능한 학교안전'을 전략으로 제시하였다. 더욱이, 6대 중점과제로 '학교안전관리 지능화, 학교안전 데이터 관리 체제 정비, 현장 중심 안전교육 및 훈련 운영, 모두를 위한 체험교육 인프라 확대, 학교 안팎 안전사고 예방 강화, 피해 회복 강화 및 안전한 학교 문화 조성'을 설정하고, 각 과제에 따른 실천 과제를 마련하였다.

무엇보다도, 학교의 안전을 통합적으로 접근할 수 있는 시스템이 필요하다(교육부 제3차 학교안전사고 예방 기본계획, 2021)는 요구를 수렴하여 학교안전지원시스템을 구축하였다. 이는 안전진단에서 전국 17개 시·도교육청의 학교계획 수립 및 추진실적 평가 결과에 대한 표준화된 평가체계를 마련하고, 사업추진 단계별 개발·운영 중인 '안전지원 시스템'의 체계적인 관리가 요구되는 점을 반영한 것이다.

17개 시·도교육청에서 지역계획을 수립(12월 31일)하면, 일선 학교에서는 학교계획을 수립(2월말)하고, 학교계획 및 추진 실적을 교육청에 제출(3월 31일)하고, 17개 시·도 교육청은 평가의 결과를 교육부에 매년 제출(6. 30.)하고 있다. 학교안전공제중앙회는 시스템을 분산하지 않고 일원화하기 위해 다음 그림에서와 같이 학교안전지원시스템을 구축하였다.

[그림 4] 학교안전지원시스템

위 시스템은 기본계획(교육부)·지역계획(시·도교육청)·학교계획(학교)들 간 연계성이 부족하고, 시·도교육청의 학교계획 평가 체계도 미흡하며, 학교안전 관련 정보화 시스템이 분산되고 산발적으로 운영되고 있는 문제점을 해소하기 위해 일원화된 것이다.

위 시스템을 통해 학교안전계획, 학교안전교육과정, 실적보고 등을 다음 그림에서와 같이 입력하고 정보를 실시간으로 업데이트할 수 있도록 고도화하였다.

학교안전 관련 정보화시스템 현황

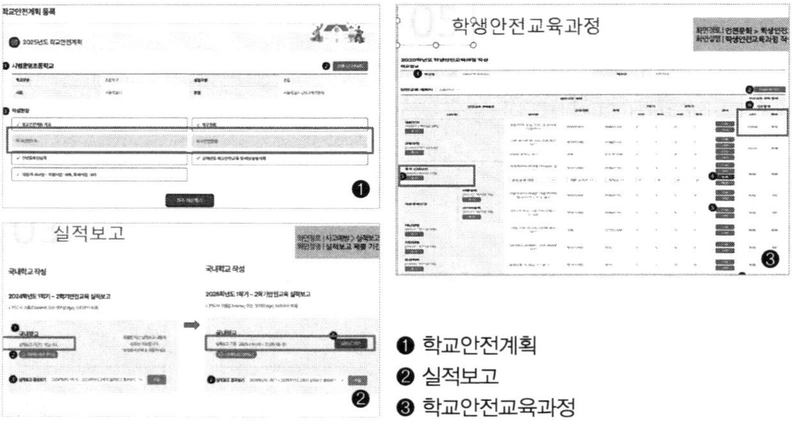

[그림 5] 학교안전지원시스템 구성요소 현황

위 시스템은 [로그인/회원가입] 버튼 클릭 시 각 페이지로 이동하고, 각 단위 시스템 페이지로 진입 가능하며, 회원 유형별로 상이하게 노출되도록 구축되어 있다(학교안전공제중앙회, 2025). 또한, 대국민/교직원/교육(지원)청 별 진입가능한 주요 페이지와 학교안전통계를 확인할 수 있고, 기상정보도 확인할 수 있다. 더욱이, 교사가 언제 어디서나 7대 분야별 학교안전자료를 확인할 수 있도록 다음 그림과 같이 시스템이 구축되어 있다.

[그림 6] 학교안전지원시스템: 자료실

자료실의 정보를 TAB별로 조회(7대 안전 / 교육과정연계 / 재난대응매뉴얼) 할 수 있고, 검색 조건의 설정에 따라 검색 결과가 조회되며, 등록된 태그가 표출되기 때문에 클릭 시 해당 태그로 등록된 컨텐츠가 조회된다(학교안전공제중앙회, 2025). 추천 컨텐츠 및 등록되어있는 컨텐츠들이 표출되며 컨텐츠 클릭 시 상세 화면으로 이동할 수 있고, 컨텐츠 썸네일 위로 마우스 오버 시 해당 자료에 대한 설명이 간단하게 표출되어 조회될 수 있다(학교안전공제 중앙회, 2025).

교사는 학교안전지원시스템을 기반으로 위험관리체계를 구축하고, 자료실의 학습자료를 활용하여 학습자들의 안전의식을 제고함으로써 위험예방교육을 내실있게 구현할 수 있다. 사고는 개인의 실수뿐만 아니라 체계에 의해서도 유발(Perneger, 2005)될 수 있기 때문이다. 따라서, 모두가 안전의식(safety consciousness)을 함양하며, 학교안전정책을 체계적으로 구축하고 효과적으로 추진하여 학교안전망을 강화할 수 있는 방안을 지속적이고 체계적으로 구축할 필요가 있다.

3. 안전교육 정책의 동향과 접근 방식

가. 사건과 사고

일상생활에서 사건(event)은 언제나 어디서나 역동적으로 일어난다. 사건은 누가 무엇을 어떤 맥락하에서 수행하였느냐에 따라 다변화되어 나타난다. 먼저, 사건은 행위자의 신체 상태나 자신이 취한 신체 동작으로 발생한다. 일상생활에서 사건이 사고로 이어지는 주요 원인들 중 하나는 행위자의 심리적 원인과 또래 요인이라 할 수 있다. 심리적 원인은 사고를 유발하거나 영향을 끼친 사고자의 심리적 상태이고, 또래요인은 사고를 유발하거나 영향을 끼친 또래들에 의한 심리적 영향이라고 할 수 있다(김진석, 2023). 또래는 사건에 간접적으로 영향을 주고받는 주변인(bystander)[3]이라 할 수 있다.

행위자는 사건을 사고로 이어지도록 하는 주요 요인이다. 휴먼팩터 분석 및 분류 체계(Human Factors Analysis and Classification System: HFACS)에 의하면, 일상생활에서 나타나는 행위자의 오류나 위반은 사건을 유발하는 원인이 될 수 있다. 다음 그림과 같이, 오류의 하위영역으로는 의사결정 오류(목표를 이루기에 부적절한 방안을 선택함), 기술 관련 오류(필요한 기술이 충분히 숙지되지 않음), 지각의 오류(무언가 잘못 보거나 잘못 듣는 등 감각적 지각의 오류)가 있다(김진석 외, 2021). 또한, 위반의 하위영역으로는 일상적으로 잘못된 절차나 시행이 반복해서 이루어진 경

3 사안이 발생, 유지, 지속, 중단됨에 있어서 다양한 행동반응을 보이는 또래집단을 주로 주변인이라 칭한다(이규미 외, 2014).

우를 뜻하며, 예외적 위반이란 행위자가 평소에는 하지 않는 어떤 방식으로 위반이 일어난 것을 뜻한다(김진석 외, 2021).

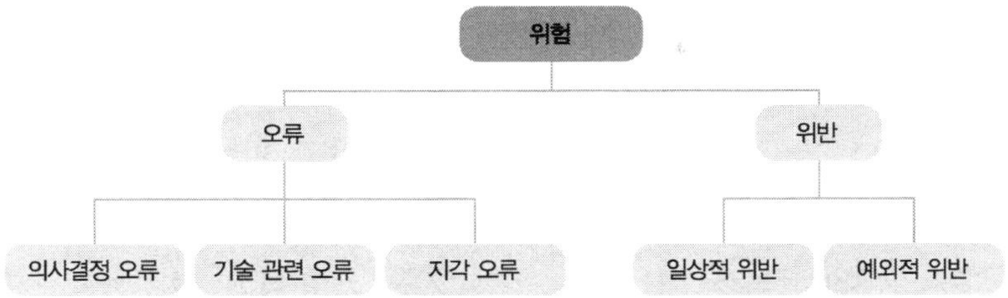

[그림 7] HFACS 행위자의 위험 행위 분류 체계

HFACS에 의하면(김진석 외, 2021), 위험 행동 전제 조건으로 환경적 요인, 행위자의 상태, 개인적 요인이 있다. 환경적 요인에는 날씨, 온도, 조도, 독소 등 행위자 주변의 환경에 대한 요인을 뜻하며, 기술적 요인이란 기기, 장비, 설계 방식, 작동 방식 등과 관련된 요인들을 칭한다(김진석 외, 2021). 행위자의 상태는 행위자의 수행에 영향을 미칠 수 있는 스트레스, 정신적 피로, 동기 저하 등의 부정적인 정신 상태와, 질병, 신체적 피로 등의 신체적 상태, 시력 저하, 느린 반응 속도 등 행위자의 신체적·정신적 능력이 상황에 맞게끔 대처하기에는 부족한 상황을 나타내는 신체적·정신적 한계로 구분될 수 있다. 개인적 요인은 동료 자원 관리와 개인적 준비도로 구분되는데 동료 자원 관리는 동료들과의 의사소통, 협업, 팀워크와 관련된 문제를 나타내고, 개인적 준비도는 행위자의 자기관리와 관련된 것으로 적절한 휴식, 건강관리 등을 나타낸다. 물론, 사건이 사고로 이어지는 주요 원인이 된 불안전한 상태가 무엇인지를 판단하고, 직접적으로 재해를 유발하거나 영향을 끼친 에너지원을 지닌 기계·장치, 구조물, 물체·물질, 사람 또는 환경 등을 살펴보아야 하고, 사람에게 직접적으로 상해를 입힌 기계·장치, 구조물, 물체·물질, 사람 또는 환경예방대책(산업재해 기인물 분류기준) 등을 고려해야 한다.

또한, 사건이 일어나고 있는 상황적 맥락, 사회·문화적 맥락을 분석해야 한다. Lund와 Aarø(2004)는 안전 문화(safety culture)의 중요성을 강조하였는데, 이는 특정 상황에서 각 개개인이 어떻게 행동해야 하는지 결정하는 역할을 한다고 보았다(김진석 외, 2021). 가족, 또래, 사회를 통한 사회화 과정에서 안전 행동 또는 위험 행동을 인지하고, 사회적 규준과 규칙에 대한 사회화 역시 일어나기 때문이다. Lund와 Aarø(2004)에 의하면, 문화는 각 개인의 심리를 초월한다는 입장을 지지하며 위험을 증가시키거나 감소시키는 개인의 태도나 행동에 안전 문화가 어떤 영향을 미칠 수 있는지를 주목하였다. 이렇듯 맥락적 요인으로 개인의 태도와 행동에 영향을 미치는 안전 문화는 공유된 가치(예, 학생들의 안전이 무엇보다 중요함), 신념(예, 학교 안전사고가 어떻게 발생하는가에 대한 생각), 행동 규범(예, 학교에서는 우리가 어떻게 행동해야 하는가?) 등으로 나누어 분석할 수 있다.

사건이 사고로 발생하는 형태는 물체와의 충돌이나 부딪힘, 받힘의 경우가 30.7%로 매우 높은 비중을 차지하고 있고, 다음으로는 사람과의 충돌이 13.5%로 나타나서 1순위와의 차이가 크다(김진석 외, 2021). 이런 측면에서, 학교 안전 사고는 시간, 장소, 활동, 매개물, 메커니즘(사고형태), 부위, 주관적 원인 등을 바탕으로 종합적으로 분석할 필요가 있다(김진석 외, 2021).

따라서, 학교 위험교육에서 학습자들이 사고의 사례를 과학적으로 조사하고 탐구하여 잠재된 위험 요인을 제대로 분석하며, 사건이 사고로 이어지지 않도록 위험 요인을 제거하거나 감소하도록 해야 한다. 물론, 인적 사고와 물적 사고, 고의 사고와 비고의 사고, 일반적 사고와 인식적 사고, 자연적 사고와 구조적 사고, 교내 사고와 교외 사고 등으로 나누어 사고의 발생 요인을 분석할 필요가 있다(차우규와 표석환, 2016). 무엇보다도, 사건이 발생될 수 있는 환경적 요인, 행위자의 상태, 개인적 요인뿐만 아니라 상황적 맥락, 사회·문화적 맥락 등을 총체적으로 분석하여 사건이 사고로 이어지지 않도록 안전교육의 정책을 마련해야 한다. 교육활동 중에 있는 학생들이 정서적 안정과 경각심을 토대로, 스스로 주의할 수 있도록 안전의식을 고양해야 하며 교내 활동과 더불어 교외 활동이 많아지는 추세에 발맞춰 교외 활동에서의 안전사고 예방에 대해 더 많은 관심을 가져야 하기 때문이다(김형태, 2023).

나. 안전교육 정책 동향

1) 독일, 미국, 일본의 동향

독일은 연대 체계가 전통적으로 확립되어 있어 모든 분야에서 유관기관 간의 협력이 원활히 이루어지고 있다(김진석 외, 2023). 연방 주 교육부 장관회에서는 학교가 교통, 안전교육을 실시할 경우, 주 교육부, 교육청뿐만 아니라 학부모, 경찰, 교통 관련 기업, 협회, 연구소, 기관 등 다양한 외부 기관과 협력하는 것을 명시하고 있다. Langsam aber sicher(천천히 하지만 안전하게)를 모토로, 천천히 하지만 확실하게 안전교육이 실시되는 나라, 학생이 천천히 하지만 확실하게 안전의식을 함양할 수 있도록 구성된 교육과정, 천천히 하지만 안전하게 행동하고 살아가는 법을 터득해 나가는 교육을 실행하고 있다. 교실 수업에서는 "안전"만을 위한 수업을 계획하기 보다는 역량 중심의 수업 과정을 통해 안전을 확보하고 안전의식을 고양하는 수업을 실행하고 있다.

미국은 연방정부 차원에서 학교안전교육과 관련한 법률을 제정하여 시행하고 있다. 미국의 캘리포니아주와 뉴욕주 2개 주(州)를 대상으로 조사한 안전교육 실태에서 나타난 특성을 정리하면 다음과 같다(김진석 외, 2023).

- 미국의 학교에서 이루어지는 안전교육의 특성은 안전교육주제에 따라 교육과정에 연계시켜 이수를 의무화하거나 또는 개별적인 안전교육 주제의 이행을 권장하는 이원 체제로 운영되고 있음.
- 주정부 산하 단위학교에서 시행하는 안전교육의 방식, 의무시수, 보고체계 등은 지역교육청에서 주교육부의 가이드라인에 따라 자율적으로 결정하고 시행하고 있음.
- 미국 교육계에서 사용하는 학교안전(school safety)은 학교보안(school security)의 개념까지 포함함.

미국 연방정부는 교육의 고유권한이 주정부에 있다는 헌법 정신에 입각하여 주교육에 직접적으로 관여 또는 개입하는 것이 아니라 연방교육교부금 또는 보조금 형식을 빌려 학교 안전 관련 정책 또는 프로그램의 시행을 권장하고 있다.

미국의 안전교육 정책이 우리나라 안전교육에 주는 시사하는 바는 다음과 같다(김진석 외, 2023).

- 교육과정의 범교과 학습 주제로서의 안전교육이 실시되고 있지만, 우리나

라와 같이 법률, 시행규칙, 고시 등을 통해 학생 51차시, 교직원 3년에 15시간, 7개 영역, 그리고 계획 수립 및 실적 보고에 대한 규정을 설정하고 있지는 않음.

- 미국의 학교안전교육은 주교육부, 지역교육청, 교육위원회 등이 큰틀에서 안전교육의 방향과 범주를 정하고, 그 운영은 교육위원회를 중심으로 단위 학교에서 자율적으로 운영되고 있음.
- 안전교육 주제를 강조하고 주가 위치한 지리적, 지역적 특성과 환경을 반영하여 맞춤형 안전교육을 시행하면서 교육의 실효성을 제고함.

미국 학교에서 시행 중인 안전교육 주제는 한국의 학교안전교육 주제와는 그 유형과 범주에서 많은 차이가 나고 있지만, 안전교육의 기본원칙은 안전한 학교를 만들기 위한 교육적 대응이다. 미국의 학교에서는 한국의 범교과 학습 주제(cross-curricular learning themes)에 해당하는 '21세기 간학문적 주제'를 교육과정과 연계하도록 권장받고 있으며, 대부분 안전교육은 의무보다는 자율적으로 시행되고 있는 것으로 볼 수 있다.

또한, 일본의 경우, 학교안전교육의 목표를 실현하기 위해 각 학교에서 아동·생도 등에 육성을 목표로 하는 자질 능력 등의 기본적인 방침을 밝히고, 안전교육, 방재교육에 관한 지침서를 발간해 학교안전교육의 목표, 구조, 및 실시 방식 등을 포함하여 위기관리, 안전 관리의 평가까지 안내하고 있다. 이를 구체적으로 살펴보면 다음과 같다(김진석 외, 2023).

- 학교안전교육이 체육과·보건체육과, 기술·가정과 및 특별활동의 시간은 물론 각 교과, 도덕과 및 종합적인 학습 시간 등에서도 실시하고 있음.
- 지역 유관 기관·단체 등을 포함한 협력체제를 정비하여 의도적, 계획적으

로 추진하고 있음.

- 안전교육의 효과를 높이기 위해, 위험예측 연습, 시청각 교재 및 자료의 활용, 지역 및 교내 안전 지도 만들기, 학외의 전문가에 의한 지도, 대피 훈련이나 응급조치와 같은 실습, 유괴나 상해 등의 범죄로부터 자신을 보호하기 위한 역할극 등의 다양한 방법 도입.
- 조회, 종례, 쉬는 시간 등 일정 시간을 할애하는 교육 이외에도 즉각적으로 실시할 수 있는 안전교육을 통해 생활화를 유도하고 있음.
- 안전교육 활동은 교내에서 안전교육과 가정이나 지역사회에서의 활동 등과의 연계될 경우 더욱 습관화시킬 수 있음을 강조함.
- 학교안전교육의 내용 및 방법, 학교 내의 안전 관련 조직이나 체계에 관한 체계적 점검 체계로 '계획(Plan)–실시(Do)–평가(Check)–개선(Action)' (PDCA) 사이클을 활용하고 있음.

일본의 안전교육 정책이 우리나라 안전교육에 주는 시사하는 바는 다음과 같다(김진석 외, 2023).

- 교과교육 및 학교 일과 중 생활지도 방안 등의 학교안전교육 유연화 방안 수립.
- 안전교육 영역 및 의무시수에 대한 재검토 및 학교 교육과정 운영에의 별도 안전교육 실시 부담감 해소 방안 모색
- 학교에서 안전교육을 할 수 있도록 문부과학성이나 교육위원회에서 자료와 가이드라인을 제공하고 학교에서의 자율적이고 유연한 운영
- 안전 계획의 수립 및 시행에 대한 학교장의 책무 및 역할을 제시하고 있는 우리나라의 법령에 학교안전교육 대한 정부와 학교장의 책임과 역할 명료화

• 학교안전교육을 실시하였다면 학교는 스스로 평가를 실시하고 그 결과를 공표

일본에서의 학교안전교육 관련 학습지도요령에는 생활안전, 교통안전, 재해안전 3가지 영역에서 9~10개의 주요 안전 지도 내용들을 교육하도록 설정하고 있다. 일본은 학교보건안전법에서 국가·지방공공단체, 학교 설치자는 아동·생도 등의 안전 확보를 도모하기 위하여 필요한 조치를 강구하도록 노력해야 한다는 가이드라인만 규정하고 학교안전계획을 단위학교 수준에서 구체화하고 있다(김진석 외, 2023).

다. 안전에 대한 접근 방식과 원칙

공동체의 구성원들은 일상생활에서 안전을 보장받아야 할 권리를 갖고 있다. 안전에 대한 접근 방식이나 원칙은 공동체에 따라 상이하게 정립되어 있다. 그래서, 안전을 항상 최우선으로 하는 영국의 왕립사고예방협회(Royal Society for the Prevention of Accidents: RoSPA)에서 주장하는 접근 방식과 원칙(김진석, 장은숙, 2021)을 중심으로 살펴보고자 한다.

1) 안전 접근 방식

우선 안전에 대한 접근 방식으로, 도덕적 관점에서 안전은 항상 최우선이어야 한다(RoSPA). 학교에서 실시하는 행사의 영역이 무엇이든, 개인적, 조직적, 또는 사회적 목표를 추구하기 위해 필요한 수준의 안전이 우선시되어야 한다. 안전이 담보되면, 아무리 좋은 행사일지라도 사건이나 손실들로 인해 행사가 심각하게 축소될 수 있다. 그래서, 목표를 설정할 때, 사고를 예방하기 위해 합리적 실행 가능한 조치의 일환으로 시

간, 인적 및 물적 투자 등으로 최선을 다하는 것은 사고가 발생할 때 단순히 인적 및 재정적 비용을 부담하는 방법보다 항상 선호되어야 한다(김진석, 장은숙, 2021).

위험에 대한 접근 방식이나 정책의 방향을 RoSPA에서는 다음과 같이 설정하고 있다(김진석, 장은숙, 2021).

첫째, 위험에 대한 접근 방식으로, 다른 사람들과 활동할 때, '안전'할 권리가 있고, 이 권리는 법으로 보장되어야 한다. 위험을 유발하는 사람들은 그들의 활동을 통제할수록, 그 위험의 활동에 노출될 수 있는 사람들을 보호할 수 있을 것이다. 위험 유발자들에게 적절하고 충분한 정보를 제공하고 도덕적 의무감을 더 많이 가지도록 하는 제도적 장치를 설정할 필요가 있다.

둘째, 위험 기반 정책을 수립하는 방식으로, 수용할 수 없게 되기 전에 상황(예, 활동 및 제품)이 얼마나 안전해야 하는지(반대로 얼마나 안전하지 않을 수 있는지)는 본질적으로 기술적인 판단보다는 사회적 문제라고 할 수 있다. 위험 유발자, 규제자, 위험에 처한 자들과 같은 다양한 이해당사자들은 거의 항상 다른 관점을 갖게 된다. 안전을 결정하는 책임자는 항상 모든 관련 이해 관계자들과 협력하면서도 그들의 안전에 대한 의욕과 인식, 그리고 이를 달성하는 데 사용할 수 있는 시간, 인적 및 물적 자원 등의 투입 범위에 대한 이해관계자들의 견해 간 차이를 최소화하려는 노력이 요구된다.

셋째, 위험과 안전 보상 비용 간의 균형이다. 위험한 활동은 단순히 사고로 이어질 수 있다는 이유로 금지되어서는 안 된다. 이상적으로는 어떤 일을 하는 것의 이점이 그 일로 인해 나타나는 위험보다 항상 더 가치있어야 한다. 그렇지 않으면, 위험이 적더라도 활동을 포기해야 한다.

피해가 발생할 수 있는 경우, 활동을 중단하기 전에 허용할 수 있는 최대 위험의 수준에 대한 제한을 설정해야 한다. 이 수준 이하에서는 안전 보상이 감소되는 명확한 지점에 도달할 때까지(위험/비용 최적화) 위험을 줄이기 위한 노력을 계속해야 한다. 따라서, 안전과 관련한 의사 결정권자(개인, 기업, 또는 사회)는 예방 조치가 과도하거나(자원 또는 기회 낭비로 이어짐), 불충분(불필요한 위험으로 이어짐)하지 않도록 주의해야 한다.

넷째, 인적 요인에 대한 이해다. 경험에 따르면, 대부분의 사고는 어떤 의미에서는 인적 오류로 인한 것이지만, 그러한 오류는 다양한 형태(미끄러짐 및 착오, 실수 기반 지식, 기술, 또는 의도적, 상황적 또는 일상적인 위반)를 취할 수 있다. 이들은 다양한 조합으로 나타날 수 있을 것이다. 개인 및 조직의 오류는 종종 요인들 간 상호작용하여 다른 방어 수단이 취해질 때, 설계, 시스템 약점, 또는 실패로 표출될 수 있다.

다섯째, 예방의 실패를 통한 학습이다. 사고들을 체계적으로 조사하면, 그들은 안전 개선을 위한 중요한 교훈을 배울 수 있는 독특한 '현실에 대한 창'을 제시한다. 사고를 통해 안전에 대한 긍정적인 교훈을 얻을 수 있지만, 이는 증거 수집 및 통합, 가설 테스트, 결론 도달 및 권장 사항의 생성에 대한 적절한 접근 방식을 포함하여 적절한 조사 기술이 적용되는 경우에만 가능하다.

RoSPA는 안전을 최우선으로 두는 안전의 표준들을 고려한다. 위험의 개연성이 있는 활동을 실행하기 전, 용인할 수 있는 최대 위험 수준까지의 규제 범위를 설정해야 한다고 주장한다(김진석, 장은숙, 2021). 그 수준 이하에서도, 분명하게 피해를 줄일 수 있는 감소 지점까지 위험을 최대한 줄이는 노력을 지속해야 한다는 것이다. 그래서, 위험의 성격, 범위, 수준, 발생 가능성 등을 기반으로 제대로 판단하기 위해서는, 항상 신뢰할 수 있는 데이터와 모델링을 기반으로 한 충분한 평가가 수반되어야 한다.

특히, 피해가 발생할 수 있는 가능성이 높은 상황에서는 사람들이 단순히 특정한 안전 규칙과 절차를 따르도록 요구하거나 개인 보호 장비의 형태로 위험에 대한 마지막 방어선을 제공하기 이전에, 위험이 발생할 수 있는 가능성을 제거하거나 통제하는 것을 선택하는 것이 더 좋다고 할 수 있다. 즉, 사고의 예방이 사고의 결과로부터 사람들을 보호하려는 것보다 항상 더 바람직하다고 할 수 있다(김진석, 장은숙, 2021).

2) 의사결정 방식과 원칙

상황(예, 활동 및 제품)이 얼마나 안전해야하는지(반대로 수용 할 수 없게 되기 전에 얼마나 안전하지 않을 수 있는지)는 본질적으로 기술적인 판단보다는 사회적 문제다. 위험 유발자, 규제자, 위험에 처한 자들과 같은 다양한 이해당사자들은 거의 항상 다른 관점을 갖게 된다. 따라서, 안전에 대한 의사결정의 책임자는 항상 모든 이해 관계자들과 협력하면서도 그들의 안전에 대한 의욕과 인식, 그리고 이를 달성하는 데 사용할 수 있는 시간, 인적 및 물적 자원 등의 투입 범위에 대한 다양한 견해들을 고려하여 1) 상황들이 얼마나 위험한지, 2) 위험하다면 어떻게 안전하게 할 수 있는지, 3) 위험 상황을 어떻게 안전하게 조치를 취해야 하는지에 대한 최대한의 합의점을 도출해야 한다. 안전 관련 의사 결정자는 항상 그러한 문제에 대해 이해관계자들 간 견해의 차이를 최소화하기 위해 노력해야 한다(김진석, 장은숙, 2021).

RoSPA에 의하면, '안전 제일'원칙은 심각한 피해가 발생할 수 있다는 증거가 보인다면, 절대적인 증거를 기다리지 않고 사전에 예방 조치를 취해야 한다는 것이다. 이런 의미에서, 결과가 심각할 것 같으면, 통제 조치를 항상 선택해야 한다. 적절한 통제 수단을 마련하는 것은 항상 중요하지만 궁극적으로 안전을 보장하는 것은 위험의 관리에 대한 적절한 접근 방식이다. 위험을 식별하고 관련한 위험을 적절하게 평가하며 적절한 통제 조치를 취하고 통제가 지속적으로 효과적일 수 있도록 조치를 취할 수 있는 인력과 절차가 마련되어야 한다. 안전의 모든 영역에서 강력한 위험 관리의 시스템을 갖추는 것이 효과적인 안전 및 위험 관리의 핵심이며, 그러한 시스템은 다른 목표를 달성하기 위해 설정된 다른 모든 시스템으로 최대한 통합될 필요가 있다(김진석, 장은숙, 2021).

RoSPA는 사고 예방에 강력한 영향력을 행사하여 삶의 질을 향상시키는 것을 모토로 삼고 있다. 재해가 발생하기 전에 사고와 비극을 예방하기 위한 조치가 필요하다는 것을 확신하고 있다. 안전을 '용인 가능한' 수준으로 설정하고 위험을 최소화하자는 것이다. 실제로 '용인 가능한 수준'이 무엇인지를 결정하는 총괄적 업무는 과학적이며 정치적 난제들로 어려움이 많다(김진석, 장은숙, 2021).

사고 및 산업 질병의 사례는 여러 명의 사상자가 발생하지 않는 한 대규모로 미디어에 스포트라이트를 거의 받지 않는다. 특히, 집안일과 같은 고립된 상황에서 발생하는 피해는 전혀 보도되지 않고 있다. 전체적으로 볼 때, 그것은 희생자들이 크게 침묵하고 고립되어 고통을 겪는다는 사실로 인해 더욱 악화된 엄청난 양의 비극으로 표출된다. 또한 우발적 상해 및 업무 관련 건강 피해는 일반적으로 불우한 사회 경제적 집단에서 훨씬 더 만연되어 있다(RoSPA). 현재 진행 중인 산업 보건 피해의 주요한 사각지대는 이미 건강 측면에서 심각한 불이익을 받고 있는 사람들에 집중되어 있다(김진석, 장은숙, 2021).

수많은 정책 분야에서 정부의 의제는 예방에 지속적으로 초점을 맞추고 있다. 단순히 질병의 결과를 처리하는 데 자원을 낭비하는 것보다 사고, 질병, 자살, 범죄, 약물 남용, 가족 붕괴, 노숙자, 환경 피해 등으로 인해 발생하는 피해와 비용을 줄이는 것이 효과적이다(RoSPA). 그러나 예방하려는 충동은 대부분의 경우 사전 예방적인 것이 아니라 대응적인 것이다. 계획되지 않은 역기능 사건(화재 진압, 심장 마비 피해자 병원 입원, 수로 오염 문제 해결)을 처리한 직후에, 그러한 일이 발생하는 것을 막기 위해 무언가를 해야 한다는 사후 약방문의 인식이 거의 항상 있다(김진석, 장은숙, 2021).

결국 '사건 후' 즉시 행동하는 역할을 하는 사람들이 실제로 예방을 효과적으로 주도하는 책임자가 될 수 있는지에 대해서는 의문이 제기된다(RoSPA). 예를 들어, 변호사는 비난을 증명하거나 반증하기 위해 사고의 결과에 관여한다. 보험사는 보험료를 결정하기 위해 사고의 이력을 고려한다. 응급 서비스는 현장을 보호하고 부상자를 처리한다. 내과의사와 외과의사는 이미 부상을 입었거나 병에 걸린 사람들을 치료하려고 한다. 사회 복지사는 가족 붕괴로 인해 발생하는 문제를 해결한다(김진석, 장은숙, 2021).

그러나, 이 모든 분야에 종사하는 전문가들은 이제 결과를 관리하는 방식에서 예방으로 이동할 것으로 예상된다(RoSPA). 이것이 '현실적인지? 그것이 가능한지? 그것이 작동할 수 있을지?'가 관건이다. 예방을 장려하는 데 책임이 있는 기관은 무엇보다도 그 목표에 전념해야 하며 어떤 다른 기능이나 규율에 대한 부속물로 사용해서는 안 된다. 건강 및 안전 관리의 '소프트웨어'를 다룰 때, 합리적 실행가능성(Reasonable Practicality: RP)이 무엇인지 고민하는 것은 채택할 물리적 위험 제어 조치의 수준을 결정하는 것보다 인지적으로 더 어렵다고 할 수 있다(김진석, 장은숙, 2021).

적절한 균형을 찾기 위한 간단한 접근 방식들 중 하나는 '반복적 분류' 또는 '골디락 원칙'이다(죽과 침대를 검색하는 과정에서 Goldilocks는 너무 뜨겁거나 단단하고 너무 차갑거나 부드러운 예를 발견하여 '적절한' 예를 찾을 수 있었다). 일반적으로, '필요한 만큼 안전하다(as safe as necessary)'는 접근 방식이 올바르게 실행되어야 한다. 사람들이 '필요한 것'이 실제 생활에서 어떻게 보이는지를 이해하는 방법을 지각하도록 도울 때, 자신이 안전한지 확인하기 위한 지식과 기술도 필요하다는 것을 인식하게 된다(김진석, 장은숙, 2021).

따라서, '골디락 원칙'과 '필요한 만큼 안전하다'는 접근 방식을 고려하여 학교 안전교육의 방안을 구축하고 위험을 예측하고 효과적인 의사결정과 판단을 하는 위험 리터러시를 함양할 필요가 있다. 실제로 미래의 성인은 위험을 인식하고 위험을 피하거나 통제할 수 있는 것에 대한 정보에 입각하여 제대로 판단을 내릴 수 있도록 학교 안전교육을 내실있게 실행할 필요가 있다(김진석, 장은숙, 2021).

4. 우리나라 학교 안전교육 정책의 방향

1장에서 살펴본 바와 같이, 우리나라는 안전 수칙의 습득과 습관화를 목적으로 하는 안전교육에서 위험 상황을 예측하고 위험을 제거·감소를 위한 올바른 의사결정과 행동 실천을 함양하는 위험교육으로 패러다임을 전환하였다. 그럼에도, 위험교육이 효과적으로 실행되기 위해서는 안전교육의 정책이 더욱 촘촘하게 마련되어야 한다. 실제, 교직원 8,178명을 대상으로 한 '주관식 응답', '대면 조사'의 주요 결과(김진석, 외, 2023),

‘안전교육의 형식적 운영, 학교안전교육에 대한 교사와 직원 간 명확한 역할 분담의 필요, 체험위주의 학교안전교육의 필요, 학교안전교육의 실시에 있어서 교사의 과중한 부담, 학교안전교육 의무 시수 51시간의 과중함, 지자체와의 연계를 통한 학교안전교육의 실시 필요, 행정 보고에 치우진 학교안전교육, 전문가를 활용한 학교안전교육의 운영 필요’ 등으로 나타났다.

이에, 위험교육을 내실있게 구현하기 위해 개선 방향을 교육과정에서의 위험교육 내실화, 초·중·고등학교 안전교육 지침 개발, 사고분류체계 정비·개발, 첨단기술 기반 온라인 안전체험관 구축· 운영으로 나누어 살펴보고자 한다.

가. 교육과정에서의 안전교육 방향

1) 2022개정 교육과정

교육과정에서는 무엇을 반드시 가르치고, 어떻게 가르치며, 어떻게 평가할지를 담고 있다. 이에, 학교 현장에서는 2022 개정 교육과정에서 설정된 안전교육 관련 성취기준을 효과적으로 달성할 수 있도록 교수–학습 방법 및 활동을 개발·보급하여 학교안전교육이 내실 있게 구현될 수 있도록 해야 한다.

앞에서 살펴본 바와 같이, 2022개정 교육과정의 안전교육은 창의적 체험활동에 밀집도 등을 고려한 안전 확보 지침을 담은 항목을 신설하였다. 구체적으로 살펴보면, 초1, 2학년의 경우, 2015 개정 교육과정 ‘안전한 생활’의 내용을 초등 통합교과로 재구조화하여 교과 연계 실생활 중심으로 안전교육을 강화한다. 또한, 초등학교 3학년~고등학교까지 체육·음악·미술 보건 등 관련 교과목에 다중 밀집 환경의 안전 수칙 및 위기 상황 대처 능력을 함양을 포함하여 이론뿐 아니라 실습·체험 중심 교육으로 체계화하여 다루며, 이를 통해 궁극적으로 학교와 가정 등의 위기 상황에 대처할 수 있도록 구성한다[4]

또한, 안전교육은 10개의 범교과 학습 주제 (①안전·건강 교육 ②인성 교육 ③진로 교육 ④민주 시민 교육 ⑤인권 교육 ⑥다문화 교육 ⑦통일 교육 ⑧독도 교육 ⑨경제·금융 교육 ⑩환경·지속가능 발전 교육) 중 하나로, 국가·사회적으로 요구하는 학습내용으로 구축되어 있다. 안전교육은 여러 교과의 경계를 가로지르는 종합적이고 통합적인 학습 주제로 관련 교과와 창의적 체험활동 등 학교 교육 활동 전반에 걸쳐 다루고 있다.

앞에서 살펴본 바와 같이, 2022개정 교육과정에서는 2015 개정교육과정의 10개의 주제를 그대로 유지하면서 '범교과 학습주제'를 관련된 교과(목)의 성취기준과 연계하여 활용할 수 있도록 개선하였고, 안전교육 관련 법령을 제·개정하려는 경우, 사전에 국가교육위원회와 협의하는 조항을 신설하였다[5].

더욱이, 초·중·고등학교 전 학교급에서 체계적인 교육을 통해 안전의식이 내면화될 수 있도록 교육과정 총론에 학생 발달 수준을 고려한 체험 중심 안전교육 지침을 강화하였다. 가장 두드러진 부분은 안전교육과 관련하여 '성취기준'과 '교수–학습 방법 및 활동'을 설정하였다.

---

4 안전교육과 관련하여 2022년 개정된 교육과정의 구성이나 내용은'2022 개정 교육과정 교육부 질의응답'에서 발췌한 것임

5 「초·중등교육법」 제23조제2항(교육과정 영향 사전협의, '23.4.19. 시행)에 의하면,"중앙행정기관의 장은 제23조에 따른 교육과정에 소관 법령에 따라 교육실시, 교육 횟수, 교육시간, 결과보고 등이 의무적으로 부과되는 법정교육을 반영하는 내용의 법령을 제정하거나 개정하려는 경우에는 사전에 국가교육위원회와 협의하여야 한다."는 조항을 신설함

2) 교육과정 성취기준 명료화

2022 개정 교육과정에서 안전교육과 관련된 '성취기준'은 학생들이 일부 교과를 제외하고는 안전교육과 밀접하게 관련되어 있다고 볼 수 없다. 초등학교 안전교육과 관련한 성취기준은 다음 표에서와 같이 설정되어 있다(김진석 외, 2023).

〈표 3〉 초등학교 안전교육 관련 성취기준(초등학교 예시)

학년군	교과목	개수	예시
1–2	바른생활	3	학교생활 습관과 학습 습관을 형성하여 안전하고 건강하게 생활한다.
	슬기로운 생활	5	학교 안팎의 모습과 생활을 탐색하며 안전한 학교생활을 한다.
	즐거운생활	5	즐겁게 놀이하며, 건강하고 안전하게 생활한다.
3–4	국어	1	매체 소통 윤리를 고려하여 매체 자료를 활용하고 공유한다.
	사회	1	주변의 여러 장소를 살펴보고, 우리가 사는 곳을 더 살기 좋은 곳으로 만드는 방안을 탐색한다.
	도덕	1	디지털 사회에서 발생하는 다양한 문제를 살펴보고, 해결 방안을 탐구하여 정보통신 윤리에 대한 민감성을 기른다.
	과학	4	건강한 생활을 위해 필요한 감염병 예방 수칙을 공유하고, 생활 속에서 실천할 수 있다.
	체육	3	다양한 스포츠 환경에 개방적인 태도를 갖고 적극적이고 안전하게 스포츠 활동에 참여한다.
	미술	1	기본적인 표현 재료와 용구의 특성을 이해하고 사용 방법을 익힐 수 있다.

5–6	국어	1	자신의 매체 이용 양상에 대해 성찰한다.
	사회	3	우리나라의 계절별 기후 특징을 자료에서 탐구하고, 기후변화로 인한 자연재해의 심각성을 이해한다.
	도덕	1	인간과 인공지능 로봇 간의 다양한 관계를 파악하고 도덕에 기반을 둔 관계 형성의 필요성을 탐구한다.
	과학	7	우리 몸의 여러 기관과 관련된 질병을 조사하고, 건강을 유지하기 위한 생활 방식을 실천할 수 있다.
	실과	6	옷의 기능을 이해하여 평소 자신의 옷차림을 살펴보고 건강하고 적절한 옷 입기를 실천한다.
	체육	2	운동 및 생활 속 위험 상황, 성장 발달을 저해하는 생활 방식의 문제점을 파악하고 예방 및 대처 방법을 익혀 안전하게 활동한다.
	미술	1	디지털 매체 등 다양한 표현 재료와 용구를 탐색하여 작품 제작에 활용할 수 있다.

위의 표에서와 같이, 1–2학년군의 바른 생활, 슬기로운 생활, 즐거운 생활에서는 안전교육 관련 성취기준이 명시적으로 설정되어 있다. 3~4학년군과 5~6학년군의 경우, 사회, 과학, 실과, 체육 교과는 안전교육 관련 성취기준이 어느 정도 명시적으로 설정되어 있어 있다. 그러나, 국어, 도덕, 미술 교과는 안전교육 관련 성취기준이 명시적으로 설정되어 있지 않다.

성취기준은 학습자들이 학교급별로 달성해야할 목표이다. 성취기준을 바탕으로 교사는 단원목표와 차시목표를 설정하고, 학습자들이 그 목표를 달성할 수 있도록 수업을 설계·실행·평가한다. 안전교육 관련 성취기준이 명료하게 제시되면, 안전교육 기반 교과 간 통합수업을 구현하는데 용이하고, 초·중·고등학교 전 학교급에서 스코프와 시퀀스가 있는 체계적인 교육을 통해 안전의식이 내면화될 수 있을 것이다.

3) 자율적이고 유연한 교육과정

단위학교에서는 의무시수 51시간을 교과와 연계하여 계획하고 실행한 결과를 보고하도록 하고 있다. 앞에서 살펴본 바와 같이, 교직원 8,178명을 대상으로 한 '주관식 응답', '대면 조사'의 주요 결과(김진석, 외, 2023), 학교안전교육의 실시에 있어서 부담이 많으며, 학교안전교육 의무 시수 51시간이 과중하다고 응답하였다.

또한, 미국의 학교에서는 앞 절에서 살펴본 바와 같이, 한국의 범교과 학습주제(cross-curricular learning themes)에 해당하는 '21세기 간학문적 주제'를 교육과정과 연계하도록 권장받고 있으며, 대부분 안전교육은 의무보다는 자율적으로 시행되고 있는 것으로 볼 수 있다. 안전교육의 주제에 따라 교육과정에 연계시켜 이수를 의무화하거나 또는 개별적인 안전교육 주제의 이행을 권장하는 이원 체제로 운영되고 있다. 주정부 산하 단위학교에서 시행하는 안전교육의 방식, 의무시수, 보고체계 등은 지역교육청에서 주교육부의 가이드라인에 따라 자율적으로 결정하고 시행하고 있다.

아울러, 일본의 경우, 학교에서 안전교육을 할 수 있도록 문부과학성이나 교육위원회에서 자료와 가이드라인을 제공하며, 학교에서 자율적이고 유연하게 운영하도록 하고 있다. 앞 절에서 살펴본 바와 같이, 일본은 학교보건안전법에서 국가·지방공공단체, 학교 설치자는 아동·생도 등의 안전 확보를 도모하기 위하여 필요한 조치를 강구하도록 노력해야 한다는 가이드라인만 규정하고 학교안전계획을 단위학교 수준에서 구체화하고 있다.

설문조사와 해외사례를 고려하여 교육부에서 자료와 가이드라인만 제공하며, 단위학교에서 자율적이고 유연하게 운영하도록 정책의 방향을 마련할 필요가 있다. 단위학교는 교육부의 가이드라인에 따라 안전교육의 방식, 의무시수, 보고체계 등을 자율적으로 결정하고 시행할 수 있을 것이다. 다음 절에서 가이드라인 마련의 필요성과 방향을 살펴보고자 한다.

4) 교과 특성을 고려한 교수–학습 방법 및 활동 개발 · 보급

2022개정 교육과정의 교수·학습의 방향과 방법에서는 시대적·사회적 요구를 반영하여 안전 관련 지도 시 주의 사항을 설정한 것으로 2015개정 교육과정에 비해 진일보하였다고 볼 수 있다. 그러나, 그 사항에 따른 교과별 교수–학습 방법 및 활동이 개발되어 있지 않아 어려움을 겪고 있다. 단위학교에서는 의무시수 51시간을 교과와 연계하여 매년 계획하고 실행한 결과를 실적으로 산정하고 있다. 이에, 안전교육이 창체가 아닌 일반교과에서 내실 있게 실행될 수 있도록 교과 특성을 고려하여 교수–학습 방법 및 활동을 개발·보급할 필요가 있다.

우리나라는 7대 영역, 51차시에 대해 규정하고 있을 뿐만 아니라 학교급에 따라, 안전교육의 종류에 따라 의무적으로 실시하여야 하는 차시, 횟수까지 명문화하고 있다. 학교 현장에서는 안전교육 51차시를 계획하고 실행하는 데 부담을 많이 갖고 있는 것이다. 교과 특성을 고려하여 교수–학습 방법 및 활동자료를 더욱 스코프와 시퀀스있게 확보·개발·보급하면, 학교에서는 이러한 자료를 토대로 학교의 형편과 학교가 위치해 있는 지역의 특성에 맞게 수정하여 사용하도록 할 수 있다(김진석 외, 2023). 일본의 경우, 눈이 많이 오는 지역과 화산 위험이 있는 지역, 잦은 폭우가 내리는 지역, 지진이 예상되는 지역의 학교안전교육이 상이하다. 실제로, 후쿠시마현은 원자력과 관련된 여러 건의 학교안전교육 자료를, 과거 오카와 초등학교가 있었던 미야기현은 쓰나미에 대한 안전교육 자료를 학교 안전 포털사이트에 공유하고 있다.

나. 초 · 중 · 고등학교 안전교육 지침 개발

2022 개정 교육과정에서는 초·중·고등학교 전 학교급에서 체계적인 교육을 통해 안전 의식이 내면화될 수 있도록 교육과정 총론에 학생 발달 수준을 고려한 체험 중심 안전교육 지침을 강화하였다. 그럼에도, 안전교육이 실질적으로 내면화되기 위해서는 차기 교육과정 개정 시, 안전교육에 대한 가이드라인을 명시적이고 구체적으로 설정할 필요가 있다(김진석 외, 2023).

미국의 경우, 안전교육의 가이드라인을 산업계, 교육계, 지역 및 정부기관의 연합체 성격을 띤 국가기구에 해당하는 'Partnership for 21st Century Learning(P21)'에서 구성하고 운영한다. 미국 정부에서는 한국의 범교과 학습 주제에 해당하는 '21세기 간학문적 주제(21st Century Interdisciplinary Themes)', 학생들이 구비해야할 인재상으로서 '3대 핵심 역량(Learning & Innovation Skills, Information, Media, & Technology Skills, Life & Career Skills)' 그리고 미국 교육이 전반적으로 직면한 '4대 교육 환경적 조건(Standards & Assessments, Curriculum & Instruction, Professional Development, Learning Environments)'등을 산업계, 교육계, 지역 및 정부 기관의 연합체 성격을 띤 국가기구에 해당하는 'P21'을 구성하여 운영한다. 'P21'은 '21세기 학습을 위한 표준(Framework for 21st Century Learning)'의 역할을 담당하면서 학교에서 가르치는 주요 교과목(영어, 읽기, 언어, 세계 언어, 예능, 수학, 경제, 과학, 지리, 역사, 정부 및 시민의식 등)을 학생들이 미래 성공적인 직장 생활과 삶을 영위하는 데 필요한 '21세기 간학문적 주제'에 대한 지식, 기술, 전문성 그리고 리터러시

(literacy)와 통합한 세부적이고 다양한 학업 콘텐츠를 제시하고 있다(김진석 외, 2023).

미국의 학교에서 시행하는 범교과 학습 주제(cross-curricular learning themes)로서 '21세기 간학문적 주제'를 다음 표에서와 같이 제시하고, 학교안전교육을 보건 리터러시(Health Literacy) 주제에 포함하고 있다.

〈표 4〉 미국 연방정부 차원의 범교과 학습주제 표준

구분	내용
핵심역량 (3대 영역)	• 생활 및 경력 스킬 • 정보, 미디어 및 기술 스킬 • 학습 및 혁신 스킬(4Cs): 비판적 사고, 커뮤니케이션, 협업, 창의성
21세기 간학문적 주제 (6개 영역)	• 지구문제 인식 • 재무, 경제, 경영 및 혁신 리터러시 • 시민의식 리터러시 • 보건 리터러시(안전교육 포함됨) • 환경 리터러시 • 학습 및 혁신 스킬
환경조건 (4대 조건)	• 표준 및 평가 • 교육과정 및 교수 • 전문성 개발 • 학습 환경

미국 연방정부에서는 가이드라인을 마련하고, 주정부나 단위학교에서는 그에 따라 자율적이고 유연하게 안전교육을 실행하고 있다. 2023년 학교안전담당자를 대상으로 설문한 결과, 교육과정과 관련하여, 단위학교를 넘어 국가교육과정에서 체험 중심의 실질적인 교육이 되도록 좀 더 체계적으로 접근하고, 일반교과 수업 시간에 안전 관련 이론이 체험으로 연결되지 않아 안전교육의 실효성에 한계가 있으며, 일반계 고등학교에서는 정규수업 시간에 안전교육을 실시하는 것이 현실적으로 어려움이

있다고 응답하였다.

2022 개정 교육과정에서는 10개 영역의 범교과 주제들 중 하나로 '안전·건강 교육'을 설정하고, 학교 현장에서 체계적이고 실효적으로 학습할 수 있도록 개선하고 있다. 그러나, 2022 개정 교육과정에서는 'P21'의 환경적 조건과 같이 안전교육을 제대로 실행할 수 있도록 하는 환경적 조건을 고려한 가이드라인을 명시적으로 제시하지 않았다. 이런 측면에서, 학교 현장에서 체계적이고 실효적으로 학습할 수 있도록 학교 현장에서 안전교육 관련 운영의 부담을 완화하기 위해 다음과 관련하여 지침을 마련할 필요가 있다(김진석 외, 2023).

- 학교와 지역사회가 연계하는 안전교육의 방향을 정립. 특히, 교육과정에서 총체적 학교접근 방식을 장려하거나 강화
- 학교의 안전관리와 위험교육의 전달을 결합한 총체적 학교접근 방식으로, 안전 교육에 대한 생태학적 접근 방식을 채택하는 것의 중요성을 반영하고, 보다 안전한 선택을 할 수 있는 환경을 제공
- 궁극적으로는 참여 중심의 위험교육 강화를 통해 학교현장의 안전 관리와 안전교육의 연계 추진
- 학생 참여형 위험교육을 통해 안전수칙의 습득을 넘어 안전에 대한 주인의식 함양

이를 위해서는 먼저, 앞 절에서 제시한 바와 같이, 예방의 실패를 통해 학습할 필요가 있다. 사고들을 체계적으로 조사하면, 그들은 안전 개선을 위한 중요한 교훈을 배울 수 있는 독특한 '현실에 대한 창'을 제시(RoSPA)하기 때문이다. 여기에는 증거 수집 및 통합, 가설 테스트, 결론

도달 및 권장 사항의 생성에 대한 적절한 접근 방식을 포함하여 체계적인 조사 기술이 적용되는 경우에만 가능하다.

안전교육이 창체가 아닌 일반교과에서 내실 있게 실행될 수 있도록 과학, 실과, 체육, 음악, 미술 등 관련 교과의 내용 요소, 성취기준, 성취기준 해설 및 적용 시 고려 사항, 교수·학습에 구체적인 안전교육의 내용을 반영할 수 있도록 가이드라인을 마련해야 한다. 학습자들이 위기 상황 대처 능력을 함양할 수 있도록 촘촘하고 체계적으로 안전교육이 이루어질 필요가 있기 때문이다.

따라서, '골디락 원칙'과 '필요한 만큼 안전하다'는 접근 방식을 고려하여 학교 안전교육의 방안을 구축하고 위험을 예측하고 효과적인 의사결정과 판단을 하게 하는 위험 리터러시 기반 안전교육을 내실있게 실행하도록 가이드라인을 마련해야 한다. '필요한 만큼 안전하다(as safe as necessary)'는 접근 방식을 취하면, '필요한 것'이 실제 생활에서 어떻게 보이는지를 이해하는 방법을 지각하도록 도움을 준다. 이는 개개인들에게 안전한지 확인하기 위한 지식과 기술도 필요하다는 것을 인식하게 된다(김진석, 장은숙, 2021)

교실수업에서 '골디락 원칙'과 '필요한 만큼 안전하다'는 접근 방식으로 위험 리터러시 기반 안전교육을 효과적으로 실시하기 위해서는 총체적 학교 접근 방식을 고려한 가이드라인을 마련할 필요가 있다. 총체적 학교 접근 방식은 안전교육에 대한 생태학적 접근으로 보다 안전한 선택을 할 수 있는 환경을 제공하기 때문이다(총체적 학교 접근의 특징과 사례는 5장 참고). 총체적 학교접근법은 학교뿐만 아니라 지역 공동체와 협력하여 위험 요인을 분석하고 예측·판단하여 위험 요인이 사고나 재난으로 이어지지 않도록 사전에 조치를 취하여 모두가 안전한 공동체를 만드는 생태적 접근방식이다. 이는 미래의 성인이 인권, 문화권을 향유할 수 있고, 꿈을 실현할 수 있는 지속가능한 공동체를 구축하는 것이다.

다. 사고분류체계 정비 · 개발

통계 코드가 지나치게 세부적이거나 상위 항목과 하위항목이 일치하지 않아 사고 입력 담당자에게 혼선을 주고 있는 부분도 없지 않고, 사고 발생 기전(매개물), 사고 당시 조치사항 등 추가되어야 할 항목도 있는 것으로 파악되고 있다(김진석 외, 2021). 데이터에 기반한 학교안전정책 수립을 위해서는 학교안전사고 통계 관리체계를 강화해야 한다. 학교안전공제중앙회는 학교안전사고 통계를 통계청 등 관계부처 협의를 통해「통계법」에 따른 '국가승인통계[6]'관리로 통계관리의 표준화를 실시하고 정책 수립 · 학술연구 등에 활용(교육부 제3차 기본계획 과제)될 수 있도록 정비되었다.

국제손상외인분류기준(International Classification Of External Causes of Injury: ICECI)에 부합하는 통계 코드정비(세분화, 통합, 삭제) 및 사고분류체계를 다음과 같이 마련하였다(김진석 외, 2021).

6 국가승인통계: 정부의 각종 정책의 수립 · 평가 또는 다른 통계의 작성 등에 널리 활용되는 통계로 통계작성기관에서 신청하여 통계청에서 지정(「통계법」 제18조)

분류코드 정비 추진 체계도

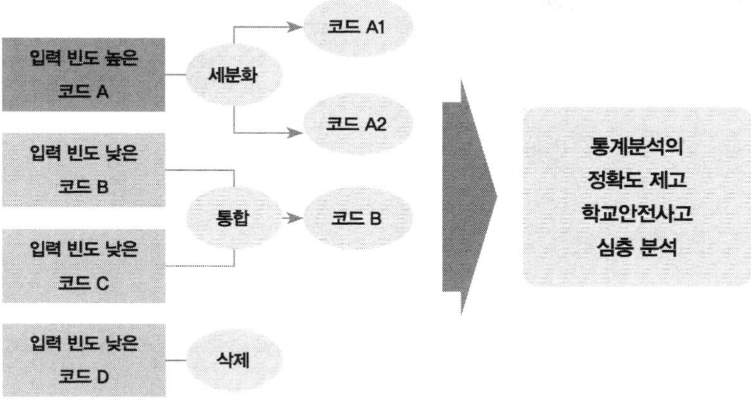

[그림 8] 분류코드 정비 추진 체계도

이는 정확도·신뢰도가 검증된 학교안전사고 통계를 빅 데이터 기반 및 인공지능(AI) 기술을 활용한 맞춤형 데이터를 제공함으로써 예방정책 지원의 활성화를 기할 수 있을 것으로 예상한다.

이렇게 통계정보제공시스템 고도화와 인공지능 기반의 빅 데이터 분석 기법을 활용한 학교별 맞춤형 예방방안을 제시하며[7], 일선 학교에서 학교계획 수립 시 사고통계 데이터를 활용하여 학교안전 정책과제를 설계[8]할 수 있도록 지원하고 있지만, AI시대에 다변화되고 예측하기 어려운 위험 요인들을 고려하여 학교안전사고 발생원인의 심층적 분석을 위한 통계체계를 지속적으로 연구하고 개선할 필요가 있다. 다시 말해서,

7 체육특성화학교의 경우, 체육수업 중 발생할 수 있는 사고유형·예방방안을, 마이스터고의 경우, 실습·기계 조작 중 발생할 수 있는 사고유형·예방방안을 예로 들 수 있음.

8 학교계획 수립 시, 기본계획 및 지역계획의 세부 집행계획에 관한 사항 포함(「학교안전법 시행령」 제6조)

학교안전사고 통계의 대국민 공개 확대 및 통계 시각화 등을 통해 학습자들이 위험의 요인을 제대로 인식할 수 있도록 개별 맞춤식 정보를 제공하고, 위험 요인이 사고로 이어지지 않도록 학교급별, 위험 요인별로 심층적으로 분석할 수 있을 뿐만 아니라 쉽게 활용할 수 있도록 하는 방안을 마련할 필요가 있다.

라. 첨단기술 기반 온라인 안전체험관 구축 · 운영

학교안전공제중앙회는 물리적 제약 없이 안전체험교육을 지원하는 AR, VR 등 첨단기술 기반의 온라인 안전체험관을 구축·운영하고, 메타버스(Metaverse) 기술 기반의 안전체험교육을 제공하고 있다. 이는 학교급별 맞춤형 안전교육 가상세계(Metaverse) 구축 및 체험 콘텐츠의 보급을 통해 학생 간 협업을 바탕으로 하는 공동체 프로젝트 활동을 구현할 수 있기 때문이다. 예를 들어, 학생들은 학교, 가정, 통학로 등 실생활과 흡사한 가상세계에서 가상의 캐릭터를 통해 안전을 실천하고 위험 요인을 제거하는 과제를 수행할 수 있을 것이다.

안전체험관에서는 위험을 예측하는 연습을 할 수 있도록 시설물을 구축할 필요가 있다. 다시 말해서, 학생들이 안전체험관[9]에서 위험 리터러시를 함양할 수 있도록 첨단기술을 기반으로 한 위험 판단형[10]의 시설물들을 구축하는 것이다. 관찰자형이나 직접 체험형과는 다르게, 위험 판

9 2015년 체험중심의 학교 안전교육 강화 정책(교육부, 2015)에 의해, 17개 시 · 도교육청에 학생 안전 체험관 건립을 위한 예산을 지원하고 있고, 9개 시 · 도교육청은 교육부로부터 예산을 지원받아 종합형 안전 체험관, 소규모 안전 체험관, 교실형 안전 체험관, 이동형 안전 체험버스 등과 같이 다양한 유형으로 체험 위주의 안전교육 시설 건립을 추진 · 운영하고 있음.

10 위험 판단형은 관찰자형이나 직접 체험형과는 다르게 학생들이 실생활에 잠재된 위험을 직접 감지하는 경험을 할 수 있음.

단형은 학습자가 도로에 내재한 위험을 직접 감지하는 경험을 하도록 설계한 것으로, 주어진 상황에서 학습자가 내재한 위험을 인지하고, 그에 따라 안전한 행동을 판단할 수 있도록 제작한다(구체적인 설명과 사례는 5장 참조). 이 유형에서 학습자는 시설물이 미리 설정한 위험을 수동적으로 받아들이지 않고, 학습자 자신이 직접 능동적으로 위험을 감지하게 된다. 또한, 그에 따라 안전한 행동을 결정할 수 있으며, 행동의 결과를 경험하거나 스스로 예측할 수 있게 된다. 학습자는 위험과 관련된 지식을 습득하는 것에서 나아가, 위험 요인 감지 능력과 함께 위험에 대한 대처 능력 또한 기를 수 있을 것이다. 이를 통해, 학습자 개개인이 직접 능동적으로 위험을 감지하고 안전한 행동을 결정할 수 있으며, 행동의 결과를 경험하거나 스스로 예측하면서 위험에 대처하는 능력을 함양(김진석, 2022b,c)할 수 있기 때문이다.

최근 전동 킥보드 등 개인형 이동장치(personal mobility)[11]나 드론 등으로 사고가 빈번하게 발생하고 있다. 개인형 이동장치의 경우, 발생 장소는 도로(55%), 인도(19%), 황단보도(10%) 순으로 많았으며, 사고 발생 시 피해 유형은 단독(넘어짐)사고로 인한 상해사고가 38%로 가장 많았고, 차량 피해사고(25%), 킥보드 파손사고(21%), 보행자 충돌사고(9%) 등의 순을 보였다(뉴시스, 11월 13일 보도자료)[12]. 따라서, 위험 판단형 기반 전

11 개인형 이동장치(personal mobility)의 종류에는 전동 킥보드, 전동 이륜평행차, 전동기의 동력만으로 작동할 수 있는 자전거 등을 말하며, 속도 25km/h 미만이고, 무게는 30kg미만임.

12 어린이보호구역 내 교통사고 시, 제5조의 13 자동차(원동기 장치 자전거 포함)의 운전자가 「도로교통법」 제12조 제3항에 따른 어린이 보호구역에서 같은 조 제1항에 따른 조치를 준수하고 어린이의 안전에 유의하면서 운전하여야 할 의무를 위반하여 어린이에게 「교통사고처리 특례법」 제3조 제1항의 죄를 범한 경우에는 다음 각 호의 구분에 따라 가중처벌함.
① 어린이를 사망에 이르게 한 경우에는 무기징역 또는 3년 이상의 징역에 처함.
② 어린이를 상해에 이르게 한 경우에는 1년 이상 15년 이하의 징역 또는 500만원 이상 3천만원 이하의 벌금에 처함.

동 키보드 체험 등을 통해 위험 판단력을 함양할 수 있도록 온라인 안전 체험관을 구축·운영할 필요가 있다(김진석, 2021).

핵심개념

- 안전관리 헌장과 교육과정
- 범교과 학습 주제와 안전의식
- 안전 관련 시수 확보 방안
- 학교안전사고 예방 기본 계획
- 학교안전지원시스템과 자료실
- RoSPA의 안전에 대한 접근 방식
- Plan–Do–Check–Action(PDCA)
- Goldilocks원칙과 '필요한 만큼 안전'한 원칙
- Partnership for 21st Century Learning(P21)
- 국제손상외인분류기준
  (International Classification Of External Causes of Injury)

제2장 연습문제

1. 우리나라의 안전교육은 「초·중등교육법」제23조 제2항에 의거 고시한 것으로, 초·중등학교에서 편성·운영해야 할 학교 교육과정의 공통적이고 일반적인 기준을 국가적 차원에서 제시하고 있다. 2022개정 교육과정은 2015 개정 교육과정을 수정·보완하여 교시하였다. 두 개의 교육과정 간 차이를 비교하시오.

2. 17개 시·도교육청에서 지역계획을 수립(12월 31일)하면, 일선 학교에서는 학교계획을 수립(2월말)하고, 학교계획 및 추진 실적을 교육청에 제출(3월 31일)하고, 17개 시·도 교육청은 평가의 결과를 교육부에 매년 제출(6. 30.)하고 있다. 이러한 절차를 일원화한 학교안전지원 시스템의 특징과 보완점을 기술하시오.

3. 미국의 학교에서 이루어지는 안전교육의 특성은 안전교육의 주제에 따라 교육과정에 연계시켜 이수를 의무화하거나 또는 개별적인 안전교육 주제의 이행을 권장하는 이원 체제로 운영되고 있다. 우리나라에 시사하는 바를 기술하고 우리나라 안전교육의 정책에 어떻게 반영할지를 설정하시오.

4. 2022 개정 교육과정에서는 초·중·고등학교 전 학교급에서 체계적인 교육을 통해 안전 의식이 내면화될 수 있도록 교육과정 총론에 학생 발달 수준을 고려한 체험 중심 안전교육 지침을 강화하였다. 그럼에도, 안전교육이 실질적으로 내면화되기 위해서는 차기 교육과정 개정 시, 안전교육에 대한 가이드라인을 명시적이고 구체적으로 설정할 필요가 있다. 안전교육에 대한 가이드라인를 세목화 하시오.

제3장

위험 리터러시 기반 안전교육의 목표 및 구성요소

위험은 대개 부정적 함의와 연결되는 복잡하고 다차원적 개념이다.
– Nikiforidou(2017)

생각하기

1. 위험 요인이 사고나 재난으로 이어지지 않도록 하는 방법은 무엇일까?
2. 위험 리터러시의 목표와 구성요소를 어떻게 설정할 것인가?
3. 교실수업에서 효과적인 위험 커뮤니케이션을 할 수 있는 방안은 무엇인가?

AI시대에는 위험을 예측하기 어려운 불확실성이 있지만, 위험 요인을 과학적으로 탐구하고 예측할 수 있는 능력을 길러 위험 요인이 사고나 재난으로 이어지지 않도록 해야 한다. 이런 측면에서, 위험을 관리하고 위험에 대해 소통하는 능력이 강화되어야 한다. 위험 관리 능력은 개개인이 삶을 풍요롭게 하는 핵심 생활 기능(key life skill)이고, 위험 커뮤니케이션은 교사와 학생 간, 학생들 간 위험 요인에 대해 효과적이고 적절하게 상호작용하여 위험을 제대로 인식하고 판단하도록 하는 기능이기 때문이다. 이 장에서는 학습자들이 위험 리터러시를 함양할 수 있도록 시대적·사회적 요구와 학습자들의 니즈를 고려하여 목표와 구성요소를 설정한 후, 위험을 관리하고 위험에 대해 소통하는 능력을 함양하는 방안에 대해 살펴보고자 한다.

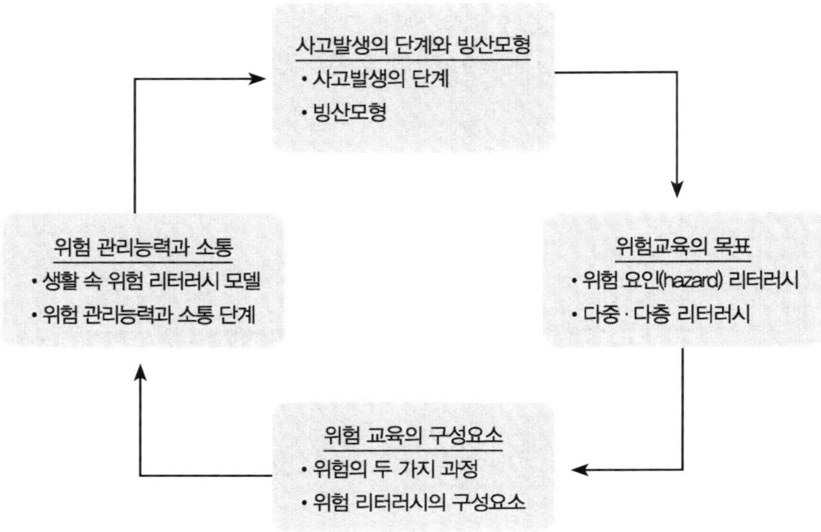

[그림 1] 핵심 내용 흐름도

1. 사고발생의 단계와 빙산 모형

사고가 발생하기 전에 사고를 유발할 수 있는 여러 건의 위험 요인의 징후들이 있다. 다음 그림에서와 같이 위험 요인은 역동적이어서 한 건의 위험 요인이 재난으로 이어지기까지는 29건의 경미한 사고가 유발되었으며, 상해를 입지 않은 300건의 사고가 내재되어 있다(Heinrich, 1931).

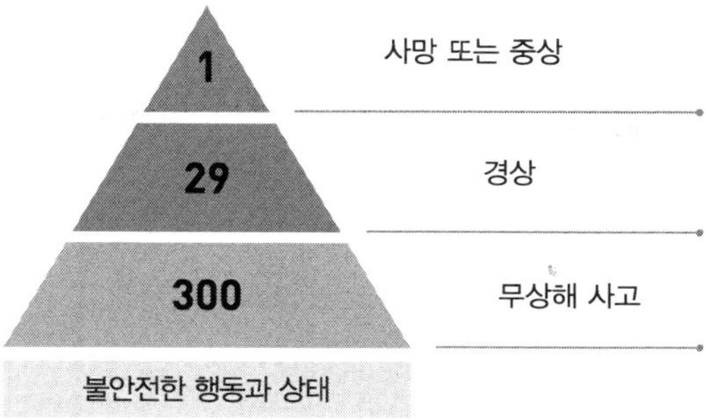

사고발생확률	재난형태
1	중대재난 – 중대재난 330번 사고 중 첫 번째에 발생될 수도 있음
29	경미한 재난 – 긁히거나, 데이거나, 찢어진 상처 등 응급 처치한 재난을 포함
300	아차 사고 – 미끄러짐, 떨어짐, 운반하는 도중 걸려 넘어짐 등 재난을 유발할 잠재성을 내포한 예비사고로서 중대재난이나 경미한 재난을 예방하기 위한 본보기

[그림 2] 하인리히 피라미드 법칙

위의 그림에서와 같이, Heinrich 피라미드 법칙(1931)에 의하면, 1건의 중대한 재난이 발생하기까지는 29건의 경미한 재난(긁히거나 데이거나 상처를 입는)이 일어나고, 300건의 아차 사고(미끄러짐, 넘어짐, 떨어짐 등)가 있다. 29건의 재난들이 모두 일어난 후 중대 재난이 발생하는 것이 아니라 처음 발생하는 한 번의 가벼운 사고가 중대한 재난으로 이어지는 경우도 있다.

위험을 인식하는 것이 안전의 시작이라 할 수 있다. 아차사고, 경미한 사고, 중대사고가 일어나기 전에 위험을 지각하고 판단하여 안전을 생활화하도록 해야 한다. Heinrich 피라미드 법칙과 유사하게, Reason (1997)의 스위스 치즈모델(Swiss cheese model)에서도 다음 그림과 같이 하나의 사고와 재난은 여러 가지 위험 요소가 동시에 중첩되어 발생하게 된다고 주장한다. 여러 층의 방호장치가 잠재된 위험 요인(hazard)과 사고(accident)·재난(disaster)간에 설정되어 있다고 할지라도 재난을 유발할 수 있는 각 층위의 위험 요인들이 동시에 존재하게 되면 사고가 발생한다는 것이다(Wikipedia, 2021).

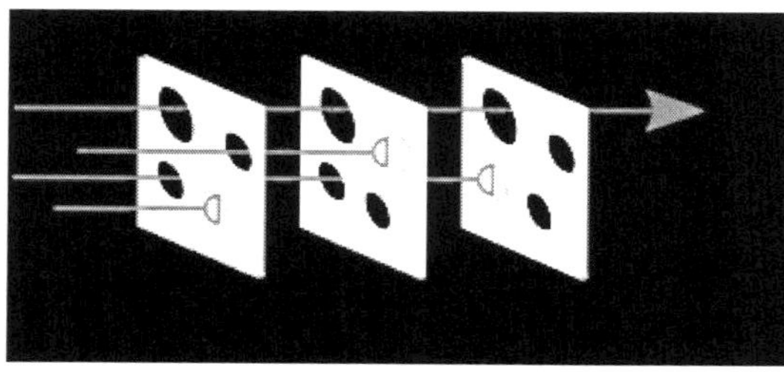

[그림 3] 스위스 치즈모델(Reason, 1997)

이 모델에 의하면, 사고는 하나의 안전 방호(safety barrier) 장치만 제대로 작동해도 막을 수 있으므로 각각의 방호 장치들이 제대로 작동할 수 있도록 위험관리 체계를 구축하고 위험 예방 교육을 구현해야 한다는 것을 언급하고 있다. 그럼에도, 모델의 사용 및 적용에 대한 지침은 거의 제시되지 않고 있다(Eliott et al., 2012: 24). 아울러, 이 모델은 사고가 개인의 실수보다는 체계에 기인한다는 점을 강조하고 있다(Perneger, 2005). 인간의 조건(human condition)은 변화할 수 없지만, 인간이 활동하는 조건은 변화시킬 수 있기 때문이다(Reason, 1997).

하인리히 피라미드 법칙이나 스위스 치즈 모델에서와 같이, 아차 사고, 경미한 사고, 중대 재난이 일어나기 전에 위험을 지각하고 판단하여 안전을 생활화하도록 해야 한다. 위험은 대개 부정적 함의와 연결되는 복잡하고 다차원적 개념(Nikiforidou, 2017)으로 '미래 사건이 일어날 개연성(probability)의 결과'(Adams, 2001: 30)라고 할 수 있다. 이러한 사고를 양희산 외(2011)에서는 기초원인(바람직하지 못한 가정 및 사회 환경, 공중 도덕심, 준법정신이 결여된 사회 분위기, 인명 경시 풍조), 2차원인(안전에 대한 무지, 기능 미숙, 부적절한 태도나 의욕, 신체적, 물리적 결함), 직접 원인(각종 안전 규칙의 불이행, 기계적 결함, 정비 불충분, 기계, 기구의 잘못된 사용, 불안전한 자세, 각종 도구의 준비 소홀, 불안전한 시설 상태)과 같이 일련의 단계로 발생한다고 주장한다.

하인리히 피라미드 법칙, 스위스 치즈 모델, 양희산 외(2011) 등을 바탕으로, 사고 발생의 단계를 다음과 같이 구도화할 수 있다. 실제, 중대재난은 그림에서의 단계와 같이 하나의 안전 방호(safety barrier) 장치만 제대로 작동해도 막을 수 있다.

1단계: 객관적 위험 (위험 상황 이해)	– 위험의 사정, 위험의 발생, 위험 발생의 결과에 대한 기제 – 위험의 불확실성 – 위험의 양적 평가(엄중, 빈도, 노출, 종결) – 위험의 질적 평가(위험 영역 목록) – 위험 수준 제시 방법(일, 월, 연간 사망 위험)
↓	
2단계: 주관적 위험 (위험 인식)	– 주관적 위험과 객관적 위험 간 차이 – 인식의 바이어스 – 위험 수용 – 위험 이미지
↓	
3단계: 직접 원인	– 개인적 원인(판단 미숙, 과다 의욕, 심한 장난, 주의 소홀) – 사회 · 문화적, 상황적 요인(또래 요인, 불가항력적 요인 등)
↓	
4단계: 사고발생	

[그림 4] 사고 발생의 단계(김진석, 2021)

위의 단계를 다음 빙산 모델에서와 같이 도식화할 수 있다. 위험 요인이 사고나 재난으로 이어지지 않도록, 1차적 객관적 위험(위험의 불확실성, 위험의 양적 및 질적 평가 등), 2차적 주관적 위험(인식의 바이어스, 위험 감수 및 혐오, 위험 이미지), 3차적 직접 원인(판단 미숙, 심한 장난, 기자재 결함, 재해·재난 등) 단계에서의 위험 요인들을 사전에 막는 장치가 제대로 작동할 필요가 있다.

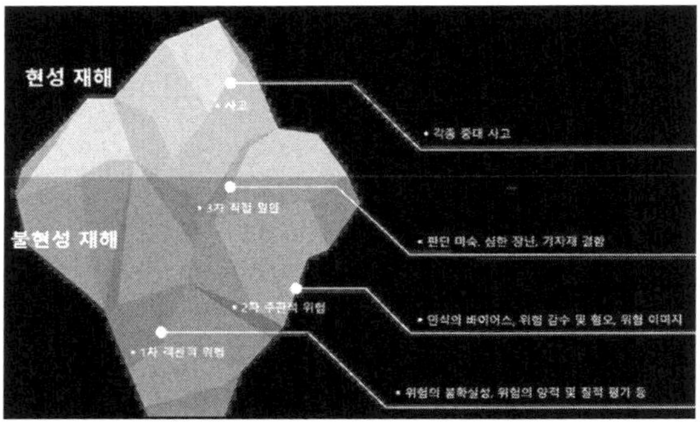

[그림 5] 빙산모형(김진석, 2021)

위의 그림에서와 같이, 빙산의 상부에 해당되는 재난이 발생하기 전에 빙산의 하부에 해당되는 1, 2, 3차 단계의 잠재성 위험 요인이나 불현성 위험 요인을 인식하고, 예측하고, 판단하여 제대로 대처하는 능력을 함양할 필요가 있다(김진석, 2021).

2. 위험 리터러시 기반 학교 안전교육의 목표

안전교육에서 안전은 '위험의 가능성을 없애고 사고를 줄이는 것'(박인현·김기식, 1999)이다. 위험은 대개 부정적 함의와 연결되는 복잡하고 다차원적 개념(Nikiforidou, 2017)으로 '미래 사건이 일어날 개연성(probability)의 결과'(Adams, 2001: 30)이다. 이러한 미래의 사건은 불확실하고 긍정적이거나 부정적일 수 있어서 손상을 주기도 하고 좋은 기회를 제공할 수도 있다(Nikiforidou, 2017).

먼저, 학습자들은 위험 요인(hazard)을 제대로 이해하고 위험 요인이 사고나 재난으로 이어지지 않도록 위험을 예측하고 판단해야 한다. 이런 측면에서, 위험 요인 리터러시(hazard literacy)는 보건, 환경, 재난관리 등의 분야에서 위험 요인의 정보를 이해하고 행동하는 능력으로 정의되고 있다(Brown et al., 2014; Seifi et al., 2018). 위험 요인 리터러시에는 예방(Prevention), 대비(Preparedness), 대응(Response), 복구(Recovery)와 같이 위험 요인 대응 4단계(PPRR) (Brown et al., 2014; Çaliskan & Üner, 2021)가 있다. Brown et al.(2014)은 위험 요인 리터러시를 개념화하기 위해 다음 그림과 같이 네 가지 단계로 구분하는 모델을 제안하였다.

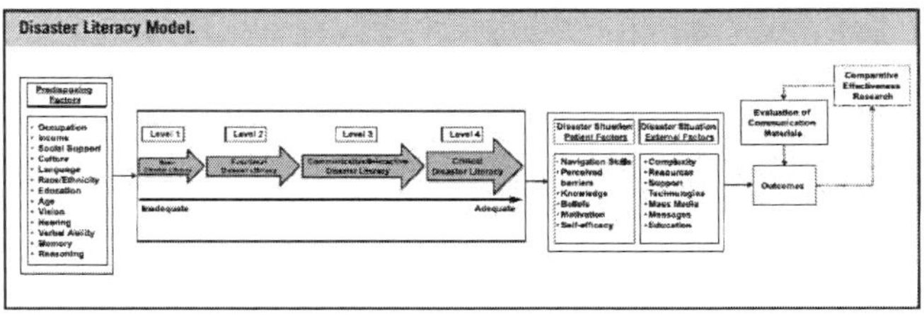

[그림 6] 위험 요인 리터러시(Brown et al., 2014))

- 층위 1: 기초 리터러시(basic literacy)의 수준으로 문자와 기호를 인식하고 해석하는 최소한의 이해
- 층위 2: 기능 리터러시(functional literacy)의 수준으로 재난 경보나 대피 지

침 등을 이해하고 이에 따라 행동할 수 있는 수준

- 층위 3: 상호작용 리터러시(communicative/interactive literacy)의 수준으로 다양한 출처에서 정보를 탐색하고, 변화하는 재난 상황에 맞추어 자율적으로 판단하고 적응할 수 있는 능력
- 층위 4: 비판적 리터러시(critical literacy)의 수준으로 재난의 사회·구조의 원인을 인식하고, 정보를 비판적으로 해석하여 지역 사회 또는 정책 차원의 대응에 적극적으로 참여할 수 있는 역량

마지막 층위는 재난 관련 정보에 대한 단순 이해를 넘어 응급상황에서 신속히 대처하고 정보를 기반으로 재난 상황을 판단하고 대응을 위해 참여하는 역량을 포함하는데, 주로 행동적 측면에 비중을 두는 경향이 있다(이현주 외, 2025).

Brown et al.(2014)은 위험 요인(hazard) 리터러시를 단계별로 나누어 분절적으로 나누어 설명하고 있다. 그러나, 리터러시는 다음 그림에서와 같이 누적적이고 점진적으로 함양하는 것으로 볼 수 있다.

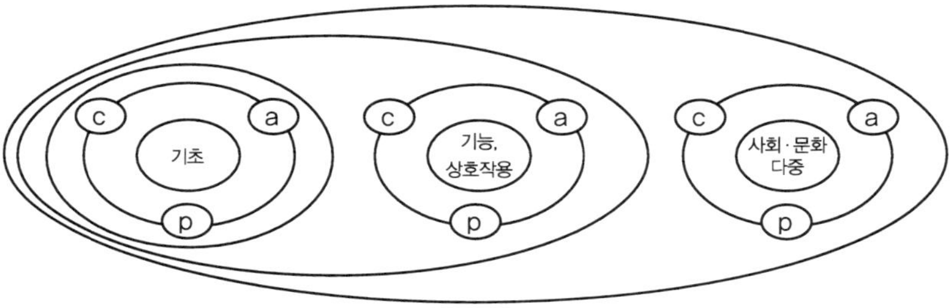

[그림 7] 다중 · 다층 리터러시(김진석, 2025)

위 그림에서와 같이, 전통적으로 읽기·쓰기의 기초 리터러시에서 기능

리터러시 또는 상호작용 리터러시로 확장되고 그들이 분절된 것이 아니라 사회·문화와 다중 리터러시로 점진적이고 누적적으로 확장·심화되어 가고 있다고 할 수 있다. 여기서, 기능 리터러시는 문어와 구어를 포괄하는 의사소통(Hymes, 1972:269; Richards & Rodgers, 2008:244)으로 확장된 이후, 상황·맥락적 의사소통과 사회 · 문화적 측면을 고려한 사회 · 문화적 리터러시, 나아가 다중양식의 리터러시로 더욱 확장되었다(김진석, 2025). 각각의 리터러시에서, 학습자들은 인지적(cognitive), 정의적(affective), 심동적 영역(psychomotor)인 'cap'의 관점에서 위험 요인을 체계적으로 탐구 · 이해하고, 의미들을 심도있게 사유하고 실천할 필요가 있다(김진석, 2025).

학습자들은 위험 리터러시를 통해 사고나 재난이 일어나지 않도록 위험 요인을 제대로 인식하고 사전에 차단하는 것이 사후에 사고나 재난을 수습하는 것보다 더 중요하다고 할 수 있다. 위험 리터러시는 일상생활에서 일어날 수 있는 위험 요인을 이해하는 것부터 위험을 관리하고 위험을 대처하는 것에 이르기까지 스펙트럼이 넓다고 할 수 있다.

Shearn(2005), McWhirter와 Francis (2012), Antoine 외(2013), Brown et al.(2014), Nara와 Sata(2016), Nikiforidou(2017) 등을 바탕으로, 2장에서 살펴본 바와 같이 '학습자들이 스스로 위험을 인식·이해·분석·예측하여 위험을 제거·감소할 수 있는 능력'인 위험 리터러시 기반 안전교육을 교실수업에서 효과적으로 실행해야 한다. 학습자 개개인은 위험에 능동적으로 대처하는 태도를 갖고, 지식 및 기능을 신장하며, 다가올 위험을 사전에 예측하고 판단하여 위험을 대처하는 실행력을 신장할 수 있기 때문이다.

위험 리터러시 기반 안전교육의 목표를 '모두를 위한 안전한 학교 안팎 공동체'로 설정하고, 구체적으로 제시하면, 우선, 학습자들의 인식 및 지식을 제고하는 것에 둘 수 있다. 교실수업에서 학습자들이 객관적 위험 상황을 인식 · 이해하고, 분석 · 예측 · 결정하도록 하향식으로 지식을 교육한다. 둘째, 학습자들의 지속 가능한 기능을 함양한다. 즉, 학습자들이 위험을 평가하고 대처할 수 있도록 체험을 통해 지속 가능하고 전이 가능하도록 상향식으로 기능(skill)을 함양한다. 셋째, 학습자들의 실행력을 강화한다. 교실수업에서 학습자들이 위험을 분석 · 예측하여 용인하기 어려운 위험 감수의 행동을 줄이는 실행 능력을 강화한다. 위험 리터러시 교육과 관련된 세 가지 기본 목표를 1) 위험이 발생하는 원인에 대한 지식과 이해를 확산하기 위해 전략들을 고안하고, 2) 전이 가능한 삶의 기능을 개발하는 것을 목표로 하여 위험을 평가하고 통제하며, 3) 위험을 감수하는 행동을 줄여 사고를 사전에 예방하는 것(Shearn, 2005)으로 설정할 수 있다. 위험 리터러시 기반 안전교육의 목표 및 방향을 설정하면 다음과 같다.

목표	모두를 위한 안전한 학교 안팎 공동체
	▲
구성 요소	– (정의적) 위험에 적극적이고 능동적으로 대처하는 태도 – (인지적) 위험을 인식 · 이해하며, 분석 · 예측 · 결정하는 지식 및 기능 – (심동적) 신중하고 안전하게 행동하고, 위험을 판단하고 대처하는 실행력
	▲
전략	위험의 제거 · 감소를 위한 올바른 의사결정과 행동 실천으로 학교 안전 문화 정착 – (인식 제고) 위험 발생 원인에 대한 지식과 이해 확산과 안전의식 제고 – (전이 가능한 기술) 위험 평가 및 통제와 관련된 전이 가능한 안전한 삶의 기능 개발 – (행동 수정) 위험 감수 행동의 최소화와 안전 실천
	▲

방법	– 체험 중심의 위험과 안전교육 확대 – 에듀테크 기반 맞춤형 위험과 안전교육 구축 – 위험 상황 대처 능력과 안전 실천 능력 함양 교육 내실화

[그림 8] 위험 리터러시 기반 안전교육의 목표 및 방향

모두를 위한 안전한 공동체는 학교뿐만 아니라 지역사회와 함께 안전한 문화를 구축하는 것으로, 학교에서는 총체적 학교 접근방법을 기반으로 한 프로젝트를 구현하여 위험 요인이 사고나 재난으로 이어지지 않도록 하는 것이다. 또한, 이러한 접근방법을 통해, 학습자들은 위험관리 능력과 위험 커뮤니케이션을 강화하도록 하는 것이라 할 수 있다. 여기서, 에듀테크는 AI도구(예, VR, AR, 챗봇, 티처블머신, 스크래치, 챗 GPT, Dall–e 등)뿐만 아니라 AIED(AI in education) 적용 시스템(예, 인공지능 튜터링 시스템)과 다양한 디지털 도구를 포함한다. 내용은 학교안전교육 7대 영역(생활안전, 교통안전, 폭력 예방·신변 안전, 약물·사이버 교육, 재난 안전, 직업 안전, 응급 처치)이다(내용 체계는 4장 참조).

위험 리터러시는 위험 관리 체계화 및 위험 커뮤니케이션의 내실화를 위한 안전교육의 비전 및 방향이라 할 수 있다. 안전교육이 교과교육 연계에서 생활지도 연계 위주로 전환한다면, 학교가 안전교육의 시수를 확보하는 부담을 해소하고 학생들이 위험 리터러시 기반 안전교육을 내실 있게 제고할 수 있을 것이다(교육부 제3차 기본계획). 2022개정 교육과정에서는 학생이 주도적으로 참여하여 위험 리터러시를 제고할 수 있도록 생활지도와 연계(예, 등·하교, 체류시간, 수업시간, 체육활동, 수련활동, 외부체험활동, 위탁교육 등)하여 교육과정 내 안전교육을 통합·조정하고 있다(2장 참조). 이는 형식적 안전교육에서 탈피하여 위험 리터러시의 제고로 교육 활동의 안전성을 강화하고, 교육 만족도 및 교육 효과를 증대할 수

있을 것이다. 다음 절에서는 위험 리터러시의 구성요소에 대해 살펴보고자 한다.

3. 위험 리터러시의 구성요소

위험교육은 안전 규칙을 기르는 것이라기보다는 '학습자들이 위험 및 안전에 대해 스스로 판단하는 능력을 함양'하는 것이라고 할 수 있다. '절대적 안전'이 아니라 '안전에 대한 경각심이나 위험 및 안전에 대처하는 능력(character building)과 스스로 위험 및 안전을 인식하고 이해하며 대처하는 능력을 함양해야 하는 것이다.

위험은 다음 그림과 같이 사고·이해하는 과정과 행동하는 과정으로 구성되어 있다(Fuster, 2004).

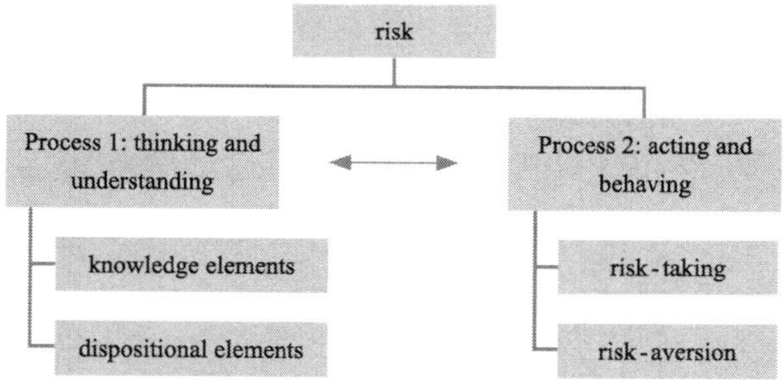

[그림 9] 위험의 두 가지 과정

첫 번째는 위험한 상황에 대한 인식(객관적이고 주관적인 사고와 이해)의 과정이며, 두 번째는 위험한 상황에 대한 행동(참여 또는 회피)하는 과정이다. 두 과정은 서로 맞물려 있고 이들의 관계는 비방향 또는 비순차적이다. 위 모델은 목표를 향한 일련의 과정에서 유기체와 환경 사이의 정보의 순환 흐름으로 Fuster(2004)에 의해 정의된 인식–작용 사이클에 기초하고 있다.

위험 리터러시는 위 모델의 첫 번째 과정뿐만 아니라 두 번째 과정도 학교 교실수업에서 내실있게 이루어져야 한다. Shearn & Weyman (2004), Shearn (2005), McWhirter & Francis (2012), Nara & Sato (2016), Nikiforidou (2017) 등을 바탕으로, 앞 절에서 설정한 위험 리터러시 교육의 목표를 달성하기 위해, 스스로 위험을 인식·이해·분석·예측하는 능력을 함양해야 한다. 학습자 개개인은 [그림 8]에서와 같이 위험에 능동적으로 대처하는 태도를 갖고, 지식 및 기능을 신장하며, 다가올 위험을 사전에 예측하고 판단하여 위험을 대처하는 실행력을 함양해야 한다. 이를 [그림 8]과 같이 영역별 구성요소로 설정하였다.

(1) 위험 리터러시의 영역별 구성요소

(a) 정의적 영역: 위험을 능동적으로 탐구하고 이해하며 대처하는 태도

(b) 인지적 영역: 위험을 지각하고 이해하며, 분석·예측·결정하는 지식 및 기능

(c) 심동적 영역: 신중하고 안전하게 행동하며, 위험을 판단하고 대처하는 실행력

정의적 영역은 학습자들이 위험을 탐구하는 동기유발을 일으키고, 위험을 능동적으로 이해하고 자신감을 갖고 대처하는 태도를 기르는 것이다. 인지적 영역에서는 위험을 지각·이해·분석·예측·결정하는 지식 및 기능이다. 기능에는 비판적 사고능력, 위험 커뮤니케이션, 위험 문제해결

능력, 위험 관리능력, 창의력, 협업능력, 미디어 리터러시, 데이터 리터러시 등이 있다. 심동적 영역은 위험을 정의적 영역, 인지적 영역과 연관하여 신중하게 판단하고 대처하는 실행력이다.

4. 위험 관리 능력과 위험 커뮤니케이션

교실은 위험 리터러시 기반 안전교육을 내실있게 실행할 수 있는 어느 곳보다 더 안전한 집(safer house)이라 할 수 있다. 교실 수업에서는 위험에 대한 인식을 제고할 수 있고, '교육을 받을 수 있도록 잘 갖춰져 있는 환경이며, 학습자들에게 다가가기 위한 효과적인 방법'(Teaching Practice in Risk Education, 2005)을 실행할 수 있기 때문이다. 무엇보다도, 동일한 위험도 학생 개개인마다의 가치관, 규준, 신념에 따라 다르게 인식하고 대처하고 있는 점을 고려하여 위험 리터러시 기반 안전교육을 내실있게 실행할 수 있다. 그래서, 다음 그림에서와 같이 객관적 위험과 주관적 위험 간 차이를 줄이는 방법이 체계적으로 마련되어야 한다(Nara & Sata, 2016).

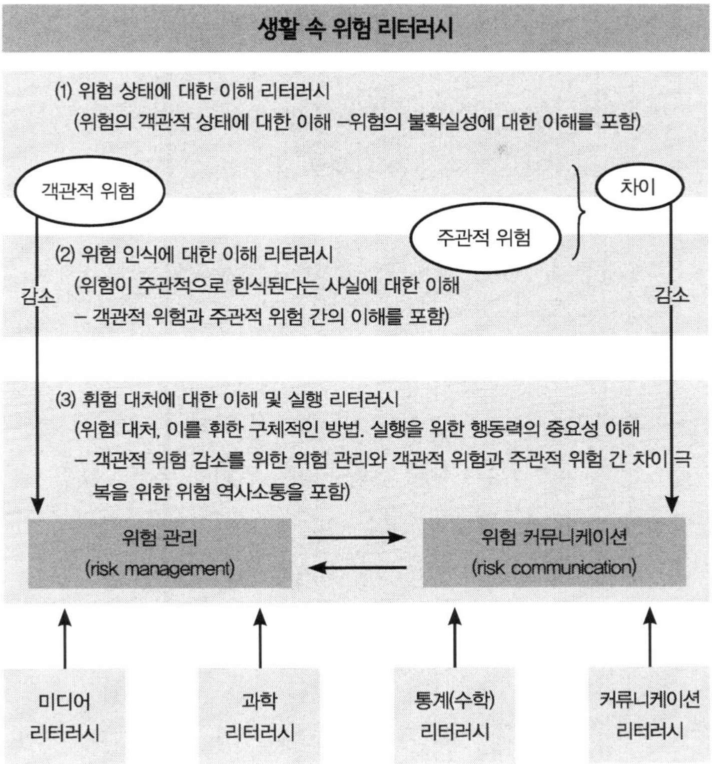

[그림 10] 생활 속 위험 리터러시 모델(Nara & Sata, 2016)

Nara & Sato(2016)는 위험 리터러시를 "질적·양적 자료를 바탕으로 위험한 상황을 객관적으로 이해하며, 위험 관리 및 위험 커뮤니케이션을 통해 주관적으로 인지하고 그 위험에 대처하는 능력"으로 정의하고 있다. 그들은 위험한 상황의 객관적 이해와 위험에 대한 주관적 이해를 구분하고, 위험관리와 위험 커뮤니케이션을 통해 그들 간 간극을 줄이거나 최소화하는 것으로 위험 리터러시를 개념화하였다.

무엇보다도 학습자들은 위험에 대한 이해가 선행되어야 한다. 위험에 대한 이해[1]는 학습자의 관점에서 구분하면, 질적·양적 자료를 바탕으로 설명하고 해석하는 객관적 이해와 학습자 나름대로 위험에 대한 관점을 가지고 공감하며 위험에 대한 자신의 사고 및 행위를 반성할 수 있는 자기 지식(self-knowledge)의 주관적 이해로 나눌 수 있다.

위험관리 능력은 삶을 풍요롭게 하는 핵심 생활기능(key life skill)이라 할 수 있다. 2장에서 살펴 본 바와 같이, 이는 불확실하게 나타날 수 있는 잠재적 위험을 제거할 수 있는 지속 가능한 능력이다(Shearn, 2014; 김진석 외, 2021: 103). 학생들은 실제 직면한 위험을 올바르게 판단하고 결정하는 위험관리 능력을 함양해야 한다. 다시 말해서, 위험에 직면하면 어느 정도의 통제력을 행사하여 맞닥뜨리는 위험에 손실없이 원하는 결과를 달성할 수 있는 능력이 있어야 한다.

안전교육을 통해 학습자들은 일상생활에 상존하고 있는 위험을 이해하고 대처할 수 있도록 위험관리 능력 함양해야 한다. 위험이 내재되어 있는 장소에서 개개인이 보호구를 착용하지 않고 심한 장난이나 주의 소홀 등과 같은 위험한 행동을 한다면 사고로 이어지게 된다. 실제, 한 건의 위험이 사고(사망 또는 중상)로 이어지기까지는 29건의 사고가 유발되고 300건의 사고요인이 내재(Heininrich, 1931)[2]되어 있어서 개개인이 위험이 내재된 불안전한 행동[3]이나 불안전한 상태를 인식(김진석, 2022a)

1 '이해'를 구체적으로 설명(explanation), 해석(interpretation), 적용(application), 관점 가지기(perspective), 공감(empathy), 자기 지식(self-knowledge)으로 세분한다(Wiggins & McTighe, 2005).

2 중대사고(사망 또는 중상)가 일어나기 전에 29번의 경상(긁히거나, 데이거나, 찢어진 상처 등 응급 처치한 재해를 포함)의 사고가 유발되고, 300건의 무상해 사고요인이 내재되어 있음. 무상해 사고요인은 미끄러짐, 떨어짐, 운반하는 도중 걸려 넘어짐, 부딪칠 뻔함 등 재해를 유발할 잠재성을 내포한 예비사고로서 중대재해나 경미한 재해를 예방하기 위한 본보기임. 여기서 중대사고는 330번 사고 중 첫 번째에 발생될 수도 있음.

3 불안전한 행동에는 위험한 장소 접근, 안전장치의 제거, 복장, 보호구의 잘못 사용, 기계 기구 잘

하는 것이 중요하다. 학습자들은 안전의식을 갖고 일상생활에 잠재되어 있는 위험 요인[4]들을 제대로 인식하고 판단하여 그 위험 요인들이 사고로 이어지지 않도록 대처하는 위험관리능력을 함양해야 한다(김진석, 2022a).

또한, 위험 커뮤니케이션은 위험한 정보를 맥락에 적절하고 효과적으로 표현하여 위험을 인식·판단·대처하도록 하는 능력을 함양하는 소통의 과정을 말한다. 위험에 대한 인식은 내재한 위험에 대한 판단(Jamaimool & Watanabe, 2014)이다. 이는 위험 상황을 통제할 수 있다고 믿는지, 과거에 유사한 위험을 대처한 적이 있는지, 내재된 위험이 발생할 가능성에 대해 독자적으로 판단할 수 있는 분석적 사고방식이 있는지를 말한다.

Jamaimool & Watanabe(2014)에 의하면, 사회 환경적 위험의 본질과 연관된 요인뿐만 아니라 심리·인지적 요인을 통해 위험을 인식하기 때문에 위험 인식과 개인 및 집단 간 관련성을 중요하게 고려한다. 개인은 태도, 신념, 가치, 지식에서 지역·국가·세계적 기능 및 실천으로 이어지며, 집단은 정보를 공유하고 나아가 참여 및 의사결정을 함께 해 나가는 과정으로 이어진다. 이를 위해서는 효과적인 위험 커뮤니케이션과 위험 완화 전략(Plapp & Werner, 2006)이 요구된다.

효과적인 위험 커뮤니케이션에는 다가올 자연재해와 같은 위험한 상

못 사용, 불안전한 속도 조작, 위험물 취급 부주의, 불안전한 상태 방치, 불안전한 자세 동작 등이 있음(산업안전대사전, 2021).

4 위험 요인은 물리적 위험요인(physical hazard), 도덕적 위험요인(moral hazard), 기강적 위험요인(morale hazard)으로 세분함. 물리적 위험요인은 재물이나 사람에게 존재하는 물리적 또는 육체적인 성질, 사정을 말하고, 도덕적 위험요인은 인간의 정신적 또는 심리적 요인 등 갖가지 사정이나 태도에 기인하는 위험을 말하며, 기강적 위험요인은 잠재의식적인 손실욕구의 심리상태로 부주의, 무관심, 기대감, 사기 저하, 기강해이 등의 인적 사정을 의미함(양희산 외, 2011).

황을 전달하는 메시지를 고려해야 하며, 정확한 정보를 간결하고 직접적으로 제공해야 한다. 영국의 건강 안전부(Health & Safety Executive: HSE) HSE)에서는 효과적인 위험 커뮤니케이션을 다음과 같이 10단계로 설정한다.

- 위험 관련 자료 수집
- 위험의 과학적 근거 이해
- 일어날 수 있는 부정적 영향을 이해
- 위험의 공적 인식 이해(조사, 인터뷰)
- 메시지에 대한 다양한 반응 기대
- 위험 비교
- 감정 요인의 중요성 이해
- 위험이나 그 효과를 이해 가능한 방식으로 묘사
- 관심 사항을 거부하지 않음
- 다른 신뢰할 만한 정보원들과 협업

위 단계별 위험 커뮤니케이션을 통해 위험 취약성이나 위험을 줄이는 것이 회복탄력성(resilience)을 함양(National Research Council, 2012)하는 것이라 할 수 있다.

위험 커뮤니케이션과 위험 관리능력은 위험에 대한 정보를 정확하게 전달하여 위험을 제대로 인식하고 판단·대처하도록 효과적이고 적절하게 소통하고 위험을 수용할 수 있는 수준으로 관리하는 과정이다. 교실 수업에서 교사는 학생들이 위험 요인을 제대로 이해하고 위험 요인이 사고나 재난으로 이어지지 않도록 위험 요인을 분석·이해하고 판단·대처하는 능력을 기르는 방안을 마련해야 한다. 위험 커뮤니케이션과 위험관리 능력을 장기적이고 체계적으로 함양할 수 있도록 수업을 설계하고 구현하는 전문성을 길러야 한다. 다시 말해서, 교사는 위험 요인을 분석하고 확인하기(identify), 그 결과를 바탕으로 수업을 설계하기(design), 위험한 요인을 인식하고 해결하는 방안을 토의·토론하며 과제를 완수하거나 문제를 해결하기(execute), 학습 목표를 달성하였는지를 관찰하고 평가하며(assess) 일련의 과정을 성찰(reflect)하기 등을 실행하는 IDEAR전문성을 함양할 필요가 있다(김진석, 2025).

핵심개념

- Heinrich 피라미드 법칙
- Reason (1997)의 스위스 치즈 모델(Swiss cheese model)
- 위험 요인(hazard) 리터러시
- 다중 · 다층 리터러시
- 상호작용 리터러시(communicative/interactive literacy)
- 비판적 리터러시(critical literacy)
- 효과적인 위험 커뮤니케이션 10단계
- Identify–Design–Execute–Assess–Reflect(IDEAR)

제3장 연습문제

1. Heinrich 피라미드 법칙과 유사하게, Reason (1997)의 스위스 치즈모델(Swiss cheese model)에서도 하나의 사고와 재난은 여러 가지 위험 요인이 동시에 중첩되어 발생하게 된다고 주장한다. 스위스 치즈모델에서 말하는 위험 요인에 대해 예시하시오.

2. 학습자들은 위험 요인(hazard)을 제대로 이해하고 위험 요인이 사고나 재난으로 이어지지 않도록 위험을 예측하고 판단해야 한다. 이런 측면에서, 위험 요인 리터러시(hazard literacy)는 보건, 환경, 재난관리 등의 분야에서 위험 요인의 정보를 이해하고 행동하는 능력으로 정의되고 있다(Brown et al., 2014; Seifi et al., 2018). 위험 리터러시와 위험 요인 리터러시의 차이를 설명하시오.

3. Brown et al.(2014)은 위험 요인 리터러시(hazard literacy)를 함양하는 단계로 상호작용 리터러시(communicative literacy)를 설정하고 있다. 이는 다양한 출처에서 정보를 탐색하고, 변화하는 재난 상황에 맞추어 자율적으로 판단하고 적응할 수 있는 능력이다. 마지막 단계에 있는 비판적 리터러시(critical literacy)와는 어떤 차이가 있는지 비교하시오.

4. 위험 커뮤니케이션은 위험한 정보를 맥락에 적절하고 효과적으로 표현하여 위험을 인식·판단·대처하도록 하는 능력을 함양하는 소통의 과정을 말한다. 위험에 대한 인식은 내재한 위험에 대한 판단(Jamaimool & Watanabe, 2014)이다. 효과적인 위험 커뮤니케이션의 10단계를 고려하여 소통의 과정을 기술하시오.

제4장

위험 리터러시 기반 안전교육 실러버스

필수적으로 해야 하는 것이 무엇인지를 학습자의 니즈 분석에서 파악해야 한다.
– Nation 외 (2010)

생각하기

1. 학교 안전교육의 내용 체계를 어떻게 구축할 수 있는가?
2. 초학문적 실러버스를 기반으로 위험교육의 수업을 어떻게 설계할 수 있는가?
3. AIED를 활용하여 교과 간 통합 위험교육의 수업을 어떻게 설계할 수 있는가?

우리나라의 안전교육은 10개 범교과 학습 주제의 하나로 실행되고 있다. 2022개정 교육과정에서는 범교과 학습 주제에 대한 수업시수를 특별하게 규정하고 있지 않다. 그러나, 개별법령에는 아동복지법 44시간, 학교안전법 51차시 등이 규정되어 있다. 교육과정과 개별법령의 의무교육 시수 규정 간의 불균형이 발생하고 있는 것이다(김진석 외, 2023). 이로 인해, 학교에서는 안전교육의 시수를 확보하는 데 어려움이 있다. 교육과정상 연간 200일 수업시수 내에서 연간 51차시 안전교육을 실시하여야 하므로 개별 교과의 수업시수 외에 별도의 안전교육 시수를 확보해야 하기 때문이다. 이 장에서는 학습자들이 반드시 학습해야 할 내용이 무엇인지를 살펴보고, 위험 리터러시 기반 초학문적·간학문적· 다학문적·융합적 실러버스의 특징과 구성 방법에 대해 살펴보고자 한다.

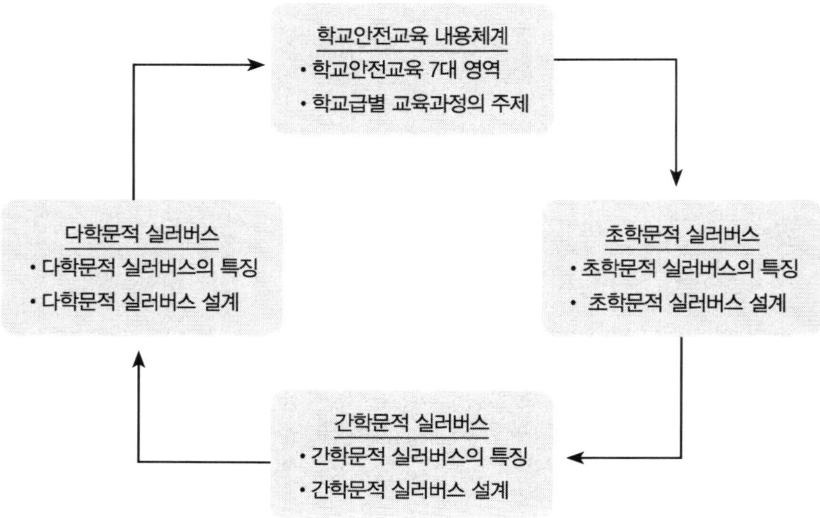

[그림 1] 핵심 내용 흐름도

1. 학교 안전교육 내용 체계

학습자들이 위험 리터러시를 함양하기 위해, 가르칠 만한 내용, 가르쳐야 할 내용, 가르칠 필요가 있는 내용을 시대적·사회적 요구와 학습자의 니즈에 적합하게 스코프와 시퀀스를 고려하여 선정되고 조직되어야 한다. 이를 위해서는 우선 학습자의 니즈가 무엇인지를 분석해야 한다. 니즈에는 학습자들이 필수적으로 해야 하는 것(necessities), 결여되어 있는 것(lacks), 학습하고 싶은 것(wants)으로 나누어 분석해야 한다(Nation 외, 2010).

3장에서 위험 리터러시 기반 안전교육의 구성요소를 정의적, 인지적, 심동적 영역으로 나누어 설정하였다. 각 영역을 바탕으로 학습자를 위한 위험교육의 내용을 설정해야 한다. 위험교육은 안전교육과 달리 다음과 같이 간략하게 제시할 수 있다(Antoine et al, 2013; 민천식 외, 2013).

- 학교의 안전관리와 위험교육의 전달을 결합한 학교 전체의 접근 방식
- 참여 중심의 위험교육 강화를 통해 학교 현장의 안전관리와 안전교육의 연계 추진
- 학생 참여형 위험교육을 통해 안전 수칙의 습득을 넘어 안전에 대한 주인의식 함양
  - 인식 제고 : 위해의 근원에 대한 지식과 이해를 보급하기 위해 고안된 전략
  - 전이 능력 : 전이 가능한 삶의 기술을 개발하는 것을 목표로 하는 진보적인 접근법(위험 평가 및 통제에 관한 사항)
  - 행동 수정 : 위험을 감수하는 행동을 줄이는 것을 목표로 하는 접근법

이러한 위험교육은 안전교육의 주요 내용인 지식(지적 능력을 필요로 하는 교육), 기능(직접 실행할 수 있도록 기능을 습득시키고, 체험이나 실습을 통해 경험을 체득해 나가는 것), 태도(행동 이전의 마음 자세로 행동을 판단하고 결정하는 내적 행동 체계를 의미함)를 고려하지만, 학교의 안전관리와 위험 리터러시를 결합한 총체적 학교접근의 방식으로 학습자들이 안전에 대한 주인의식을 함양하는 데에 있다(Antoine et al., 2013). 이를 위해, 인식을 제고하고 전이 능력을 높임으로써 위험을 감수하는 행동을 줄이는 것을 목표로 한다. 다시 말해서, 위험교육이 학교 교육과정과 연계함으로써 학생 자신들이 살아갈 미래의 일과 삶 속에서 스스로 안전하고 건강한 환경을 조성하는 안전에 대한 주인의식을 함양하며, 안전에 대한 합리적인 의사결정(risk literacy), 행동 실천(risk control), 안전 가치 함양 등 지식, 기능, 태도를 통합하는 안전한 학교 문화를 정착하는 데에 있다.

교육부는 위험과 관련된 학교 안전교육의 내용을 생활안전, 교통안전, 폭력 예방·신변 안전, 약물·사이버 교육, 재난 안전, 직업 안전, 응급 처치 등 7대 영역으로 다음과 같이 세분하고 있다(학교안전공제중앙회, 2021).

(1) 학교안전교육 7대 영역

(a) 생활안전교육: 시설 및 제품 이용, 신체활동, 유괴 미아 사고 예방

(b) 교통안전교육: 보행자, 자전거, 오토바이, 자동차, 대중교통

(c) 폭력 예방·신변 안전교육: 학교폭력, 성폭력, 아동학대, 자살, 가정폭력

(d) 약물·사이버 안전교육: 약물중독, 사이버중독, 스마트 폰 중독

(e) 재난 안전교육: 화재, 사회재난, 자연 재난

(f) 직업 안전교육: 직업안전의식, 산업재해의 이해와 예방, 직업병, 직업안전의 예방 및 관리

(g) 응급 처치교육: 심폐소생술, 상황별 응급처치

위의 7대 안전교육 영역을 학교급별로 나누어 다음과 같이 세부 주제를 구성할 수 있다(학교안전공제중앙회, 2023).

폭력예방 및 신변보호	응급처치	재난안전	교통/시설안전
• 아동학대 예방 • 성폭력 예방 • 집단따돌림 예방 • 가정폭력 예방 • 학교폭력 예방 • 성매매 예방	• 응급상황 행동요령 • 기도폐쇄 • 심폐소생술 • 자동제세동기 • 응급처리 • 화상 • 염좌 및 골절 • 지혈 및 상처처치 • 응급처치 목적/원칙	• 테러발생과 대처 • 폭발/붕괴 대처 • 소화기 사용법 • 화재발생 대처 • 지진/대설/한판, 낙뢰/홍수/태풍 대처	• 실험/실습안전 • 시설안전 • 자동차/오토바이안전 • 대중교통 이용안전 • 교통표지판 구별 • 스마트 모빌리티안전 • 자전거 안전 • 보행안전

약물 및 사이버 중독예방/응급처치	약물 및 사이버중독 예방/재난안전
• 스마트폰 중독 예방 • 인터넷 게임 중독 예방 • 응급상황, 기도폐쇄	• 마약 피해 및 예방 • 흡연 및 음주 • 카페인 중독 예방 • 화재발생 원인 및 대처
폭력예방 및 신변보호/교통안전	**생활안전/재난안전**
• 언어/사이버폭력 예방 • 물리폭력 예방 • 미아/유괴 예방 • 대중교통 이용안전	• 현장학습 안전 • 공산품/식품안전 • 체육(여가)활동안전 • 소화기 사용법

[그림 2] 유치원의 교육과정 주제

폭력예방 및 신변보호	응급처치	재난안전	교통/시설안전
• 학교폭력 예방 • 성폭력 예방 • 집단따돌림 예방 • 언어/사이버폭력 예방 • 성매매 예방 • 물리적 폭력 예방 • 자살 예방 • 아동학대 예방 • 가정폭력 예방	• 기도폐쇄 조치 • 화상응급처치 • 자동제세동기 사용 • 심폐소생술 • 염좌 및 골절처치 • 지혈 및 상처처치 • 응급처치	• 테러사고 대처요령 • 홍수 및 태풍 대처 • 지진/대설/한파/낙뢰 대처 • 폭발 및 붕괴 대처 • 화재발생 시 안전수칙 • 소화기 사용 및 대처	• 실험/실습안전 • 시설안전 • 자동차사고 예방 • 대중교통 이용안전 • 오토바이 이용안전

약물 및 사이버 중독 예방/응급처치	약물 및 사이버중독 예방/재난안전
• 스마트폰 중독 예방 • 인터넷 게임 중독 예방 • 흡연 폐해 및 예방 • 응급상황, 기도폐쇄	• 고카페인 식품 폐해 및 예방 • 음주 폐해 및 예방 • 마약류 폐해 및 예방 • 화재발생 원인 및 대처
생활안전/교통안전	**교통안전/재난안전**
• 현장학습 안전 • 미아/유괴 예방 • 체육 및 여가활동 안전 • 식품/공산품안전 • 대중교통 이용안전	• 자전거 안전 • 스마트모빌리티 안전 • 교통표지판 구별 • 보행안전 • 소화기 사용법

[그림 3] 초등학교의 교육과정 주제

폭력예방 및 신변보호	응급처치	재난안전	교통/시설안전
• 학교폭력 예방 • 자살 예방 및 대처 • 성폭력/가정폭력 예방 • 아동학대 예방 • 집단 따돌림 예방 • 언어/사이버 폭력 예방 • 성매매 예방 • 물리적 폭력 예방	• 자동제세동기 • 기도폐쇄 대처 • 심폐소생술 • 응급상황 행동요령 • 염좌 및 골절 • 응급 전 처리 • 지혈 및 상처처치 • 응급처치 목적/원칙 화상	• 테러발생과 대처 • 폭발/붕괴 대처 • 지진/대설/한파/낙뢰/홍수/대풍 대처 • 화재발생 원인 및 대처 • 소화기 사용법	• 실험/실습안전 • 시설안전 • 자동차사고 예방 • 대중교통 이용안전 • 오토바이 안전

직업안전/응급처치	약물 및 사이버중독 예방/재난안전
• 산업안전/근로기준법 • 직업안전 예방 • 직업법의 의미와 발생 • 보호구 착용법 • 응급상황, 기도폐쇄	• 인터넷 게임 중독 예방 • 흡연/음주예방 • 마약 피해 및 예방 • 화재발생 원인 및 대처
생활안전/교통안전	**교통안전/재난안전**
• 현장학습 안전 • 공산품/식품안전 • 체육(여가)활동 안전 • 미아/유괴 • 대중교통 이용안전	• 자전거 안전 • 스마트 모빌리티 안전 • 교통표지판 구별 • 보행안전 • 소화기 사용법

[그림 4] 중등학교의 교육과정 주제

위의 주제는 폭력예방 및 신변 보호, 응급처치, 재난 안전, 교통/시설 안전, 약물 및 사이버 중독예방/응급처치, 약물 및 사이버중독 예방/재난 안전, 폭력예방 및 신변 보호/교통안전, 생활안전/재난 안전 등을 주제로 학교급별로 학습자의 인지, 정의, 심동적 수준을 고려하여 설정하였다. 예를 들어, 폭력예방교육은 유치원은 아동학대 예방, 성폭력 예방, 집단따돌림 예방, 가정폭력 예방, 학교폭력 예방, 성매매 예방 등으로 주제를 세분하였다. 초등학교는 학교폭력 예방, 성폭력 예방, 집단따돌림 예방, 언어/사이버폭력 예방, 성매매 예방, 물리적 폭력 예방, 자살 예방, 아동학대 예방, 가정폭력 예방 등으로 주제를 세분하였다. 중등학교는 학교폭력 예방, 자살 예방 및 대처, 성폭력/가정폭력 예방, 아동학대 예방, 집단 따돌림 예방, 언어/사이버 폭력 예방, 성매매 예방, 물리적 폭력 예방 등으로 주제를 세분하였다.

최근, 약물 및 사이버중독 예방/재난 안전교육들 중 마약 피해 및 예방 교육이 강화된다. 일상생활에서 마약을 손쉽게 구매할 수 있고 마약이 쉽게 노출되어 있기 때문이다. 미국에서 펜타닐 중독은 청년 사망 원인 1위를 차지하며, 그 심각성이 날로 증가하고 있다. 강력한 합성 마약인 펜타닐은 소량으로도 치명적인 중독을 일으키며, 불법 유통되는 마약에 혼합되어 위험성이 더욱 높아지고 있기 때문이다(학교안전공제중앙회 교직원 연수자료, 2024). 이로 인해, 많은 약물 중독자들이 거리에서 정신적, 신체적으로 무너져 '좀비'와 같은 상태로 방치되는 등 사회적 문제로 확대되고 있다. 펜타닐 중독 문제는 개인뿐만 아니라 사회 전체에 걸쳐 심각한 영향을 미치고 있다. 이에, 약물 및 사이버중독 예방/재난 안전교육을 '국내외 마약 현황 및 실태, 마약류 및 유해 약물의 종류, 마약류의 효능 및 부작용, 마약류의 처벌 규정, 마약류 오남용 예방 및 상담 방법'으로 나누어 안전교육을 강화할 필요가 있다.

또한, 사이버상에서의 괴롭힘(cyber−bulling)에 대한 안전교육을 강화할 필요가 있다. 테크놀로지의 기하급수적인 발달과 함께 사이버상에서의 괴롭힘 또한 급증하고 있다. 이는 익명으로 이루어지고 피해 대상이나 범주가 광범위하고 급속히 전파된다는 점에서 우려하는 바가 매우 크다(김진석 외, 2023)[1].

이에 더하여, 위험 리터러시는 앞에서 제시한 유네스코의 지속가능개발의 목표들 중 위기와 관련된 "깨끗한 물과 위생, 기후변화와 그에 대한 대응(climate action)"들을 중심으로 위험의 내용 요소를 재구조화할 필요가 있다. 글로벌 시민의 한 사람으로 글로벌 이슈(기후 위기, 인권, 공정무역, 글로벌 정의, 테러, 난민, 전쟁 등)의 위험 요인을 이해하고 문화적 배경이 다른 사람들과 소통하고 협력하여 해결함으로써 더 공정하고, 더 평화롭고, 더 정의로운 글로벌 사회를 구축하는 함께 협력할 필요가 있기 때문이다. 이러한 소통과 협력은 글로벌 시민의식[2]을 함양하는 계기가 될 수 있을 것이다. 물론, 지속가능개발목표(SDGs)는 건강한 삶 및

---

1 뉴욕주는 2010년에 제정된「존엄법(Dignity Act)」에 따라 일반적으로 오프라인으로 전문화된 업체 또는 교육기관을 통해 연(年) 최소 3시간 이상의 사이버상에서의 괴롭힘에 대한 학습 주제에 대한 안전교육을 학교 교육 프로그램에 포함하도록 하고 있다. 뉴욕주 교육부는 모든 공립학교 학생들에게 교육 프로그램과 활동에 대한 동등한 접근권을 제공하는데 전념하면서 학교 상담 직원을 비롯한 모든 교직원은 학교의 모든 학생들이 괴롭힘으로부터 벗어나 우호적이고 긍정적인 면학 풍토에서 학업활동을 할 수 있도록 안전한 학교를 만드는 데 중요한 역할을 수행한다. 뉴욕주 학생들은 해당 교육을 통해 학교에서 사이버 폭력을 인지하고 대응하면서 이를 줄이는 방법에 대한 정보를 제공 받고 있다. 2019년부터는 온라인 교육으로 진행한다(김진석 외, 2023).

2 글로벌 시민의식은 세계시민으로서 자신의 역할을 알며, 세상을 폭넓게 이해하고 보편적 가치를 바탕으로 하는 동시에 이 가치들을 존중하며, 세계가 어떻게 작동하는 지를 이해하고 다양한 사람들과 글로벌 이슈에 대해 소통하고 협력하여 과제를 완수하거나 문제를 해결할 뿐만 아니라 지역·세계의 공동체에 참여하고 헌신하며, 글로벌 이슈와 내용에 대한 학습을 일상생활에 실천할 수 있는 실행력을 갖추는 것이다(김진석, 2022).

복지(Good Health and Well-being), 양질의 교육 보장(Quality Education), 깨끗한 물과 위생(Clean Water and Sanitation), 안전하고 지속 가능한 도시와 공동체 구축(Sustainable Cities and Communities), 기후변화와 그에 대한 대응(Climate Action) 등 17개 목표가 설정되어 있다. 무엇보다도, 학습자들이 기후변화와 그에 대한 대응을 제대로 하기 위해서는 기후변화와 관련한 소양을 함양하는 내용을 담아야 한다. U.S. Global Change Research Program(2009)에 의하면, 기후 소양을 갖춘 사람은 기후 패턴을 지배하는 지구 시스템의 기본 원리를 이해하고, 기후와 기후변화에 대해 의미 있는 방식으로 의사소통하며, 기후와 관련한 과학적인 지식을 알고 책임감 있는 결정을 내릴 수 있다고 한다(최수연, 2021). 이런 측면에서, 기후위기와 관련한 지식으로 에너지 과다 사용, 온실기체의 증가, 이상기후, 해빙, 해수면 변화[3] 등을 내용체계에 담아 학습자들의 기후위기와 관련한 인지와 판단 능력을 함양할 필요가 있다(김진석, 2021).

지금까지 시대적·사회적 요구와 학습자의 니즈 등을 고려하여 위험교육에서 반드시 학습해야 할 내용들을 살펴보았다. AI시대에는 테크놀로지의 기하급수적인 발달로 전동휠, 전동퀵보드, 전동 스케이트보드, 전기자전거, 전기 오토바이 등의 퍼스널 모빌리티뿐만 아니라 한층 업그레이드된 컴퓨터, 스마트폰, 로봇, 드론, 어시스턴트, 가전 제품, 자율주행차 등으로 위험 요인들이 확장되고 심화되고 있다. 잠재된 위험 요인들

3 최수연(2021)은 기후 소양 요소를 지식과 인식, 그리고 행동 영역으로 구분하였다. 지식 영역을 기후위기의 원인, 기후위기의 영향, 기후위기의 대응으로 나누었다. 다시, 기후위기의 원인을 '온실기체의 증가, 에너지 과다 사용, 도시화·산업화 및 무분별한 개발'로, 기후위기의 영향을 '환경적 영향(해빙, 해수면 변화, 이상기후, 생태계 변화), 사회적 영향(사회적 문제, 질병 증가), 경제적 영향(개인 및 기업의 경제적 문제)'으로, 기후위기의 대응을 '개인 수준, 지역사회·국가·국제적 수준'으로 세분하였다.

이 사고나 재난으로 이어지지 않도록 그들을 포함하여 교육과정의 내용을 설정할 필요가 있다.

2. 초학문적 실러버스

초학문적 주제는 학문을 초월하여 매우 다양한 형식으로 나타나며, 특정 교과로부터 시작되기보다는 실생활(환경, 실재의 지각, 행동패턴, 인간들 간의 관계) 맥락에서 시작된다. 예를 들어, 유엔에서 설정한 지속가능한 발전 목표 중 하나인 '깨끗한 물과 위생(clean water and sanitation)'과 같은 주제는 사회적, 정치적, 경제적 측면 뿐만 아니라 세계적, 환경적, 기계공학적 측면의 영향력을 고려하여 검토해야 한다(김진석, 2025).

Jones(2012: 38)에 의하면, 교사는 교실수업에서 개별 학생들이 학습에 접근하는 방식(Approaches to Learning: ATL)으로 심층적 접근(deep approach), 표층적 접근(surface approach), 전략적 접근(strategic approach) 등을 고려하여 수업을 설계할 필요가 있다. 각 접근의 특징들은 다음과 같다(김진석, 2025).

- 심층적 접근(deep approach): 선행 지식 및 경험을 연결하고 패턴이나 내재하는 원리를 탐구하며, 능동적으로 증거를 찾아 그것을 결론과 연결하고 논리 및 논의를 비판적으로 검증하여 스스로 개념을 이해하려는 접근
- 표층적 접근(surface approach): 연결되지 않는 단편적 지식으로 사실을 기억하고 절차를 맹목적으로 수행하며, 새로운 개념의 의미나 가치를 부여하지 못하고 목적이나 전략을 성찰하는 것 없이 필수 요건에 대처하려는 접근
- 전략적 접근(strategic approach): 시간과 노력을 효과적으로 운영하고 올바

른 접근이나 교재를 찾으려 하며, 효과적인 학습방법을 모니터링하고 평가 요건 및 기준에 민감하게 귀 기울여 가능한 최고의 점수를 얻으려는 접근

초학문적 주제를 설정할 때, 사전에 결정되기보다는 학생들이 제기한 질문을 통해서 결정된다. 학생들은 사회적, 개인적 쟁점을 중심으로 제기되는 심오한 질문들을 제기하는 경우, 주제를 심층적으로 접근하여 설정할 수 있다(Beane, 1993). 그러나, 주제를 학습자와 협의하여 선정하는 것을 강조하지만 학습자가 부족한 것이 무엇인지, 요구하는 것은 무엇인지, 반드시 함양해야 하는 것이 무엇인지를 교사가 안내하면서 학습자와 주제를 설정해야 한다(김진석, 2025).

초학문적 주제로 접근하고 있는 국제 바칼로레아(International Baccalaureate: IB) PYP(Primary Years Programme)는 3~12세를 대상으로 전통적 교과의 경계를 초월한 학습을 지향한다. 아래와 같이, 학생들은 글로벌의 중요성과 관련한 6개의 초학문적 주제(transdisciplinary theme)를 탐구한다.

- 우리는 누구인가?
- 우리는 어떤 장소와 시대에 있는가?
- 우리는 어떻게 우리 자신을 표현하는가?
- 세계는 어떻게 작동하는가?
- 우리는 우리 자신을 어떻게 조직하고 있는가?
- 지구를 공유하는 것

위와 같이 PYP의 교육과정에서는 초학문적 주제를 탐구하면서 수학,

과학, 예술, 체육교과를 통합하여 수업을 구성한다(정영근, 2018). 핵심 주제의 관련 개념과 함께 사회, 과학 교과의 과정·기능 요소를 다음과 같이 구축하였다.

〈표 1〉 IB PYP 사회, 과학 교과의 과정 · 기능 요소(임유나, 2022:69)

사회과	과학과
• 과거, 미래, 장소 및 사회에 대해 진술하고 질문하기 • 다양한 역사적, 지리적, 사회적 자료의 증거를 활용하여 분석하기 • 공간과 시간 속에서 방향 설정하기 • 사회 속에서의 역할, 권리, 책임 확인하기 • 자료 출처의 정확성, 타당성, 편향성 평가하기	• 데이터 수집을 위해 주의 깊게 관찰하기 • 다양한 실험 기구와 도구를 사용하여 정확하게 측정하기 • 관찰 및 경험한 것을 설명하기 위해 과학적 어휘 사용하기 • 탐구할 질문이나 문제를 확인하거나 생성하기 • 필요에 따라 변수를 조작하여 체계적 탐구를 계획하고 수행하기 • 예측하고 이를 테스트하기 • 결론을 도출하기 위해 수집된 데이터를 해석하고 평가하기 • 자신의 한계점을 인식한 가운데 과학적 모델과 과학적 모델의 적용을 고려하기

출처: IBO(2018h), IBO(2018).

사회과는 AI시대에 학습자들이 함양해야 할 창의적 문제해결능력, 비판적 사고능력, 글로벌 시민 역량 등을 함양하기 위해 위의 표와 같이 진술하고 질문하기, 자료의 증거를 활용하여 분석하기, 시공간 속에서 방향 설정하기, 역할, 권리, 책임 확인하기, 자료출처의 정확성, 타당성, 편향성 평가하기 등의 요소를 설정하였다(임유나, 2022).

초등학교 6학년 5, 6차시에서 기후재난의 심각성을 공감하고 대응하는 방법을 실행하는 수업 활동을 초학문적 실러버스 기반으로 다음과 같이 구성할 수 있다(엄우섭, 문성환, 신춘호, 김진석, 고은옥, 임형남, 최미정, 2023).

〈표 2〉 초학문적 실러버스 기반 수업 활동(예시)

학습과정	교수 · 학습 활동 내용 (시간)	준비물
도입	**❶ 그림책 '그레타 툰베리가 외쳐요' 읽어보기 (10′)** • 우리 또래인 그레타 툰베리의 이야기가 담긴 그림책을 읽어보며 우리도 용기 내면 세상을 바꾸는 일에 보탬이 될 수 있음을 알고 실천하려는 의지를 다진다. **수업 노하우** ※ 교사가 PPT나 실물 화상기 등을 이용해 그림책을 확대하여 보여주며 함께 읽어보고 학생들의 생각을 묻고 답하며 공감대를 형성하도록 한다. **〈해결해야 할 문제 확인하기〉** 기후 변화의 심각성에 대해 공감하고 우리가 기후 위기를 위해 실천할 수 있는 방법을 찾아 홍보할 수 있다.	그림책
전개	**❶ 초등학생이 실천할 수 있는 기후 변화 예방 방법 찾아보기(10′)** • 가정 / 학교에서 실천할 수 있는 기후 변화 예방을 위한 실천 방법을 생각해 본다. • 각자 생각한 방법을 인터넷을 활용하여 자세히 조사해보고, 실천할 수 있는 방법을 학습지에 정리한다. **수업 노하우** ※ 몇 가지 쉬운 사례를 교사가 먼저 제시하여 학생들이 너무 지나치게 거창한 방법을 찾느라 고민하지 않도록 한다.	개별 노트북 또는 PC, 학습지
	❷ 기후 변화 예방 방법 홍보 안내 포스터 만들기 (40′) • 자신이 찾은 기후 변화 예방 방법을 홍보하기 위한 포스터를 다양한 방법으로 제작한다. **수업 노하우** ※ 디지털 도구 또는 색칠 도구를 원하는 방법으로 자유롭게 활용해 포스터 그리기, 카드 뉴스 만들기 등으로 자신이 찾은 기후 변화 예방 방법을 홍보할 수 있는 자료를 만들도록 한다. ※ 노트북을 이용해 포스터 또는 카드 뉴스를 만들기를 희망하는 경우 무료로 소스를 제공하는 사이트를 교사가 안내해 줄 수 있도록 한다.	개별 노트북 또는 PC, 도화지, 색칠도구 등 평가 활동지

학습과정	교수 · 학습 활동 내용 (시간)	준비물
	❸ 기후 변화 예방 포스터 발표 및 평가하기 (15') • 친구들이 만든 포스터를 모둠별로 발표 및 감상하고 평가 학습지에 알게된 점과 좋은 점을 구분하여 정리한다.	
정리	**❶ 수업 참여 소감 발표하기(5')** • 하루 동안 캠프에 참여하며 수업했던 내용들을 떠올리며 소감을 돌아가며 발표한다. **수업 노하우** ※ 하루 동안 새롭게 알게 된 점과 느낀 점을 각자 정리하여볼 수 있도록 하고, 원하는 학생들에게 발표할 수 있는 기회를 준다.	소감문 활동지

위 활동은 온실효과(greenhouse effect)로 인한 기후변화를 빅 아이디어로 설정하고 다양한 교과를 초학문적으로 융합하여 하루 동안 캠프 형식의 환경교육을 실천하기 위한 사례로 구성되었다(엄우섭, 문성환, 신춘호, 김진석, 고은옥, 임형남, 최미정, 2023). 기후위기를 초래하는 가장 큰 '온실효과'의 심각성을 인식하고 이를 발생시키는 원인을 과학적으로 이해하며, 우리가 살아가는 사회에 어떤 영향을 주는지 분석하여 향후 미래 사회의 모습을 예측해 본다. 또한, 환경 문제를 윤리적 관점으로 접근하여 근본적인 원인에 대한 도덕적 판단을 통해 다양한 관점의식(perspective consciousness)을 갖고 환경 문제를 접근해 볼 수 있다. 이 과정을 통해 학생들은 온실 효과와 그에 따른 문제점들을 충분히 인지하게 될 것이며, 온실 효과에 대한 기본적인 지식과 기능을 이해할 수 있을 것이다(엄우섭, 문성환, 신춘호, 김진석, 고은옥, 임형남, 최미정, 2023). 이를 바탕으로 형성된 공감대를 공유하고, 초등학생 수준에서 실천할 수 있는 온실 효과 대응 방법을 탐구하여 해당 방법을 홍보하는 포스터를 다양한 매체를 활용해 제작해 보도록 할 수 있다. 제작한 포스터를 온·오프라인으로

공유하고 발표하며 성찰해 봄으로써 기후위기에 적극적으로 대응하고 행동하는 지구 공동체의 시민의식을 함양할 수 있을 것이다(엄우섭, 문성환, 신춘호, 김진석, 고은옥, 임형남, 최미정, 2023).

3. 간학문적 실러버스

간학문적 실러버스는 폭넓은 관점에서 전체 내용을 하나의 테마를 중심으로 결집시켜 다양한 요소들이 망으로 연결될 수 있다(김진석 외, 2021a). Forgarty(1991)의 간학문적 접근 방법 중 대표적인 모형은 다음과 같다(김진석 외, 2020).

- 쌍안경: 중첩되는 개념과 기능을 공유하는 두 개의 학문
- 망원경: 폭넓은 관점에서 전체 내용을 하나의 테마를 중심으로 결집시켜 다양한 요소들을 망으로 연결
- 확대경: 메타적 접근을 통해 모든 내용을 확대하는 빅 아이디어
- 만화경: 각 교과의 기본적인 요소를 활용하는 새로운 형태와 설계

쌍안경은 과학과 수학 교사들이 팀티칭이 될 수 있는 공유된 개념으로 자료 수집, 차트 만들기, 그래픽 그리기 등을 활용하고, 망원경은 난민과 같은 단순한 하나의 시사적인 테마를 제시하며, 그것을 교과 영역에 연결하여 망 지우는 방법이다. 확대경은 다양한 교과를 통해사고 기능, 사회적 기능, 다중지능, 기술 공학, 학습기능 등을 실로 꿴 듯이 연결시키며, 만화경은 중복되는 개념과 토픽을 교과에 합치시킴으로써 충실한 통합 모형을 이루는 방법이다.

확대경의 통합수업을 설계하고 구현하는 IB MYP(Middle Years Programme)는 11~16세를 대상으로 8개 교과군인 언어와 문학, 개인과 사회, 수학, 과학, 체육과 건강, 언어습득, 예술, 디자인으로 구성되어 있다(정영근, 2018). 또한, 학생들은 PYP의 초학문적 주제를 확대시켜 다음 6개의 글로벌한 맥락과 개념에 집중하여 탐구한다.

- 정체성과 관계성
- 개인적 표현과 문화적 표현
- 시·공간 속의 위치 결정
- 과학과 기술의 혁신
- 공평성과 발전
- 글로벌화와 지속가능성

MYP에서는 학생들이 에세이, 예술작품 제작 또는 다른 형태의 표현등과 같은 독자적인 개인 프로젝트를 수행한다.이를 통해 각 학생들은 독자적인 일을 수행할 수 있는 능력을 보여주게 된다. 또한, '지역사회프로젝트(community project)도 수행하게 되는데, 이것은 학생들이 지역사회에서 봉사를 수행할 권리와 책임감을 경험하도록 권장되는 것이다(정영근, 2018).

미국의 교육자, 정부 관료, 경영 CEO들로 조직된 Partnership 21(P21)에 의하면, 학습 주제에 해당하는 '21세기 간학문적 주제(21st Century Interdisciplinary Themes)', 학생들이 구비해야 할 인재상으로 '3대 핵심 역량(Learning & Innovation Skills, Information, Media, & Technology Skills, Life & Career Skills)' 그리고 미국 교육이 전반적으로 직면한 '4대

교육 환경적 조건(성취기준과 평가, 교육과정 및 수업, 교사교육, 학습환경)' 등의 틀을 다음과 같이 구축하였다.

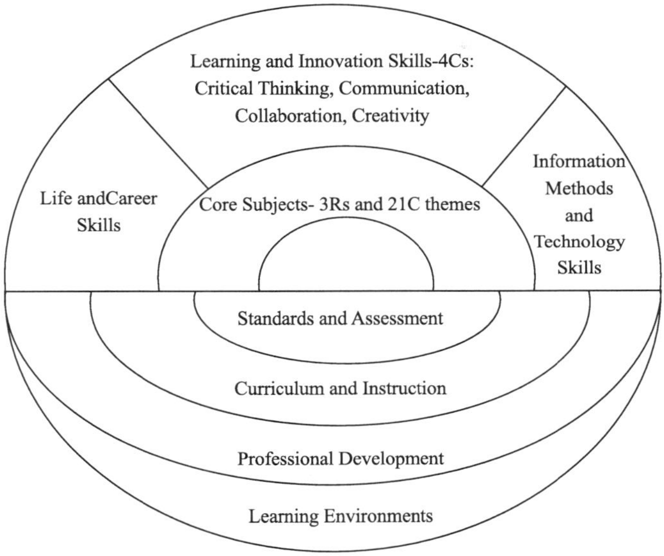

[그림 5] 21C기술을 위한 파트너십(www.P21.org)

위의 그림에서 같이, P21에서는 학습자들이 미래의 성공적인 직장 생활과 삶을 영위할 수 있도록, '21세기 간학문적 주제'에 대한 지식, 기술, 전문성, 그리고 리터러시(literacy)와 통합한 세부적이고 다양한 학업 콘텐츠를 제시하고 있다. 학습자의 3R과 4C(비판적 사고, 의사소통, 협력, 창의성)를 함양하기 위해서는 다양한 환경적 요인뿐만 아니라 테크놀로지를 적절하게 활용할 수 있는 능력(김진석, 2015)을 함양할 필요가 있음을 강조한다.

Graham, Coghtan, Sullivan 등에 의하면, 환경, 위험에 처한 종, 수

송, 의사결정, 불, 야구, 발렌타인데이 등의 주제를 위해 브레인스토밍을 다음과 같이 수행한다(김진석 외, 2020).

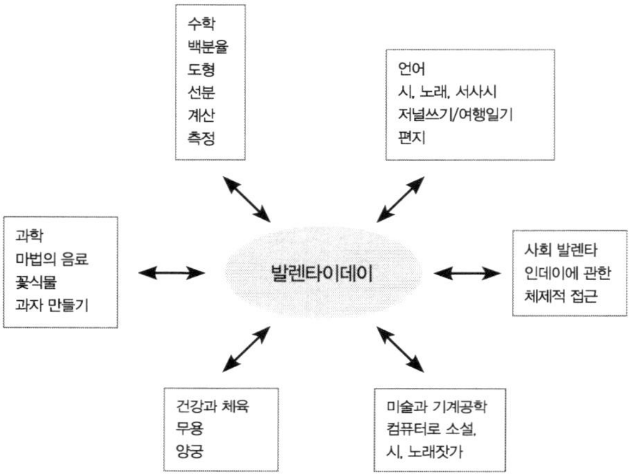

[그림 6] 간학문적 접근 방법: 발렌타인데이(노철현, 2020)

토픽, 개념, 문제 혹은 쟁점으로 열거하고, 주제를 질문으로 변환하며, 웹을 사용하여 활동을 확장한다. 간학문적 개념 모형의 핵심 아이디어는 본질적 질문을 활용하는 것으로, 통상 논리적으로 계열화된 2–5개의 질문으로 구성되며, 모든 학생들이 이해할 수 있게 선정된다.

간학문적 실러버스는 교과들 간 공통의 주제나 쟁점을 넘어서 어느 정도 상호 관련되어 있고, 질문, 공통의 개념적 초점, 교차되는 학문적 표준 등에 의하여 서로 묶일 수 있다(김진석 외, 2021a). 기후변화라는 주제로 차시별 활동을 구성하면, 1차시에서는 조사(survey)발표 활동을 통하여 다양한 실제 사례를 살펴보며 기후변화의 심각성을 지각하고 해결 방안을 생각(think)할 수 있도록 계획하였다. 3·4학년 군에서는 조사학습을 배워가는 단계이기 때문에 교사가 빈칸 채우기 식의 학습지와 조사 자료(책, 인터넷 자료 등)를 사전에 준비하여 조력자(facilitator)로서의 역할을 잘할 수 있도록 설계하고 실행하였다. 2차시의 과학적 실험에서는 교사의 대표 실험을 통하여 학생들이 측정에 참여할 수 있도록 구성하여 실험의 오류를 줄이고자 하였다(고은옥 · 엄우섭 · 김진석 · 문성환 · 신춘호 · 임형남 · 최미정, 2023).

〈표 3〉 간학문적 실러버스 기반 수업 활동(예시)

차시	모형 단계	주요 교수학습활동	주요 예상 발문
1 기후변화 현상의 심각성 지각하기	탐구하기	• 자연재해 관련 뉴스 시청하기 • 자연재해의 원인 추측하기	(영상 시청 후 PPT 자료를 보며) 뉴스에서는 왜 이러한 현상이 일어난다고 했나요?
	학습문제	기후변화(온실효과)로 인한 다양한 자연재해 사례를 살펴보고, 기후위기의 심각성에 대해 발표해봅시다.	
	생각하기 구현하기	• 온실효과로 인해 발생하는 자연재해 사례 조사하기 • 모둠별로 조사한 사례 발표하기	• 지금부터 선생님과 함께 온실효과로 인해 발생하는 여러가지 자연 현상들을 살펴보고 정리해 볼 거예요. 여러분은 학습지의 빈칸을 잘 정리하며 함께 살펴보세요.
	성찰하기	• 기후 위기의 심각성에 대해 자유롭게 발표하기	• 오늘 수업을 통해 기후위기가 심각하다는 것을 알게 되었을 것이에요. 여러분은 어떤 생각이나 느낌이 들었나요?
2 기후변화 발생 원인 이해하기	탐구하기	• 온실효과와 관련된 기체 알수 있는 영상 시청하기	• 지난 시간에 우리가 배운 기후위기 현상의 원인이 무엇이 었나요? • (영상 시청 후) 지구를 유리 온실처럼 둘러싸고 있는 것은 무엇이었나요?
	학습문제	기후위기가 발생하는 원인을 알아보고 이를 설명해봅시다.	
	생각하기 구현하기	• 이산화탄소와 기온 상승의 관계 이해 실험하기 • 온실효과로 인한 기온 상승의 원리 이해 실험하기	• 이 실험 장치를 이곳에 두고 10분마다 한 번씩 양쪽 온도계의 온도를 재어 볼 거예요. 그런데 선생님이 왜 온실효과에 대해 알아보는 실험에서 콜라를 준비했을까요? • 이 실험에서 유리병의 역할은 자연에서 무엇과 같을까요?
	성찰하기	• 실험 결과를 동해 온실효과의 발생 원리 설명하기	• 실험 결과를 발표해봅시다. 처음 온도와 나중 온도는 각각 몇 도였나요? 첫 번째와 두 번째 실험을 몽해 알 수 있는 것은 무엇인가요? • 두 실험 결과를 연결해서 생각해 봅시다. 그렇다면 지구가 점점 뜨거워지는 이유는 무엇일까요?

위 간학문적 접근의 수업활동은 총 6차시들 중 1−2차시만 제시한 것이다. 3차시에는 기후변화가 사회경제적으로 미치는 영향을 그림책 한 두 페이지에 제시된 본문과 이를 구조화한 학습지를 제시하여 모둠별로 알아가는 문헌 조사 활동으로 정보에 대해 알아본 뒤 조사 내용을 공유하고 앞으로의 모습을 예측할 수 있도록 하였다(고은옥·엄우섭·김진석·문성환·신춘호·임형남·최미정, 2023). 4차시의 도덕적 토론의 측면에서는 창의성 함양의 방법들 중 Edward de Bono가 창안한 PMI(Plus−Minus−Interesting) 토론을 통하여 기후변화의 공정성에 대한 다소 무거운 주제와 관련된 자료를 살펴보고 '온실가스를 많이 배출한 국가가 기후변화 대응에 앞장서야 한다.'라는 논제를 바탕으로 좋거나 타당하다고 생각하는 점, 좋지 않거나 타당하지 않다고 생각하는 점, 그리고 이것에 대해 흥미롭거나 궁금한 점을 토론하게 하면서 관련 주제에 대해 다양한 관점의식과 사고를 해볼 수 있도록 하였다(고은옥·엄우섭·김진석·문성환·신춘호·임형남·최미정, 2023). 5, 6차시에는 기후위기 아동 활동가인 그레타 툰베리의 이야기가 담긴 "그레타 툰베리가 외쳐요!"를 함께 읽고 등교 거부 캠페인을 바탕으로 기후위기에 대한 사회적 관심과 변화를 유발하는 과정에 대하여 공감하는 태도를 불러일으키고, 실제로 초등학생으로서 기후변화를 늦추거나 방지할 수 있는 활동을 계획하여 실천 의지를 가진 뒤 홍보자료를 만들고 발표해 보도록 하였다(고은옥·엄우섭·김진석·문성환·신춘호·임형남·최미정, 2023).

4. 다학문적 · 융합 실러버스

다학문적 주제는 같은 기간 동안 가르쳐지는 테마 혹은 쟁점을 통하여 연결되지만, 독립된 수업에서 가르쳐진다. 초등학교 학생들은 서로 다른 교과 영역을 나타내는 학습 세트를 통하여 번갈아 가며 학습할 수 있다(김진석 외, 2021). 일반적으로, 학생들은 명시적으로 교과 영역들을 배우기보다는 그들 사이의 관련성을 연결짓도록 유도된다(김진석, 2025).

다학문적 주제를 설정하기 위해서는 교과 간 공통적인 개념, 화제, 범주 등을 분석할 필요가 있다. 다시 말해서, 예술, 디자인과 공학, 수학, 영어 교과에서 공통적으로 나타나는 개념, 화제, 범주를 분석하는 것이다(김진석, 2019a). 초등학교 6학년 교과서를 분석하면, 공통된 주제로 생활 방식, 동식물, 주택, 마을, 계절, 날씨, 환경 문제, 문화 차이 등을 추출할 수 있고, 공통된 활동으로 관찰하기, 의사소통하기, 비교하기, 그래프 그리기, 측정하기, 분류하기, 문제 해결하기, 패턴 찾기, 지도 그리기, 비교하기, 분석하기, 조사하기 등을 추출할 수 있다.

기후변화 소양을 함양하기 위해 개발된 10개 교과에서는 환경문제, 자원과 에너지 문제, 기후 변화 등과 관련하여 다음과 같은 교실활동들이 추출된다(고은옥 · 엄우섭 · 김진석 · 문성환 · 신춘호 · 임형남 · 최미정, 2023).

- 기후위기 관련 갈등 문제 조사하기
- 기후변화 개념과 사례 조사하기
- 기후변화 원인 찾아보기
- 미래모습 상상하기
- 토의 · 토론하기
- 대피요령을 알아보고 모의 상황에서 대처해 보기
- 해결방안 발표하기

추출된 위의 활동들을 바탕으로, 교사는 학습자들이 능동적으로 기후위기의 문제를 인식하고 자기 주도적으로 기후위기를 해결하는 방안을 찾고 실천할 수 있는 교수–학습 활동을 구현해야 한다. 구체적으로 살펴보면, 학습자가 능동적 주체로서 1) 자기 주도적으로 학습할 수 있도록 수준별·개별화의 수업 활동, 2) 학습자가 교육의 주체가 되어 수업 활동에 능동적으로 참여하게 하는 동기를 부여하여 참여 지향적·실천 지향적 교육, 3) 문제 중심의 수업을 통해 창의적이고 혁신적인 방법으로 문제를 해결하는 능력을 함양하는 변혁적 교육, 4) 학습자들 간 짝별·모둠별 토론·협력을 통해 실생활에 실천하는 다면적 교육과정, 5) 학습자의 메타 인지적 실천과 성찰을 통해 기후위기를 인식·판단하고 해결방안을 실생활에 실천하도록 하는 수업활동(김진석, 2022; 김진석, 2023) 등을 개발할 필요가 있다.

다학문적 접근으로 글로벌 이슈들 중 평화 및 문화와 관련된 세계주의(성, 소수종족, 이민, 거버넌스, 민주주의, 기후변화와 질병)를 대범주로 설정(Haas와 Hird, 2013)한다면, 하위 주제로 '지구 온난화와 관련된 주제들로 일기변화, 환경보호, 지구촌의 삶과 기후변화, 계절과 날씨, 환경 변화, 환경 개선과 지속가능성, 자연과 사람, 대기와 오염 간의 관련성, 기후변화와 양질의 삶, 국경 없는 환경문제, 천연자원 고갈과 기후 변화, 지속 가능한 발전에 대한 지구촌의 노력 등'(김진석, 2019e)을 선정할 수 있을 것이다. 예를 들어, 초등학교 6학년을 대상으로 '기후위기' 프로젝트 수업을 다음과 같이 설계할 수 있다(김진석, 2022).

〈표 4〉 '기후위기' 프로젝트 수업

학습 과정	교수 · 학습 활동	준비물
문제 인식 하기	① 문제 인식하기 • 온실가스 증가로 인한 기후변화와 관련된 영상 및 자료를 보고 문제의 심각성 인식하기(AR/VR) • 지구 곳곳에서 일어나고 있는 기후위기의 원인 및 현상에 대하여 학생들이 인식할 수 있도록 다양한 자료 제시하기(NEMO.NET 게임 참여)	동기유발 자료(온실가스 증가로 인한 문제와 관련한 그림 또는 동영상)
문제 파악 하기	② 문제 파악하기 • 온실가스 증가로 인한 기후변화와 관련된 문제를 분석하고 해결 방안 찾기(마인드맵, 브레인스토밍, 그래픽 오가나이저 등을 활용하여 구도화하기) (NEMO.NET 게임에 참여)	환경 보호 홍보 자료 예시
문제 해결 하기	① 함께 해결방안 모색하기(code.org를 통한 환경의 심각성 인식) • 모둠별로 구체적인 해결 방법 및 자료 제작 방법을 결정하기 ② 함께 해결하기(카미봇, NEMO.NET 게임 활용) • 모둠별로 기후위기를 해결하기 위한 방법 모색하기 • 다양한 에듀테크를 활용하여 기후위기를 해결하기 위한 자료 제작하기 ③ 기후위기를 해결하기 위한 방안 자료 발표하기 • 모둠별로 제작한 기후위기 해결 관련 자료를 발표하고, 다른 모둠의 작품 감상하기	챗GPT 탐색 자료 조사학습지
성찰 하기	① 서로의 작품 평가하기 • 〈평가 기준〉을 참고하여 우리 모둠과 다른 모둠의 작품을 평가한다. ② 제출하기 • 홍보자료를 수정 · 보완한 후 업로드하기	

위 프로젝트 수업은 학습자들이 관점의식의 시각을 갖고 토의·토론을 하며 창의적으로 과제를 완수하거나 문제를 해결하는 능력을 함양해야 한다. 그래서, 일반적으로 교사가 교수-학습을 계획하고 다양한 스캐폴딩 전략을 활용하여 안내를 하면, 학생들은 자기 주도적으로 학습 활동에 참여하여 발표, 토의, 토론 등의 학습 활동을 하며, 학습자 스스로 상호평가나 자기평가를 통해 자신의 활동을 반성하고 수정하는 일련의 절

차로 진행한다(Bender, 2012; 김진석 2018a).

또한, 다학문적 실러버스 기반 초등학교 6학년 사회과 3차시(기후 위기와 정치 윤리적 과제들)수업을 살펴보자(엄우섭, 문성환, 신춘호, 김진석, 고은옥, 임형남, 최미정, 2023).

〈표 5〉 다학문적 실러버스 기반 수업 활동(예시)

학습과정	교수 · 학습 활동 내용 (시간)	준비물
도입	**❶ 전시학습 상기하기 (5′)** – 이산화탄소와 기온 변화는 어떤 관계가 있었나요? – 기온 변화가 일어나면 우리 생활에는 어떤 영향이 있나요? – 기온 변화로 인해 발생하는 피해에는 어떤 것이 있었나요? ▶ 동기 유발 – 사진에 보이는 검은 연기는 무엇일까요? – 이 공장에서는 무엇이 만들어질까요? **해결해야 할 문제 확인하기** 이산화탄소가 늘어나는 원인을 설명해봅시다.	동기유발 자료 (화력발전소, 공장, 축사 사진) 이산화탄소 농도 증가 관련 자료 태블릿 PC 인생게임 활동지
전개	**❷ 이산화탄소가 늘어나는 사회구조적 원인 알아보기 (25′)** • 이산화탄소 농도가 늘어나는 원인 탐구하기(10′) ▶ 이산화탄소가 배출되는 여러 가지 상황 조사하기 – 공장에서 발생하는 이산화탄소, 축산업, 화력발전 등을 조사해 정리한다. – 상품의 다양한 포장 방법. 다양한 수송 방법(비행기, 차, 배)을 조사해 정리한다. ▶ 인생 게임! 기업이 되어 선택해보자(15′) – 상황 1 아무런 규제가 없고, 소비자가 불매하지 않으며 싼 물건을 선호함. – 상황 2 아무런 규제가 없고, 소비자가 불매하거나 구매 운동을 함. – 상황 3 국가의 환경 관련 규제가 있고, 친환경 기업에 지원이 주어지며, 소비자가 불매하거나 구매 운동을 함.	이산화탄소 저감 조치 관련 영상

학습과정	교수 · 학습 활동 내용 (시간)	준비물
	상품 1 – 외국에서 생산됨. 제작 과정에서 오염이 발생되고 상품을 운송하는 데에 이산화탄소가 배출되지만, 매우 저렴함. 플라스틱으로 포장됨. 제작 비용이 저렴함. 상품 2 – 국내에서 생산됨. 제작 과정에서 오염이 최소화되지만, 인건비가 비쌈. 플라스틱으로 포장됨. 제작 비용이 저렴함. 상품 3 – 국내에서 생산됨. 제작 과정에서 오염이 최소화되지만, 인건비가 비쌈. 유리로 포장됨 제작 비용이 비쌈. – 상황 1과 2를 비교해봅시다. 상황 1, 2에서 기업이라면 어떤 선택을 할까요? – 상황 2와 3을 비교해봅시다. 상황 3에서 기업이라면 어떤 선택을 할까요? – 이산화탄소의 생산을 막기 위해서 소비자로서 우리는 어떻게 해야 할까요? – 이산화탄소의 생산을 막기 위해서 국가에서는 어떤 일을 할 수 있을까요?	
정리	**❸ 국가, 세계에서 이루어지는 이산화탄소 저감 조치 알아보기 (10')** – 저탄소 녹색 성장, 원자력 발전을 소개하는 영상을 살펴봅시다. – 국가, 세계에서 이루어지는 이산화탄소를 줄이기 위한 노력은 어떤 것이 있었나요? ▶ 배운 내용 정리하기 – 지금까지 살펴본 이산화탄소 배출 원인 중 어떤 것이 가장 중요하다고 생각하나요? – 불가피한 이산화탄소 배출 상황은 어떤 것이 있을까요? – 이산화탄소를 최대한 줄이기 위해서 가장 먼저 해야 할 일은 무엇이라 생각하나요?	

위 활동은 지구 온난화와 기후 변화에 따른 환경오염이 심각해지고 있는 사회 현상을 반영하여, 기후위기와 그 원인이 되는 사회구조적 문제를 인식하고, 그 문제를 해결하기 위하여 학생들이 일상생활을 통해 실천할 수 있는 일들로 무엇이 있는지를 생각해 본 후, 이를 포스터, 홍보 영상

등 다양한 매체를 활용한 작품으로 제작하는 활동이다(엄우섭, 김진석, 신춘호 외, 2023). 학생들은 먼저 이산화탄소의 성질과 기온의 관계를 탐구하고, 이산화탄소 양의 변화와 기후 변화의 관계를 이해하며, 이산화탄소의 변화를 초래한 사회구조적 원인을 분석하고 탐구한다. 그리고 이와 관련하여 기후위기를 제대로 해결하기 위한 구체적인 실천 방안을 모둠별로 제안한다. 구체적인 실천 방안이 결정되면, 이를 홍보하는 자료를 다양한 의미표상 형식(multi-modal)으로 제작하며, 이를 발표하고 온·오프라인 매체를 통해 다른 사람들과 공유하는 활동을 통하여 지구 공동체 구성원으로서 기후위기에 적극적으로 참여하고자 하는 실천 의식을 고취시키고자 하였다(엄우섭, 문성환, 신춘호, 김진석, 고은옥, 임형남, 최미정, 2023). 위 수업은 위험 리터러시 기반 기후위기의 위험을 분석하는 3차시 수업이다. 단원은 다음과 같이 6차시로 구성되어 있다.

〈표 6〉 '기후위기' 프로젝트 단원구성

단계	내용
위험 상황 인지 위험 상황 분석 (1~3차시)	• (1–2차시) 이산화탄소 증가로 인한 기후위기 문제 인식하기**(지각)** • (1–2차시) 이산화탄소와 기온 변화의 관계 탐구하기**(이해, 분석, 예측)** • (3차시) 이산화탄소 증가의 사회구조적 원인 찾기**(이해, 분석)**
위험 상황 대처 (4~5차시)	**함께 해결하기** • (4–5차시) 기후위기를 해결하기 위해서 사람들이 해야 할 일 생각하기**(판단)** • (4–5차시) 기후위기 해결 방법 및 실천을 위한 방법 정리하기 • (4–5차시) 기후위기 관련 홍보를 위한 자료 제작 방법 결정하기 • (4–5차시) 환경 보호 홍보 자료 제작하기
공유 및 성찰 (6차시)	• (6차시) 기후위기 해결 및 실천을 위한 홍보 자료 발표하기**(실천)** • (6차시) 서로의 자료 평가하기

위 표에서와 같이 학습자들이 위험의 상황을 인지하고 분석한 후, 위험 상황을 판단하고 대처하는 능력을 함양한다. 또한, 홍보를 위한 자료를 제작한 후 발표하고 상호 평가한다.

마지막으로, 통합의 정도성이 가장 낮은 융합은 교과 간 수업이 연계되어 실행된다. 예를 들어, AIED는 특정 교과와 연계되어 학습자의 컴퓨터적 사고 능력(computational thinking)도 함께 신장하는 것으로, 문제 중심 학습(problem-based learning: PBL), 프로젝트 중심 학습(project-based learning: PBL), 포트폴리오 중심 학습(portfolio-based learning: PBL), 과제 중심 학습(task-based learning: TBL) 등에서 쉽게 구현될 수 있다. 이러한 학습들은 구성주의의 학습 원칙을 제대로 반영한 것으로, 교사는 지식 전달자에서 수업 활동 설계자, 촉진자, 모둠 운영자, 평가자 등의 역할을 하며, 학생들은 자기 주도적으로 학습하고, 모둠원들 간 서로 소통하고 협력하여 문제를 해결하거나 과제를 완수할 수 있는 활동을 한다(김진석 외, 2021).

AI플랫폼을 활용하여 위험 리터러시 기반 안전교육을 실행하면, 초중등 학습자들의 컴퓨터적 사고 능력뿐만 아니라 비판적 사고능력, 창의성, 문제해결능력 등을 함양할 수 있다. AI플랫폼에 내장된 스크래치나 엔트리를 활용하여 위험 사례별 역할극이나 디지털 스토리텔링을 구현할 경우, 학생들이 언플러그(unplug)활동으로 모둠별·짝별로 위험요인을 탐구하고 해결하는 방안을 찾는 일련의 과정을 스크립트나 콘티로 작성한 후 코딩을 하여 동료들과 상호작용하도록 구현하면 창의적 사고뿐만 아니라 컴퓨터적 사고 능력도 신장될 수 있을 것이다(김진석 외, 2025).

핵심개념

- 사이버 상의 괴롭힘(cyber-bullying)
- 지속가능한 발전 목표(sustainable development goals)
- 글로벌 시민의식(global citizenship)
- 심층적 접근, 표층적 접근, 전략적 접근
- 쌍안경과 망원경 모형
- 확대경과 만화경 모형
- 컴퓨터적 사고 능력(computational thinking)
- 프로젝트 중심 학습(project-based learning)

제4장 연습문제

1. 뉴욕주는 2010년에 제정된 「존엄법(Dignity Act)」에 따라 일반적으로 오프라인으로 전문화된 업체 또는 교육기관을 통해 연(年) 최소 3시간 이상의 사이버상에서의 괴롭힘(cyber bullying)에 대한 학습 주제에 대한 안전교육을 학교 교육 프로그램에 포함하도록 하고 있다. 사이버상에서의 괴롭힘(cyber bullying)에 대한 학습 주제로 수업의 내용을 구성한다면 어떤 세부 주제를 하위 요소로 설정할 필요가 있는지를 기술하시오.

2. 초학문적 주제는 학문을 초월하여 매우 다양한 형식으로 나타나며, 특정 교과로부터 시작되기보다는 실생활(환경, 실재의 지각, 행동 패턴, 인간들 간의 관계) 맥락에서 시작된다. 글로벌 이슈들 중 하나의 주제를 선정하여 위험 리터러시 기반 초학문적 실러버스를 설명하시오.

3. 간학문적 실러버스는 폭넓은 관점에서 전체 내용을 하나의 테마를 중심으로 결집시켜 다양한 요소들이 망으로 연결될 수 있다(김진석 외, 2021a). Forgarty(1991)의 간학문적 접근 방법 중 대표적인 모형들 중 하나인 쌍안경에 대해 예시하시오.

4. 다학문적 주제를 설정하기 위해서는 교과 간 공통적인 개념, 화제, 범주 등을 분석할 필요가 있다. 다시 말해서, 예술, 디자인과 공학, 수학, 영어 교과에서 공통적으로 나타나는 개념, 화제, 범주를 분석하는 것이다(김진석, 2019a). 초등학교 6학년 교과서를 분석하여 공통적으로 나타나는 위험교육 관련 개념, 화제, 범주를 제시하시오.

2부

위험 리터러시 기반 변혁적 안전교육: 수업 설계와 구현

제5장

위험 리터러시 기반 변혁적 안전교육

학습자의 위험 지각 능력을 함양하는 프로그램을 실행해야 한다.
Meir 외(2005)

생각하기

1. 위험 리터러시 기반 안전교육을 효과적으로 실행하는 방법은 무엇인가?
2. 21세기 학습자를 위한 변혁적 안전교육의 방향은 무엇인가?
3. 학교와 지역사회가 함께 안전 문화를 만들어 나가는 방법은 무엇인가?

학습자가 위험 요인을 이해하고 위험을 제대로 대처하는 능력을 함양하기 위해서는 획일화된 내용과 매뉴얼을 중심으로 지식을 전달하고 기억하도록 하는 수동적 수업에서 벗어나 학습자들이 자기 주도적으로 위험 요인을 스스로 탐구하고 이해하며 위험을 예측하고 판단할 수 있는 능력을 갖추어야 한다. 교실수업에서 학습자는 학습목표를 달성하기 위해 교사나 동료들과 지속적으로 상호작용한다. 교사는 학생들이 학습활동을 제대로 수행할 수 있도록 모니터링, 피드백, 스캐폴딩하고, 학생들은 교사나 동료와 적극적으로 상호작용하며 과제를 완수하거나 창의적으로 문제를 해결하도록 수업을 설계하고 실행한다. 이 장에서는 위험 리터러시 기반 변혁적 안전교육의 방향을 짚어보고, 위험 리터러시 기반 안전교육을 효과적으로 구현하는 방향에 대해 살펴보고자 한다.

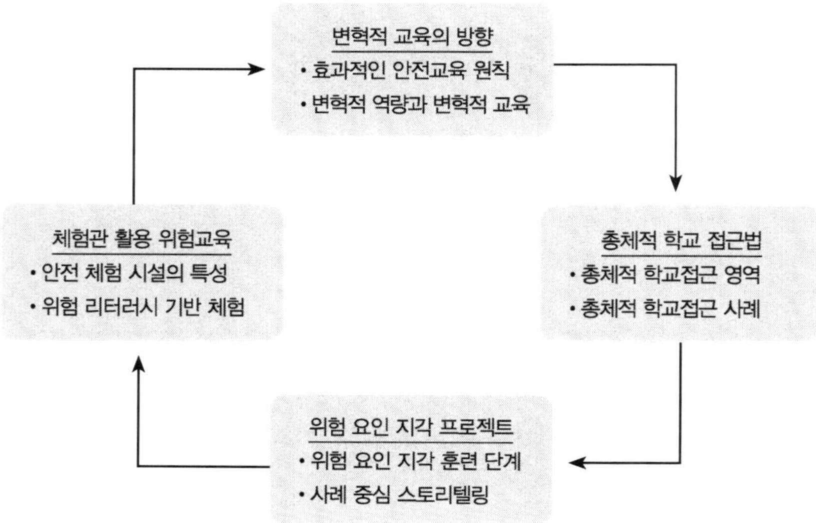

[그림 1] 핵심 내용 흐름도

1. 위험 리터러시 기반 변혁적 안전교육의 방향

영국의 사고예방왕립협회(RoSPA)와 개인안전건강부(PSHE)는 '효과적인 안전교육을 위한 10가지 원칙'을 Summer 2008 Guiding Principles(p. 8-9)에 발표했다. 그 원칙들을 "효과적인 안전교육 재고찰(effective safety education revisited)"에서 타당성을 점검하고 다음과 같이 10개의 원칙을 제안했다(김진석, 장은숙, 2021).

- 첫째, 더 넓은 커뮤니티 내에서 총체적 학교 접근 방식(whole school approach)의 채택을 장려하거나 강화한다.
- 둘째, 교수 및 학습에 대해 적극적으로 접근하는 방식을 채택한다(상호 학습

및 체험학습 포함).

- 셋째, 학습자들이 안전하게 지낼 수 있도록 실제 의사 결정에 참여시킨다.
- 넷째, 어린이와 청소년의 학습 요구사항을 평가한다.
- 다섯째, 포괄적인 개인·사회 및 건강 커리큘럼의 일부로 안전을 교육한다.
- 여섯째, 현실적이고 관련성있는 설정 및 리소스를 사용한다.
- 일곱째, 협력 관계를 맺는다.
- 여덟째, 알려진 위험 및 보호 요소를 해결한다.
- 아홉째, 안전의 심리 사회적 측면 (예, 자신감, 탄력성, 자존감 , 자기 효능감)을 고려한다.
- 열 번째, 안전하고 지원적인 환경 내에서 안전한 행동을 모델화하고 보상하는 긍정적인 접근 방식을 채택한다.

위 원칙들은 국내 및 국제 리뷰 저널에 발표된 증거에서 개발되었으며, 여기에는 유아기 아동을 위한 놀이터 안전부터 어린 보행자를 위한 도로 안전, 괴롭힘 예방, 폭력 및 자해 예방과 같은 다양한 출처의 연구가 포함되었다(김진석, 장은숙, 2021). 위 원칙들은 우리나라 안전교육의 수업에서 학습자들이 능동적으로 수업에 참여하도록 범교과 주제로 타 교과 커리큘럼의 일부로 안전교육을 포함하는 포괄적 교육을 구현하고, 교사로 하여금 학습자들의 심리 사회적 측면뿐 아니라 그들이 필요로 하는 것이 무엇이고 부족한 것이 무엇인지를 분석·평가하며, 그 결과를 반영하여 수업을 설계하고 실제성(authenticity)있는 교수-학습 자료를 개발·실행하는 변혁적 교육의 방향을 제시하고 있다.

위험 리터러시 기반 안전교육에서 학습자들이 비판적이고 창의적인 문제해결 역량할 수 있도록 변혁적 교육을 실행할 필요가 있다. 변혁적 교육을 통해 학생들은 ‘변혁적 역량(transformative competencies)’을 함양할 수 있다. OECD에서는 변혁적 역량을 ‘새로운 가치 창출하기, 긴장과 딜레마 조정하기, 책임감 갖기’로 구성하고, 각각의 의미를 다음과 같이 설정하고 있다(2018, p. 5).

- 새로운 가치 창출하기: 목적성, 호기심, 열린 마음, 비판적 사고, 창의성, 협력, 민첩성, 위기대처능력, 적응력
- 긴장과 딜레마 조정하기: 인지적 유연성, 관점 수용 능력, 공감, 존중, 창의성, 문제해결능력, 갈등해결능력, 회복력, 복잡성과 모호성에 대한 포용력, 책임감
- 책임감 갖기: 내적 통제력, 성실, 연민, 존중, 비판적 사고, 자기인식, 자기관리, 반성적 사고, 신뢰성

OECD의 변혁적 역량들(2019: 63-65) 중 ‘새로운 가치 창출하기’는 ‘교양 있고 책임감 있게 실천함으로써 혁신하고 행동하는 능력’을, ‘긴장과 딜레마 조정하기’는 ‘경쟁, 모순, 양립하지 않는 요구들을 조화롭게 하는 능력’을, ‘책임감 갖기’는 ‘자신의 경험과 개인적·사회적 목표, 배운 것, 옳고 그름의 관점에서 자신의 행동을 성찰하고 평가할 수 있는 능력’을 의미한다(이수정 외, 2021: 43-44).

위험 리터러시 기반 안전교육의 수업활동을 통해, 학습자들의 비판적 사고, 창의성, 협력, 위기대처능력, 문제해결능력, 갈등해결능력 등을 함양하고, 자기인식, 자기관리, 반성적 사고 등을 갖도록 해야 한다(김진석, 2022). 이러한 변혁적 교육은 다음과 같은 변혁적 교수법을 필요로 한다(유네스코 아시아태평양 국제이해교육원, 2014: 21).

- 학습자가 실생활 속의 문제들을 비판적으로 분석하고, 창의적이며 혁신적인 방법으로 가능한 해결 방안을 찾도록 함
- 희망하는 변화를 가져오기 위한 행동에 참여할 것을 강조함
- 지역사회의 교육환경이 외부에 있거나 좀 더 넓은 사회 범위에 속하는 사람들을 포함한 다양한 이해관계자들을 참여시킴

변혁적 교육은 학습자들이 위험 리터러시 기반으로 위험을 인식하고 판단하여 실생활에 실천하도록 한다. 이를 위해서는 위험 리터러시 기반 관점의식(perspective consciousness)의 시각을 갖는 것이다. Merryfield & White(1996: 178)에 의하면, 학습자들이 '특정한 쟁점 혹은 사안에 대한 다중적 관점들을 인지하고, 검토하고, 평가하고 이해하는 능력뿐만 아니라 자신의 신념, 경험 그리고 가치들에 기초하여 서로 다른 방식으로 쟁점 혹은 사건들을 지각하고 다중적인 관점의 지식으로 복잡성과 갈등을 이해하는 능력'인 관점의식을 고양할 필요가 있다. 학습자들이 위험 요인을 단지 통계적 수치만으로 인식하고 위험을 대처할 것이 아니라 위험 요인에 대한 과학적 탐구와 심층적 분석을 통해 위험 요인을 인지하고 판단하는 능력을 함양하도록 다음과 같은 3P-3T의 수업(김진석, 2025)을 설계하고 구현할 필요가 있다.

- 프로젝트 중심 수업(project-based learning)
- 포트폴리오 중심 수업(portfolio-based learning)
- 문제·질문 중심 수업(problem-based learning)
- 주제 중심 수업(theme-based learning)
- 과제 중심 수업(task-based learning)

• 테크놀로지 중심 수업(technology-based learning)

위 3P-3T는 교실수업에서 학습자들이 자신만의 독립적 관점의식의 시각을 갖고 자기 주도적으로 과제를 완수하거나 창의적으로 과제를 해결할 수 있는 능력을 함양할 수 있을 것이다. 3P-3T는 교사와 학습자 간 상호작용을 바탕으로 하고 있다. 교사는 학생의 니즈를 분석할 뿐만 아니라 능력 및 학습 태도를 고려하여 설정한 문제나 쟁점을 확인(identifying)하고 그 문제나 쟁점의 해결 방안을 마련하도록 교실활동 및 절차를 설계(designing)하며, 모둠별·짝별 토의·토론 등을 통해 결과물을 창출하도록 수업을 실행(executing)한 후 그 성과를 공유하고 평가(assessing)할 뿐만 아니라 자신의 수업 전반을 성찰(reflecting)하는 IDEAR기반 수업을 설계하고 운영하면, 학생들은 그 단계에 따라 문제나 쟁점을 해결하기 위해 조사하고(surveying), 사유하고(thinking), 행동하고(acting), 성찰(reflecting)하는 STAR기반 수업활동에 능동적으로 참여하고 자기 주도적으로 과제를 완수하거나 문제를 해결한다. 이러한 교사와 학생 간 상호작용을 통해 학습자들은 위험 리터러시 기반 안전의식을 함양할 수 있을 것이다(이에 대한 구체적인 수업 설계와 실행은 7장~9장 참고).

최근 효과적이고 실용적인 안전교육의 증거에 대한 새로운 검토(Mulvaney 외, 2012)를 통해, 학교 안전교육에 대한 보다 총체적이고 균형 잡힌 접근 방식을 새롭게 제시하였다. 그들은 책이든, 프로토타입의 활동이든, 웹 기반 게임이든 간에 단일 교육 자료가 모든 것을 충족시킬 수는 없다는 것을 강조한다. 이는 실무자들에게 리소스가 하나 또는 두 가지 원칙에만 관련되어 다른 원칙과는 균형이 맞지 않는 다소 단편적인 접근 방식을 채택하도록 하는 경우가 종종 있다는 것을 검증하면서, 공식 및 비공식 커리큘럼, 정책(서면 및 실행) 및 교직원, 학생, 부모, 보호자, 다른 기관 및 더 폭넓은 지역사회 간의 관계성을 포함하는 총체적 학교 접근(whole school approach)을 제안한다(김진석과 장은숙, 2021). 이는 학교 안전 정보에 대한 학교 구성원(학생, 교직원, 학부모)의 접근성을 강화하여 모두가 함께 참여할 수 있도록 하는 안전 문화의 정착 방안을 모색할 필요가 있음을 말한다. 다음 절에서 총체적 학교 접근에 대해 살펴보고자 한다.

2. 총체적 학교 접근 방식

총체적 학교 접근법은 학교 전체 구성원들의 참여와 숙의의 과정을 중시하며, 교육활동의 기반을 학교와 지역사회에 두고 있다. 다시 말해서, 공식 및 비공식 커리큘럼, 정책(서면 및 실행), 교직원, 학생, 부모, 보호자, 다른 기관 및 더 폭 넓은 지역사회 간의 관계성을 포함한다(김진석, 장은숙, 2021). 학생들은 학습의 일환으로 학교 환경과 안전 측면에서 능동적인 역할을 해야 하며, 자신의 환경에 대한 자율권과 그것이 어떻게 관리되고 학교 안전과 건강에서 자신의 역할을 다 할 수 있도록 동기를 부여한다. 교사는 위험 리터러시 기반 안전교육이 제대로 구현되도록 다음의 요인들을 고려하여 효과적인 수업을 설계해야 한다.

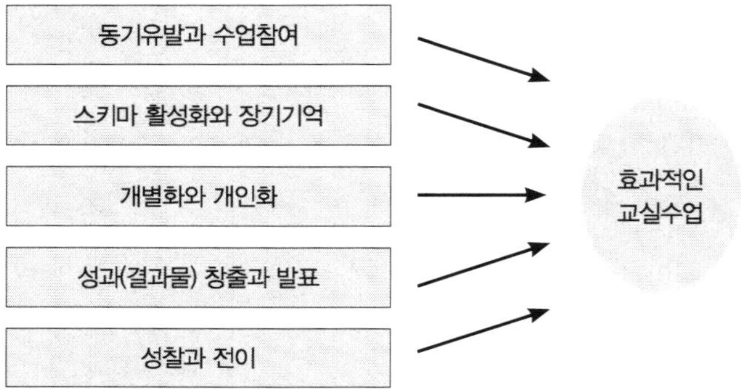

[그림 2] 효과적인 교실수업의 요인(김진석, 2025)

교사는 위에서 제시한 교실수업의 요인들을 바탕으로 학습자와 상호작용하고 협업하여 위험 요인을 인식하고 판단하여 위험을 대처하는 '총체적 학교 접근 방법'을 실행할 필요가 있다.

유럽연합산업안전보건청(EU-OSHA, 2002)에서는 'Start young, stay safe'란 슬로건 아래 "Mainstreaming OSH into education" 프로젝트를 추진하면서, 총체적 학교접근 방식의 모델을 다음과 같이 설정하고 있다(민천식 외, 2020).

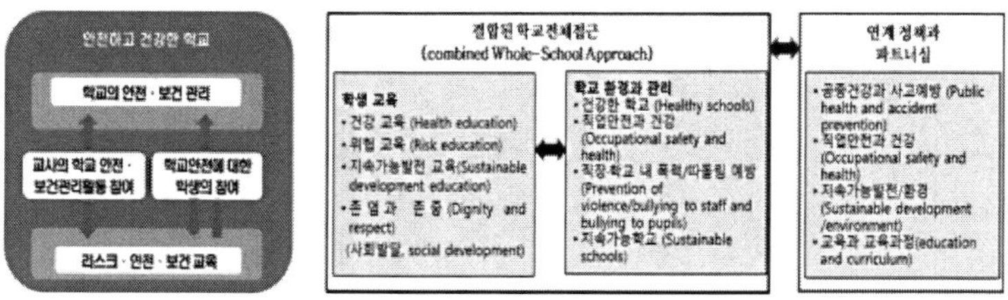

[그림 3] 유럽연합산업안전보건청(EU-OSHA, 2002)의 프로젝트

EU-OSHA는 2002년 어린 시절에 건강과 안전에 대한 개념을 알게 된다면, 아이들은 스스로 위험 의식(risk awareness)을 함양할 수 있게 되고, 이를 통해 자신들이 살아갈 미래의 일과 삶 속에서 스스로 안전하고 건강한 환경을 만들어 나갈 수 있도록 프로젝트를 실행하였다. 위의 그림에서와 같이, 참여 중심의 위험교육 강화를 통해 학교현장의 안전관리와 안전교육의 연계를 추진하고, 위험요인의 탐색과 개선방안을 제시하는 학생 참여형 위험교육을 통해 안전수칙의 습득을 넘어 안전에 대한 주인의식 함양하며, 학생 대상 위험교육을 실시할 수 있는 역량을 개발하기 위한 교원연수 프로그램을 개발·보급하였다. 이는 '안전교육 7대 표준안'에 기반한 안전교육(safety teaching) 역량개발 중심에서 '안전하게 가르치는(teaching safely)' 역량개발을 위한 '교직원 표준안전 연수모델' 프로그램을 개선해 나가는 방향을 제시할 수 있다.

EU-OSHA(2002)와 유사하게, RoSPA에서도 더 넓은 지역사회(whole community) 내에서 총체적 학교 접근 방식(whole school approach)의 채택을 장려하거나 강화하며, 상호 학습 및 체험학습을 포함한 교수 및 학습으로 안전교육의 효과성을 제고할 필요가 있음을 강조한다(김진석, 장은숙, 2021). 이 방식에는 교사 개인 또는 개별 교과의 활동이 아니라 다음 그림과 같이 학교 전체 구성원들(교육 당국 및 관련 기관 포함) 간 대화와 협력을 기반으로 하는 의사결정 방식을 취하고 있다(김진석 외, 2021, 2022, 2023).

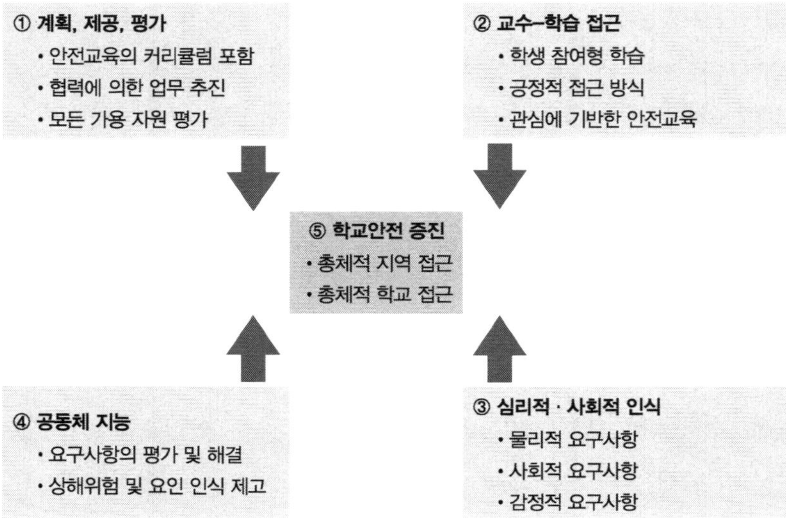

[그림 4] RoSPA의 총체적 학교 접근 방식

위 그림에서와 같이, RoSPA에서는 학교 안전교육에 대한 보다 총체적이고 균형 잡힌 접근 방식을 다음과 같이 5가지 영역으로 나누고 각 영역을 바탕으로 구체적인 세부 사항을 제시하고 있다(McWhirter와 Francis, 2012; 김진석, 장은숙, 2021).

① 첫 번째 영역 [계획, 제공, 평가]에는 계획 및 구현에 대한 가장 효과적인 접근 방식을 설명함. 증거 기반을 지속적으로 업데이트 할 수 있도록 평가를 추가함.

- 포괄적인 커리큘럼 내에 안전 및 위험 교육을 포함함
- 사고 예방에 대한 지식과 전문성을 갖춘 전문가 및 자발적 부문의 동료와 협력

- 모든 자원 평가

② 두 번째 영역 [교수-학습 접근 방식]은 다음과 같이 참여와 안전한 행동을 강화함.

- 학습에 어린이와 청소년을 대화식으로 참여함
- 안전한 행동을 강화하고 보상하면서 긍정적인 접근 방식을 취함
- 학습자의 관심과 필요에 적합한 활동을 구현함

③ 세 번째 영역 [심리적·사회적 위험 및 보호 요인] 은 다음 사항에 대해 개별 아동 또는 청소년의 근본적인 요구 사항을 언급한다.

- 물리적
- 사회적
- 감정적
- 안전 및 웰빙

④ 네 번째 영역 [공동체 지능]은 어린이가 있는 곳에서 시작하고 다음과 같은 지역과 국가의 증거 및 전문 지식을 사용하여 특정 안전 교육 활동을 지원하는 것의 중요성을 강조함.

- 안전 교육에서 아동 및 청소년의 특정 요구 사항을 평가하고 해결함
- 지역 및 국가 우선적 상해 위험 및 보호 요인에 대해 모니터링하고 인식을 제고함

⑤ 다섯 번째 영역 [학교 전체, 지역 사회 접근]은 안전 교육에 대한 생태학적 접근 방식을 채택하는 것의 중요성을 반영하고, 보다 안전한 환경을 제공하며, 어린이와 청소년이 어디에 있든 자신을 안전하게 지킬 수 있도록 장려함.

위 모델은 앞 절에서 살펴본 안전교육의 효과적인 10가지 방법으로 더 넓은 커뮤니티 내에서 총체적 학교 접근 방식의 채택을 장려하거나 강화하고, 교수 및 학습에 대한 적극적인 접근 방식을 사용하며, 청소년들이 안전하게 지낼 수 있도록 실제 의사결정에 참여한다. 또한, 어린이와 청소년의 학습 요구사항을 평가하고, 포괄적인 개인 사회 및 건강 커리큘럼의 일부로 안전을 교육하며, 현실적이고 관련성있는 설정 및 자료를 사용한다. 아울러, 협력 관계를 구축하고, 알려진 위험 및 보호 요소를 해결하며, 안전의 심리 사회적 측면을 고려하여 안전하고 지원적인 환경 내에서 안전한 행동을 모델링하고 보상하는 긍정적인 접근 방식을 채택한다.

무엇보다도, 포괄적인 개인 사회 및 건강 커리큘럼의 일부로 안전을 교육하는 원칙은 총체적 학교접근법에서 중요하다. 종합적인 개인 사회 및 건강 커리큘럼은 어린이와 청소년이 건강을 유지하고 안전하게 지내는 방법을 배우는 데 도움이 되기 때문이다. 다양한 상황에서 구체적이고 전이 가능한 기술과 지식을 배울 수 있는 기회를 제공하지만, 감정, 기술, 태도, 가치 및 속성에 주의를 기울이도록 한다. 주제는 학기 초에 소개하고 핵심 단계(key stage)[1] 전반에 걸쳐 확장 및 재검토하여야 하며, 아동이 발달함에 따라 보다 구체적인 언어, 지식 및 기술을 도입한다(나선형 커리큘럼). 종합적인 개인 사회 및 건강 커리큘럼은 청소년들이 관련 정보에 접근하고 사용할 수 있도록 도와주기 위해, 학생들에게 건강하고 안전하게 지내는 것에 대해 배울 수 있는 특정 시간과 장소를 제공할 뿐만 아니라 다양한 학습 프로그램(예, 수학, 영어, 과학, 드라마)을 활용하는 학제 간 통합 커리큘럼이다.

1 영국은 핵심 단계를 1단계(5세~7세), 2단계(8세~11세), 3단계(12세~14세), 4단계(15세~16세)로 나누고 있다.

총체적 학교접근법으로 교실수업을 구현한 사례들 중 Weyman과 Shearn(2005)의 "5−16세 학습자를 위한 위험 교육 지도의 실제(Teaching Practice in Risk Education for 5−16 year olds)"는 5−16세 학생들의 위험, 건강, 안전 및 복지 문제에 대한 교사의 접근법과 관련한 연구다. '위험 개념에 대한 더 나은 교육'을 위해 보건안전위원회(HSC)의 보건 안전 활성화 전략을 지원하기 위한 것으로 잉글랜드, 웨일스 및 스코틀랜드의 국가 커리큘럼으로 '위험교육'의 적용범위에 대한 개선이라고 할 수 있다. 이는 보건 및 안전교육을 학교 커리큘럼에 통합하려는 노력에 대한 증거를 제공한다.

학습자들에게는 '건강과 위험에 대한 지식을 가질 권리를 부여'(UN, 1989)해야 하는데, 학습자들은 위험관리에 대한 정보에 입각한 결정을 내리는 능력이 상대적으로 떨어지고, 위험에 취약한 상황에 놓여 있는 것으로 인식된다(Weyman과 Shearn, 2005, Teaching Practice in Risk Education). 그래서, 학습자들을 위한 위험교육의 이점은 부상 및 건강 이상 발생률 감소와 관련이 있다. 학습자들이 위험관리에 대해 학습하면 나쁜 습관의 형성이나 위험 감수의 성향이 감소될 수 있기 때문이다. 위험 리터러시 기반 안전교육에서, 학교는 교육을 받을 수 있도록 잘 갖춰져 있는 환경이고, 학습자들에게 다가가기 위한 효과적인 방법(Teaching Practice in Risk Education, 2005)을 제공한다(김진석, 장은숙, 2021).

Weyman과 Shearn(2005)에 의해 잉글랜드, 스코틀랜드, 웨일스의 공립학교 7개 학교(2개 초등(5~11년)와 중등(11~16년)의 모범사례를 '학교가 위험 문제 해결 의무를 어떻게 해석했는지 여부, 다양한 주요 단계에서 위험 교육의 특성 및 범위, 위험 개념에 대한 교직원의 인식 수준, 위험 개념에 대한 교직원의 이해, 위험 개념 교육 실시에 대한 지침과 관련하여 교직원의 니즈, 위험 교육 개념에 대한 지침의 질 확보, 위험에 대한 교부금, 교직원의 특성 및 교육 니즈 범위, 위험 개념 지도에 대한 인식의 장벽'으로 세분하여 분석한 결과는 다음과 같다(김진석, 장은숙, 2021).

첫째, 학교 교육과정 계획 내 전략적 수준에서 학기말 계획 및 주간 업무 계획과 연관된다. 이는 대부분의 경우, 국가 커리큘럼 요건(잉글랜드와 웨일스 및 스코틀랜드의 동등한 법적 약정)에 기초한다. 여기에는 해석과 자율성을 위한 주목할 만한 범위가 있기 때문에, 국가 커리큘럼의 목표를 달성하는 것은 다양한 강의실 활동과 관련한 학습의 결과를 통해 달성될 수 있을 것이다.

둘째, 교육 인력이 일상적으로 국가 수준 커리큘럼 지침 자료를 활용하지만, 위험 평가와 통제 문제에 대해 젊은이들에게 가르칠 필요성에 대한 인식과 이해 수준이 낮은 경우 효과성이 없는 것으로 보인다. 단 한 명의 응답자만이 위험 개념에 대한 교육에 초점을 두는 주제 기반 연구를 수행했다고 보고했다.

셋째, 주요 교육 담당자는 위험 문제를 해결할 필요성을 보건 및 안전 규정 준수의 필요성과 연관시킨다. 실제로 위험교육에 대한 접근 방식은 수업 내에서 적절한 위험 통제를 달성하기 위한 기능적으로 충분한 방법의 구현에 기초하는 것으로 보인다. 실제, 위험성 교육의 내용은 주로 안전하고 적절한 방법으로 수업을 수행하기 위해 즉시 필요한 것에 초점을 맞추고 있다. 건강과 안전의 개념은 위험과 위험 요인에 대한 개념보다 교직원에 의해 훨씬 더 명확하게 이해되는 경향이 있다. 현장 교사들의 담론은 '안전교육'과 '건강교육'이라는 기존 개념을 반영하는 경향이 있으며, '교실 내 안전'을 논의할 가능성이 더 높아졌다.

넷째, 위험교육을 다루는 커리큘럼 요건을 이행하기 위해 학교 또는 해당 부서가 공식적인 목표를 가지고 있다는 증거는 거의 없었다. 오히려, 이 요건의 충족은 교실 교사진에게로 전가된다. 대부분의 경우 그러한 문제가 해결되는 경우, 이는 위험 개념의 전달에 대한 전략적 접근방식을 그 자체로 반영하기보다는 교훈 내용과 관련된 위해성을 참조하는 임시방편적인 경향이 있는 것으로 보인다.

다섯째, 교직원이 위험 문제를 해결하려고 하는 시도에는 다양한 형태를 띠게 된다. 예를 들어, 비디오, '위험을 발견한다'는 시트와 교실 시연을 활용하여 위험 메시지를 전달하는 공식적 입문 또는 예비 위험 교육 세션(주로 미술, 과학 과목)을 띠거나, 기능 기반 교육을 전반적으로 그룹 토론 또는 역할놀이 연습과 연계된 실제적인 과제나 시연으로 구현한다.

여섯째, 이러한 공식적인 방법과는 대조적으로, 위험교육으로 해석될 수 있는 것의 대부분은 수업 과정 중에 필요할 때 수행되었고 필요에 따라 임시방편으로 또는 비공식적으로 수행되었다. 여기에 인용된 방법들은 범위가 넓었지만, 그것은 종종 이전 수업의 강화와 관련된 것으로 보인다. 이 점에서 묵시적 주장은 위험교육이 특정 또는 공식적으로 계획된 요소로 구성되기보다는 커리큘럼의 포괄적 측면으로 구성된다는 것이다.

일곱째, 교육 담당자는 일반적으로 위험교육에 대한 접근 방식의 기준으로 '상식'을 들었다. 대부분의 교직원은 위험교육의 주제나 문제를 어떤 수업에서 몇 분 이상 연속으로 가르칠 수 없다고 기술했다. 대다수의 교직원이 채택한 위험교육에 대한 접근 방식은 다수의 핵심 교육의 지침 문서 내에서 옹호되는 접근법과 현저하게 대조적인 것으로 보인다. 이러한 위험교육의 접근 방식은 전이 가능한 삶의 기술에 중점을 둔 위험 통제에 대한 이해의 전달을 목적으로 둔 공식화된 방법들이 아니다. 교직원이 채택한 위험교육에 대한 접근 방식은 대부분의 경우, 전략적으로 부족한 것으로 나타났다.

이러한 연구 결과는 위험교육에 대한 교사들의 태도와 접근 방식과 관련하여 교사들 간에 두드러진 차이가 있음을 보여준다. 이는 교과목 간 전문성의 차이와 관련이 있는 것으로 보인다. 예를 들어, IT교사들은 다른 분야와 비교하여 과목 영역의 위해성을 인식하는 경향이 덜한 것으로 보였다. 대조적으로, '체육', '가정경제' 교사들은 건강, 안전 또는 복지를 주요 초점으로 포함하는 주제를 도입하는 것에 대한 가능성이 다른 분야의 구성원들보다 더 높은 것으로 나타났다.

지금까지 살펴본 총체적 학교 접근법의 사례(RoSPA)는 '더 안전한 결과'를 핵심으로 5가지 영역으로 나누어 진행한 결과다(김진석, 장은숙, 2021). 이는 효과적인 안전교육의 10가지 원칙을 대체하지 않지만, 그들을 사용하여 안전교육에 대한 보다 균형 잡힌 접근 방식을 채택하도록 하는 방법을 보여준다. 향후, 새로운 프로젝트를 선택하거나 개발하는 경우, 10가지 원칙의 세부 사항을 자세히 살펴보고, 아울러 5가지 영역의 각각 요소를 통합하여 증거 기반의 균형 잡힌 안전교육 접근 방식을 어떻게 제공할 수 있는지를 고려할 필요가 있다.

학교안전공제중앙회(2023)에서는 총체적 학교 접근 방식에 기초한 학교와 교육 당국, 관계 행정기관, 전문 기관, 지원기관의 적극적인 협력을 통한 학교 안전 분야별 증진 강화 사업을 추진하였다. 학교 안전의 영역 중 학교 노력만으로 달성하기 어렵고 관할 지자체와 경찰서의 협조를 요구하는 분야가 다음과 같이 다수 존재하기 때문이다.

- 교통안전 : 교통신호체계, 도로환경 개선, 보차도 구분, 주정차 구역정비 등
- 외부체험활동안전 : 청소년수련활동 안전인증, 체험기관 시설안전, 숙박업소 안전, 운수업체 안전 인증 및 운행 관리 등
- 학교시설안전 : 분야별(내진설계 및 보강, 화재안전, 설계·시공 및 유지관리, 환경 및 재 안전, 실험·실습안전 등) 교육시설 안전·유지관리 실시, 정밀안전점검 위탁 및 실시, 교육시설 안전 인증 등
- 교육환경안전 : 절대보호구역과 상대보호구역 내의 보건·위생, 안전, 학습 등에 지장을 주는 학교 및 학교 주변의 모든 요소로부터의 안전

분야별 유관기관 간의 협력을 위해, 총체적 학교 접근에서 고려할 필요가 있는 협력 사업 참여 기관의 종류와 기관별 역할을 다음과 같이 설정하여 추진하였다(학교안전공제중앙회, 2023).

- (단위학교) 협력 사업 참여 학교
- (교육당국) 학교와 지자체의 참여와 협력 지원(시·도교육청, 지역교육지원청)
- (중앙행정기관) 협력 사업의 컨트롤 타워(교육부, 행안부, 경찰청 등)
- (지자체) 사업 분야별 업무담당 지자체(시·군·구청, 읍·면·동사무소, 경찰서 등)
- (전문기관) 사업 분야별 공적 전문기관 및 전문가(교통안전공단, 도로교통공단, 청소년활동진흥원, 시설안전관리공단, 녹색교육환경연구원 등)
- (지원기관) 협력사업의 원활한 운영을 위한 지원* 기관(학교안전공제중앙회, 한국교육시설안전원, 한국교육환경보호원 등)

* 매뉴얼 개발 및 교육, 전산시스템 개발 및 운영, 우수 사례 발굴, 사업 운영 예산 지원 등

실제, 학교 및 교육당국, 관계 중앙행정기관 및 지자체, 전문기관 간의 협력이 미흡하여 분야별 안전 증진 효과는 미약한 것이 현실이다. 학교 안전은 학교 노력 외에도 교육당국, 관계 행정기관 및 지자체, 관련 전문기관 등의 적극적인 협력이 추가된다면 보다 강화될 수 있을 것이다. 단위학교에서 학생들이 안전하게 등·하교할 수 있도록 교통신호체계를 변경할 필요가 있다면 교통안전공단, 도로교통공단, 경찰서 등과 협력하여 개선할 수 있을 것이다.

총체적 학교 접근 방식에 의한 학교 안전 분야별 관계 기관 협력 사업을 추진한다면 학교 안전을 증진할 수 있을 것이다. 따라서, 학교의 안전관리와 위험교육의 전달을 결합한 총체적 학교 접근 방식으로, 안전교육에 대한 생태학적 접근 방식을 채택하는 것의 중요성을 반영하고, 보다 안전한 선택을 할 수 있는 환경을 제공하며, 어린이와 청소년이 어디에 있든 자신을 안전하게 지킬 수 있도록 장려할 수 있을 것이다(학교안전공제중앙회, 2023). 궁극적으로는 참여 중심의 위험교육 강화를 통해 학교 현장의 안전관리와 안전교육을 연계하여 추진하는 것이며, 학생 참여형 위험교육을 통해 안전수칙의 습득을 넘어 안전에 대한 주인의식이 함양될 수 있을 것이다.

3. 위험 요인 지각 훈련프로그램 기반 프로젝트 수업

프로젝트 중심 학습(project-based learning: PBL)은 적극적인 학습 환경을 조성하여 책을 기반으로 하는 지식의 허점을 탐구하고 사람들에게 자신감을 심어주며 타자와 소통하거나 협력할 수 있는 능력을 함양한다(유네스코, 2009). 학습자들은 주어진 실세계와 관련된 진정성 있는 문제들을 공동으로 협력하여 해결(Bender, 2012)하는 PBL 수업을 통해 학습자 스스로 주제와 관련된 정보를 수집하고 분석하여 결과물을 창의적으로 산출하고 발표하는 활동을 수행한다(김진석, 2015). 다시 말해서, PBL은 동료 학습자들에게 궁극적으로 결과물을 보여주거나 발표하는 과정도 포함된다고 할 수 있다(김진석, 2018). 이는 문제 해결하기, 의사소통, 협력, 자기 주도적 학습, 리더십, 책임감 등의 역량을 함양할 수 있을 것이다.

일반적으로 PBL수업은 교사가 교수–학습을 계획하고 다양한 스캐폴딩 전략을 활용하여 안내를 하면, 학생들은 주도적으로 학습 활동에 참여하여 발표, 토의, 토론 등의 학습 활동을 수행한다. 또한, 학습자 스스로 동료평가나 자기평가를 통해 자신의 활동을 반성하고 수정하는 일련의 절차로 진행한다(Bender, 2012).

교실수업에서 프로젝트의 효과적 수행의 주요한 특징들을 제시하면 다음과 같다(Trilling와 Fadel, 2009; 김진석, 2018).

- 프로젝트의 결과물은 교육과정 및 학습의 목표와 밀접하게 관련됨
- 질문과 문제를 통해 학습자들이 화제의 중심개념이나 원리들을 깨달도록 함
- 학습자의 탐구나 연구는 지식을 구축하는 과정을 포함함
- 학습자는 대부분의 지식들을 설계하고 주도적으로 학습함
- 프로젝트는 학습자들이 호기심을 갖는 실제적이고, 실질적인 세계의 문제나 질문들을 기반으로 함

위의 특징들을 반영하는 프로젝트 수업에서는 쟁점이나 문제를 제기하는 문제중심학습도 고려할 필요가 있다(김진석, 2025). 문제중심학습에서

는 교과내용이 내재되어 있는 문제 상황이 먼저 제시되고, '복잡한 문제 상황에서 어떤 지식과 정보가 필요한가?' '이 상황을 효과적으로 해결하기 위해서는 어떤 기술이 필요한가?' 등에 대한 결정권은 주로 학생에게 있다(Savin-Baden, 2000; 조연순 외, 2017).

학생들이 위험 요인이나 위험에 직면한 문제 상황을 해결할 수 있는 방안을 도출하는 프로젝트 수업에서, 교사는 학생들이 위험 요인을 지각·이해·예측·대처하는 능력을 함양하며, 이해에 그치지 않고 실천하는 능력을 함양할 수 있도록 수업을 설계하고 구현할 필요가 있다. 최근 전동 킥보드 등 개인형 이동장치(personal mobility)[2]로 사고가 빈번하게 발생하고 있다[3]. 이에, 위험 판단형 기반 전동 킥보드 수업 활동을 프로젝트로 설계하고 구현할 필요가 있다. 다시 말해서, Meir 외(2015)의 학습자의 위험 지각 능력을 함양하는 위험 요인 지각 훈련 프로그램(Child-pedestrians Anticipate and Act Hazard Perception Training: CA2HPT)의 단계들을 바탕으로 전동 킥보드 운전자의 관점에서 다음과 같이 단계별로 프로젝트 수업을 구현할 수 있다(김진석, 장은숙, 2024).

1단계(위험 상황 시나리오 보기): 학습자들이 실생활과 유사하게 설정한 통제된 중재(intervention) 시뮬레이션 장면을 체험하고 전동 킥보드 운

2 개인형 이동장치(personal mobility)의 종류에는 전동 킥보드, 전동 이륜평행차, 전동기의 동력만으로 작동할 수 있는 자전거 등을 말하며, 속도 25km/h 미만이고, 무게는 30kg미만임.

3 어린이보호구역 내 교통사고 시, 제5조의 13 자동차(원동기 장치 자전거 포함)의 운전자가 「도로교통법」 제12조 제3항에 따른 어린이 보호구역에서 같은 조 제1항에 따른 조치를 준수하고 어린이의 안전에 유의하면서 운전하여야 할 의무를 위반하여 어린이에게 「교통사고처리 특례법」 제3조 제1항의 죄를 범한 경우에는 다음 각 호의 구분에 따라 가중처벌함.
① 어린이를 사망에 이르게 한 경우에는 무기징역 또는 3년 이상의 징역에 처함.
② 어린이를 상해에 이르게 한 경우에는 1년 이상 15년 이하의 징역 또는 500만원 이상 3천만원 이하의 벌금에 처함.

전자에 의한 위험 요인을 탐구함. 예를 들어, 학습자들이 운전자가 되어 위험의 가상 상황을 시뮬레이션한 프로토타입의 3D 가상공간을 체험하면서 위험을 어느 정도 지각하고 있는지를 점검함.

2단계(가시화된 위험과 잠재된 위험 체험하기): 학습자들이 잠재된 위험을 예측하는 능력을 신장하도록 하기 위해 흔히 접할 수 있는 가시화된 위험의 첫 번째 시뮬레이션을 체험하도록 함. 또한, 시각적으로 볼 수 없는 잠재된 위험의 두 번째 시뮬레이션을 체험하도록 함. 예를 들어, 운전자는 어린이 보행자가 길을 건널 때, 그들의 관점에서 가시화된 첫 번째의 위험을 체험한 후, 커브길 등과 같이 위험이 실질적으로 보이지 않는 위험의 상황까지 예측하는 두 번째의 위험을 체험하도록 함.

3단계(위험을 예측하는 관점의 점진적 변화): 학습자들은 잠재적 위험을 이해하는 관점을 갖는 것이 어렵고 대개 위험을 시각적으로 볼 수 있는 관점에 머물러 있기 때문에, 다른 사람들의 관점을 받아들이려는 순간 갈등이 발생함. 실제 같은 장면도 학습자들 간 이해하는 관점이 다르게 나타나고 있음. 예를 들어, 어린이들이 길을 건널 때, 위험을 시각적으로 볼 수 있는 관점에서 잠재적 위험을 이해하는 관점으로 점진적으로 변화하도록 함.

4단계(다양성 위험 시나리오 체험): 학습자들이 새로운 조건의 위험을 이해하고, 가시적으로 볼 수 없는 정보를 채워놓도록 하며, 미래 상황을 더 예측하도록 하기 위해 유사한 상황의 과거 경험을 제시함. 예를 들어, 학습자들은 주거 지역의 비 교차도로에서 거리를 횡단할 경우, 위험에 노출되는 정도를 점진적으로 높여서 단 시간에 다양한 교통 위험의 순간을 체험함.

5단계(위험을 예상하고 실행): 많은 다른 인지적 기능처럼 학습은 지각과 실행 간 연결을 기반으로 하고 있음(Barsalou, 2008; Noice & Noice, 2001). "나는 행동한다. 고로, 나는 생각한다(Ago ergo cogito(Killeen & Glenberg, 2010: 70)"에서는 사고가 지각의 생태적 이론에 기반하고 있다는 것을 말함. 즉, 행위자와 그들이 처한 환경 간 관련성이 근본적으로 환경 및 대상물의 특성을 지각하는 자기 주도적 방식을 형성하고 있음. 실행력은 훈련에서 개발되고 형성됨. 훈련은 행동을 개념으로 발전하도록 하며(Dragutinovic & Twisk, 2006), 위험을 방관자로 관찰하기보다는 신체적으로 반응을 보일 때 효과적이기 때문임(Noice & Noice, 2001).

6단계(언어적 개념 형성(verbal component)): 위험 지각 프로그램을 통해 학습자들의 위험 지각 능력을 함양하기 위해서는 이론적으로 지도하는 요소와 실질적 실행의 요소들이 병행하는 것이 가장 효과적임(Meir et al., 2013a). 예를 들어, 중재 시뮬레이션 프로그램에 더하여 개념적 교육을 더하는 것이 운전자의 안전교육을 내실있게 구현할 수 있는 것이라 할 수 있음. 이는 학습의 깊이와 일반화를 증가할 수 있다고 할 수 있음(Novak, 2009; Thomson 외, 2005).

위의 CA2HPT의 단계를 바탕으로 전동 킥보드 운전자들이 어느 정도 위험을 인지하고 있는지를 자기평가를 통해 점검하는 프로젝트 수업을 단계별로 구현할 수 있다. 1차적 위험 관련 질적·양적 평가지에는 잠재적 재해와 불현성 재해 관련 위험의 사정, 위험의 발생, 위험 발생의 결과물 및 통계자료 등을 바탕으로 위험 요인을 객관적으로 이해하고 있는지를 측정할 필요가 있다(김진석, 2021; 김진석 외, 2021; 김진석 외, 2022; 김진석 외, 2023).

4. 위험 사례 중심 스토리텔링

스토리텔링은 단지 이야기를 듣는 것에 초점을 둔 방법이 아니라 학습자가 이야기를 들으면서도 양방향으로 참여할 수 있고, 더욱이 플롯이 전개될 때 등장인물이 겪게 되는 문제를 해결하는 데 도움을 줄 수 있다(김진석, 2023). 그래서, 이야기꾼(storyteller)인 교사와 학습자 간뿐만 아니라 학습자들 간 상호작용이 활발하게 일어나는 일련의 과정이 있다(김진석, 2025).

이야기는 안타고니즘(antagonism)을 기반으로 한 플롯이어서 주인공은 갈등을 일으키는 반동 인물(antagonist)을 만나 곤란을 겪게 된다. '학습자들은 주인공이 갈등이나 고난을 겪을 때 자기 동일시의 감정이 일어나 갈등을 해결하는 데 도움을 주는 심리(동기부여)가 강해진다'(여현덕, 2020). 그래서, 스토리텔링은 위험을 겪게 되는 주인공과 동일시가 되면서 위험이 사고나 재난으로 이어지지 않도록 위험을 대처하는 심리가 강해지도록 한다(김진석, 2025).

위험 사례 중심 스토리텔링을 설계할 때, 위험 요인, 사고, 재난 예방과 관련한 모형들 가운데 개인적, 구조적, 문화적 요인을 폭넓게 제시한 Lund와 Aarø(2004)의 모형을 살펴볼 필요가 있다. 이들은 전통적인 사고예방 접근, 즉 어떠한 위험이 존재하는지, 이러한 위험을 방지하기 위해서는 어떻게 해야 하는지에 대한 정보제공을 통해 사람들의 태도를 변화시키는 접근을 다소 비판적으로 바라보고 있다. 예를 들어, 부적절한 실험실 비커 사용이 사고를 유발할 수 있다는 정보 자체만으로는 학생들의 태도 변화 또는 안전 행동을 증가시키는 데에는 한계가 있다고 주장하고 있다(김진석 외, 2021).

Lund와 Aarø(2004)는 가족, 또래, 사회를 통한 사회화 과정에서 안전 행동 또는 위험 행동을 인지하고, 준수하는 사회적 규준과 규칙에 대한 사회화 역시 일어나는 것에 주목하였다(김진석 외, 2021; 김진석 외, 2022; 김진석 외, 2023). 이들은 사고 발생에 영향을 미치는 개인적, 조직적, 문화적 요인을 포함한 종합적인 사고 발생 모형을 다음 그림과 같이 제안하였다(김진석 외, 2021; 김진석 외, 2022).

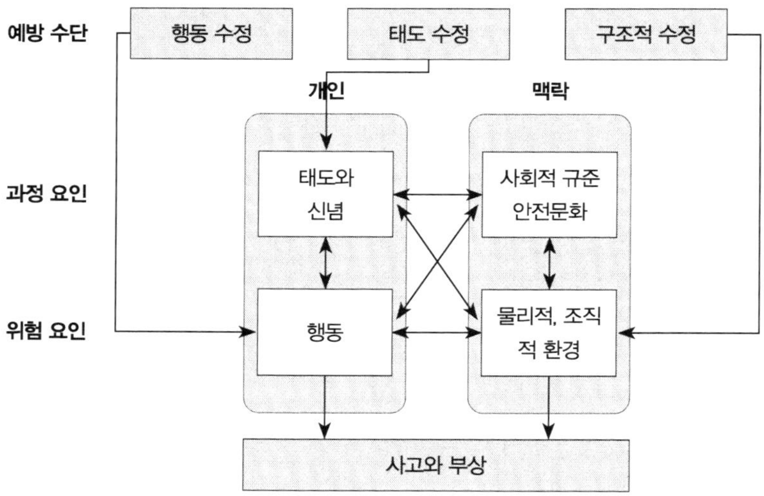

[그림 5] Lund와 Aarø(2004)의 위험 요인과 사고 발생 모형

위 모형은 사고 발생에 영향을 미치는 개인적 요인을 태도 수정과 행동 수정의 메커니즘으로 제시하였으며, 특히 전통적인 사고 예방 문헌에서는 다소 간과되었던 상황적 요인에 주목하였다(김진석 외, 2021). 개인의 태도나 행동의 변화만으로 사고의 증가나 감소가 완전히 설명되지 않으므로 상황적 요인으로 사회적 규준, 안전 문화와 같은 공동체와 관련된 요인과 더불어 물리적·조직적 환경의 변화가 안전사고 예방에 더 효과적일 수 있다.

교사는 Lund와 Aarø(2004)의 모형에서 말한 사회적 규준, 안전 문화와 같은 공동체와 관련된 요인과 더불어 물리적·조직적 환경의 변화가 안전사고 예방에 더 효과적이라는 점을 고려하여 스토리텔링을 설계할 필요가 있다. 물론, 학교안전공제회의 10만 건 이상의 사고 사례들 중 다음의 사례를 위험 리터러시 기반으로 스토리텔링할 수 있다(김진석 외, 2021; 김진석 외, 2022; 김진석 외, 2023).

- 사례 1(개인요인으로는 판단미숙 또는 과다의욕이고, 또래요인으로는 부추김이며, 시설요인으로는 시설물 결함 등으로 분석됨. 김진석 외, 2021)

  2018년 8월 점심시간에 친구들과 운동장의 휘어진 농구 골대 림을 바로 펴기 위해 목마를 타고 골대 림을 세게 잡아당기다가 골대가 학생 쪽으로 넘어와 학생의 두부가 손상되어 사망한 사고(학교안전 중대 사례 연구집, 학교안전공제중앙회-2017-11).

- 사례 2(개인요인으로는 주의소홀 등으로 분석됨. 김진석 외, 2021)

  2002년 11월 6일 15:04경 유치원(서울) 지하 미술실에서 간식시간에 간식을 먹기 위하여 유아들을 모아 놓고 간식을 나누어 주는 도중에 사고 원아가 그

릇에 담겨있는 국물을 가지고 가다가 본인 부주의로 배식통을 보지 못하고 걸려 넘어지면서 양 팔꿈치, 양다리 및 엉덩이에 화상을 입어 수술 및 입원 치료를 받고 그간 소요된 치료비를 신청함(학교안전공제중앙회 자료집).

- 사례 3(시설요인으로는 시설물 결함 등으로 분석됨. 김진석 외, 2021)

2012년 10월 11시경 3학년이 반별로 체력검사를 하였고, 체력검사 종목 중 50m 달리기를 하다 도착지점 앞바닥의 요철에 걸려 넘어진 사고. 십지인대 파열이라는 진단을 받고 수술 시행(학교안전 중대 사례 연구집, 학교안전공제중앙회-2017-11).

- 사례 4(개인요인으로는 주의소홀, 또래요인으로는 부추김 또는 모방 등으로 분석됨, 김진석 외, 2021)

2019년 A학생이 체육수업을 듣기 위해 쉬는 시간에 체육관으로 이동하던 중이었음. 비가 내려 계단이 조금 미끄러운 상태였음에도 A학생과 B학생은 어깨동무를 함께 하면서 이동하던 중 친구 B학생이 넘어지면서 같이 넘어지게 되었음. 넘어지던 장소가 스탠드가 있는 계단으로 굴러 넘어져 스탠드 벽면에 부딪치면서 발생한 사고임(학교안전공제중앙회 자료집).

- 사례 5(개인요인으로는 판단미숙, 과다의욕, 주의소홀 등으로 분석됨.김진석 외, 2021)

2019년 자유학기제와 관련하여 1학년 현장체험학습(스키 캠프)을 실시하던 중, 혼자서 낮은 슬로프에서 연습하다가 넘어지면서 무릎인대가 손상된 사건임(학교안전공제중앙회 자료집).

• 사례 6(개인요인으로는 주의소홀, 개인 특수성의 요인으로 발달장애 등으로 분석됨) (김진석 외, 2021)

2019년 000(일반학교의 특수학급 학생)이 점심시간에 밥 먹으러 급식실에 뛰어 가던 중 다른 학생이 점심을 먹고 스포츠 수업을 가기 위해 가지고 가던 신발주머니 끈(당시 신발주머니 끈을 길게 늘어지게 잡으며 가고 있었음)에 걸려 넘어지면서 급식실 근처 손잡이 철봉에 부딪힌 후 바닥에 넘어지면서 치아 및 치조골을 다친 사고. 윗니 3개를 발치했으며 윗니 치조골이 파열되어 장기간 치과 치료가 필요함(학교안전공제중앙회 자료집).

• 사례 7(개인요인으로는 과다의욕, 또래요인으로는 휘말림 등으로 분석됨. 김진석 외, 2021)

2019년 2018.05.09.(수) 3교시 체육수업 중, 급우들과 축구경기를 실시함. 게임 중 공중 볼을 다투는 과정에서 점프하여 착지하는 순간, 균형을 잃어 오른 쪽 무릎에 통증을 호소하여 보건실 진료를 위해 이동시킴(학교안전공제중앙회 자료집)

• 사례 8(개인요인으로는 주의소홀 등으로 분석됨. 김진석 외, 2021)

2010년 3월 10일 9시 30분경 학교 체육관에서 야구와 농구로 나누어 수업을 하던 중 굴러가던 농구공을 주우러 달려가던 학생을 미처 발견하지 못하고, 야구놀이를 하던 학생이 나무 방망이를 휘두르면서 같은 반 학생 얼굴 치아 부분을 맞춰 입술 열상 및 앞니 치아 4개가 파절된 사고(2021 하계 교직원 표준 안전연수 자료집).

• 사례 9(개인요인으로는 판단미숙, 심한장난, 또래요인으로는 부추김, 방조 등으로

분석됨. 김진석 외, 2021)

수련관 1층 숙소에서 다른 학생들과 베개 싸움을 하던 중 창문을 넘어 베란다를 통해 옆 호실로 이동 중 베란다 아래 약 5미터 상당의 구덩이에 추락하여 척추 장애를 입은 사고(2021 하계 교직원 표준 안전연수 자료집).

- 사례 10(개인요인으로는 주의소홀 등으로 분석됨. 김진석 외, 2021)

  2004년 5월 19일 10시경 00초등학교 3학년(울산) 학생은 2교시 수업을 위하여 음악실로 이동하여 음악실에서 선생님을 기다리던 중 같은 반 친구가 던진 부메랑에 오른쪽 눈을 맞아 실명(2021 하계 교직원 표준 안전연수 자료집).

위 사례들을 활용하여 스토리텔링 스크립트를 구성할 때, 위험 관리와 위험 리터러시를 고려해야 한다. 여기에는 위험 관리의 과정, 위험 커뮤니케이션의 과정, 위험 관리의 테크닉, 위험 커뮤니케이션의 테크닉, 신뢰의 중요성, 위험 요인 분석·예측·판단·대처 능력 등을 고려해야 한다. 이 과정이 제대로 실행되지 않으면 행동의 부주의, 지식 부족, 안전 규칙의 미이행, 판단력 미흡 등으로 안전사고가 발생할 수 있기 때문이다. 그래서, 교사는 학습자들이 위험 요인에 대한 인식과 대처 능력을 기르기 위해 위의 사례들을 바탕으로 스토리텔링 수업을 설계한다. 궁극적으로 스토리텔링을 통해 다음과 같이 위험 요인에 대한 학습자들의 주관적인 위험 인식과 객관적 위험 인식 간 간극을 최소화하는 것이다.

2018년 8월 점심시간에 친구들과 휘어진 농구 골대 림을 바로 펴기 위해 목마를 타고 골대 림을 세게 잡아당기다가 골대가 학생 쪽으로 넘어와 학생의 두부가 손상되어 사망한 사고 (학교 안전 중대 사례 연구집, 학교안전공제중앙회-2017-11]

- 개인요인: 판단미숙 또는 과다의욕
- 또래요인: 부추김
- 시설요인: 시설물 결함

[그림 6] 객관적 위험과 주관적 위험 간 간극 좁히기

객관적 위험과 주관적 위험 간 간극을 좁히기 위해, 교사는 스토리텔링을 구현할 경우, 학습자들이 위험을 제대로 인식할 수 있도록 지속적이고 체계적으로 스캐폴딩이나 피드백을 주어야 한다. 또한, 위험 대응 능력이 현저하게 떨어지는 학습자들에게는 맞춤식 스캐폴딩과 모니터링을 통해 학습자의 위험 인식과 관리 역량을 함양할 필요가 있다.

5. 위험 리터러시 기반 체험 중심 안전교육

앞 절에서 '효과적인 안전교육을 위한 10가지 원칙'의 타당성을 점검하였다(RoSPA, 2008). 원칙들 중 학습자들이 체험학습을 통해 교수 및 학습에 적극적으로 참여하도록 하는 것을 강조한 바 있다. 2021년 교육부에서 발표한 제3차(2022~2024년도) 학교안전사고 예방 기본계획에 의하면, 위험 리터러시 및 체험시설 활성화가 미흡하고, 생활 속 다양한 위험 요인에 대한 감수성과 자기 주도적인 위기대처능력을 신장하는 기회가 부족하기 때문에, 안전체험시설을 활용한 체험 중심 안전교육의 활성화를 강조하고 있다.

체험교육은 체험학습이 조직적으로 이루어지도록 교육철학이 반영된 것으로 체험 시스템 및 기기들을 이용하여 체험학습의 기회를 극대화하고, 실제적인 활동과 경험에 대한 반성을 통한 학습을 이루고자 하는 것이다(고미숙, 2006). 무엇보다도, 학교에서의 안전교육은 학생들이 체험교육을 통해 생활 속에서 실천하게 하는 것이 중요하다. 다시 말해서, 이론 중심의 학습이 아니라 놀이 및 생활 경험과 연관된 체험활동을 통해 몸으로 체득할 수 있도록 수업을 설계하고 운영(유병열 외, 2019)하여 안전교육이 내실있게 강화되어야 한다.

체험교육은 직접적인 경험과 그 경험에 대한 의도적인 반성이 이루어지도록 함으로써 다음과 같이 유의미한 학습을 낳도록 하는 교육철학이다(고미숙, 2007).

- 학습자의 경험과 그 경험에 대한 반성을 조직화시키는 교육의 과정이며, 세계와의 관계 속에서 경험을 해석하고 의미를 부여함으로써 학습자에게 유의미한 학습이 이루어지도록 하는 과정임.
- 경험이나 지식이 학습자 개인의 것으로 내면화하도록 함.
- 체험교육은 교실 내에서 교실 밖에서 어느 곳에서든 가능한 교육이고, 경험만으로는 체험교육이라 불려질 수 없음.
- 체험교육은 학생들의 직접적인 경험을 통해서 이루어지지 때문에 학생들의 능동적인 참여를 통해 학습에 의미를 부여하게 됨.
- 체험교육이 이루어지기 위해서는 학교의 힘만으로는 불가능하고, 학교와 지역사회의 긴밀한 연계를 통해서 지역사회가 하나의 교육의 장으로서 제 구실을 해야 함.

교육부(2020)에서는 위의 내용을 반영하여 체험교육의 방향을 안전교육에서 위험교육으로 패러다임을 전환하여 학생들이 위험 상황을 예측하고 위험을 제거·감소할 수 있도록 올바른 의사결정(risk literacy)과 행동실천(risk control) 능력을 향상시키는 방안을 수립하고 추진하고 있다.

안전수칙의 습득과 습관화를 목적으로 이론 및 규칙 중심 안전교육을 실시한 안전교육에서 체험을 통해 위험 상황을 인식·이해·분석·예측하고, 행동으로 실천할 수 있는 태도·지식·기능을 길러 위험 가능성을 최소화하여 안전사고를 예방하며, 안전사고 발생 시 대처하는 능력을 강화하는 위험교육으로 패러다임을 바꾸고 있다. 이는 단순한 강의식 교육보다 학생 안전 체험시설의 체험 프로그램과 같이 상호작용에 기반한 프로그램이기 때문이다(김종훈 외, 2021).

2015년 체험 중심의 학교 안전교육 강화 정책(교육부, 2015)에 의해, 17개 시·도교육청에 학생 안전 체험관 건립을 위한 예산을 지원하고 있고, 9개 시·도교육청은 교육부로부터 예산을 지원받아 종합형 안전 체험관, 소규모 안전 체험관, 교실형 안전 체험관, 이동형 안전 체험 버스 등과 같이 다양한 유형으로 체험 위주의 안전교육 시설 건립을 추진·운영하고 있다(김진석 외, 2021).

각 체험관을 위험교육의 관점에서 다음과 같이 재개념화할 수 있다(김진석 외, 2021; 김진석 외, 2022).

- 종합형 안전 체험관: 학습자들이 위험 상황을 인식·이해·분석·예측하고 위험에 대처할 수 있도록 안전교육 7대 표준안과 연계하여 직접적이고 능동적으로 체험하는 교육
- 소규모 안전 체험관: 학생교육원, 연수원, 폐교 등 기존 시설을 리모델링하

여 학습자들이 위험 상황을 인식·이해·분석·예측하고 위험에 대처할 수 있도록 직접적이고 능동적으로 체험하는 교육

- 교실형 안전 체험관: 학교 내 유휴 교실을 활용하여 학습자들이 위험 상황을 인식·이해·분석·예측하고 위험에 대처할 수 있도록 교통안전, 생활안전 등에 초점을 둔 에듀테크 기반 실감형 강의 중심의 체험 교육
- 이동형 안전 체험 버스: 차량 내 안전체험 시설을 설치하여 유치원 및 초등 저학년들이 위험 상황을 인식하고 이해하여 위험에 대처할 수 있도록 찾아가는 에듀테크 기반 실감형 강의 중심의 체험교육

안전체험교실에 구성되는 안전체험 시설 모형은 크게 ①교통안전 시설 모형, ②응급처치 시설 모형, ③재난안전 시설 모형, ④승강기안전 시설 모형, ⑤약물 및 폭력안전 시설 모형으로 구성되어 있으며, 학교 현장의 수용 가능한 공간적 규모에 각 모형은 2016년 교육부에서 발표한 『7대 안전교육 표준안』의 685개 교육프로그램 중 안전체험교실에 적용 필요도가 높다고 도출된 243개의 교육프로그램을 기반으로 개발되었다(박성철, 2016).

교실형 안전 체험관에서는 학생들의 흥미와 관심을 유발할 수 있도록 다양한 체험 중심의 수업 방법을 활용하도록 하고 있다(유병렬 외, 2019). 교실수업에서 학생들은 안전 규칙을 인지하는 데에서 그치지 않고 학습자들이 능동적으로 수업에 참여하여 직·간접으로 체험하는 수업이 되도록 하는 데에 역점을 두고 있다. 예를 들어, 교사는 시청각 교육법, 소그룹 토의, 게임 및 놀이, 역할 놀이, 실습, 가상 학습, 사례 발표, 견학 등을 활용하여 직·간접 체험 중심의 학생 참여형 수업이 되도록 설계하고 운영한다(유병렬 외, 2019).

그러나 체험관의 유형별로 안전교육이 내실있게 운영되어야 하지만, 체험관 운영의 실태 분석에 의하면 개선할 부분들은 다음과 같다(김진석 외, 2021; 김진석 외, 2022).

첫째, 차우규(2017)의 "학교안전교육 실태분석과 과제"에 의하면, 안전교육 체험시설의 이용과 관련해서 가장 큰 문제는 체험교육에 대한 수요와 공급의 불균형을 지적하고 있다. 구체적으로, 1) 학교급별 학생들의 발달 수준에 적합한 체계적인 안전교육 매뉴얼이 개발 및 보급되어야 하고, 2) 종합안전체험시설이 확대 설치되어야 하며, 3) 학교급별 학생들의 발달 수준에 적합한 맞춤형 안전교육체험 시설과 프로그램이 확충되어야 한다. 또한, 4) 맞춤형 안전교육 체험학습 시설 및 프로그램의 폭넓은 제공을 위해서는 이동식 방문 체험교육 시설과 장비가 갖추어져야 하고, 5) 기존의 분산된 안전교육을 통합하고 안전교육 관련 계획 수립을 위한 전문 부서 또는 기관을 지정하여 학교 및 체험시설에서 안전교육 계획을 수립하도록 해야 함을 제안한다.

둘째, 조진일 외(2016)의 "학생 안전체험교육시설 구축을 위한 체험형 안전교육프로그램 도출 기초연구" 결과, 체험교육활동의 성격에 따라 폭력 및 신변안전분야, 약물 및 사이버중독분야와 같은 정적 체험교육을 위한 공간과 교통안전분야, 생활안전분야, 재난안전 분야 등과 같은 동적 체험교육을 위한 공간을 구분할 필요가 있고, 또한 145차시의 교육활동을 위해 독립된 145개의 체험 공간을 마련할 수 없으므로, 교육활동이 유사한 교육프로그램들을 유형화하여 그루핑하고 이를 대응할 수 있는 최소한의 표준화된 공간을 개발하는 것이 필요하다고 주장한다.

셋째, 유용흠, 박성철, 김지아, 이호용(2020)의 "안전체험교육시설 운영 모니터링 보고서"에 의하면, 1) 강사인력의 채용이나 충원에 대한 일원화된 기준이 부재하여 각 시·도는 자체 자격 기준을 세우고 그에 따라 강사의 임용을 추진하고 있으나 그 기준이 매우 다양하고 광범위하여 강사 대우에 대한 지역별 편차가 크고, 2) 이동형의 경우 운전 및 차량 관리를 운전주무관 1인이 전담하고 있으나 대비인력이 부재하여 유사시에 대한 대책이 사실상 전무하며, 3) 학생 이동에 필요한 차량에 대한 별도의 지원이 없고, 4) 현재 운영 중인 체험관들은 대부분 개관 후 1년 미만으로 설비에 대한 품질보증서비스 기간 내에 있으나 AS기간 만료 후의 시설 유지보수 문제에 대해서는 미리 고민해 둘 필요가 있는 것으로 나타났다. 또한, 5) 체험관을 재방문한 학생들의 경우 고정된 시설 및 콘텐츠를 통해 교육받았을 때 효과 및 관심도가 낮아질 수밖에 없는 한계점이 있고, 6) 안전체험교실의 경우 전담교사의 업무 부하 증가에 따른 업무 기피 및 체험관 이용률 저하 등의 현상이 나타나고 있다. 더욱이, 안전체험교육시설 운영의 개선 방향으로, 1) VR이나 4D영상을 이용한 유아 대상의 실감형 교육이 있다면 교육적 효과를 제고할 수 있고, 2) 체험형 교육을 즐거워하지만, 위험 상황에 대한 심각성을 인지할 수 없을 수도 있어서 위험에 대한 개념을 구두로 설명할 수 있는 교수법이 마련될 필요가 있으며, 3) 종합형 내에서 학교급별로 나누어 교육할 수 있는 방법을 강구할 필요가 있음을 제안하였다. 이에, 교육매뉴얼 상 학생 대상의 교수법은 학교급에 따라 상이하나 동일한 시설을 이용하여 교육해야 하는 데에서 오는 애로사항이 있고, 교육효과를 제고하기 위해 학교급별에 따른 교육매뉴얼 및 교육영상의 주기적 보완이 필요하다고 할 수 있다.

넷째, 김종훈 외(2021)의 연구에 의하면, 위험 요인에 대한 각성(hazards alertness), 예방적 조치에 관한 지식(preventive knowledge), 위기

발생 시의 대처 기술(response skill), 위기 대처에 대한 자신감(confidence)으로 세분한 분석의 틀로 생활 안전, 교통안전, 폭력신변, 약물 사이버 중독 예방, 재난 안전, 직업 안전, 응급처치 분야 관련 체험 프로그램의 효과를 분석한 결과, 위험 요인에 대한 인식 기회의 제공이 미흡하고, 예방하기 위한 조치에 관한 지식 전달이 미흡하며, 응급처치 방법의 체험 기회가 일부 분야에서 제공되고 있지만 올바른 대처 기술을 체험한다고 볼 수 없는 분야도 있는 것으로 나타났다. 이런 결과를 바탕으로, 학생들이 체험을 통해 행동으로 실천할 수 있는 기능 및 태도를 길러 안전사고 발생 시 대처하는 능력을 강화하기 위해서는 언제 어디서나 일어날 수 있는 위험성을 예측하고 대비하는 위험 리터러시 교육으로 안전교육을 전환하고, 다양한 재해 재난을 대비할 수 있는 즉각적인 변화와 즉각적인 대응이 가능하도록 위험 리터러시를 함양하는 새로운 안전 체험 프로그램 개발 및 시설 확충을 주장한다.

다섯째, 안전체험관에서 설치된 체험교육 시설물은 관찰자형, 직접 체험형보다는 위험 판단형 중심으로 개발되어야 한다. 안전체험관의 교육 시설물을 관찰자형, 직접 체험형, 위험 판단형으로 나누어 다음과 같이 분류할 수 있다(김진석 외, 2021; 김진석 외, 2022).

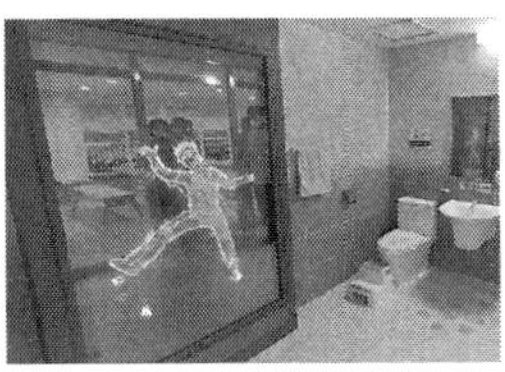

관찰자형

직접 체험형

위험 판단형

관찰자형 시설물은 학습자가 위험이 발생하는 상황을 제3자의 관점으로 살펴보는 형태를 가리킨다. 학습자는 실내 화장실에서 발생할 수 있는 위험을 살피고, 상황과 관련된 안전 규칙을 학습한다. 이 유형에서 학습자는 주어진 상황에 대한 위험성을 인지하고, 위험을 해결하기 위해 필요한 지식을 습득하게 된다.

직접 체험형은 학습자가 위험한 상황을 경험하는 형태를 일컫는 것으로, 학습자는 지하철의 화재 상황에서 안전하게 탈출하는 경험을 한다. 이 유형에서 학습자는 주어진 상황에서 시설물이 설정한 위험 상황을 체험하게 된다. 관찰자형과 마찬가지로, 학습자는 주어진 상황에 대한 위험성을 인지하고, 위험 해결과 관련된 안전 지식을 습득하게 된다. 그러나 관찰자형과는 다르게, 학습자가 방관자가 아닌 체험자로서 위험 상황을 직접 경험한다는 점에서 더욱 몰입감을 가지고 학습에 참여할 수 있다(김진석 외, 2021; 김진석 외, 2022).

위험 판단형은 주어진 상황에서 학습자가 내재한 위험을 인지하고, 그에 따라 안전한 행동을 할 수 있도록 제작된 시설물을 가리킨다(김진석 외, 2021; 김진석 외, 2022). 학습자는 도로에 내재한 위험을 직접 감지하는 경험을 하게 된다. 관찰자형이나 직접 체험형과는 다르게, 이 유형에서 학습자는 시설물이 미리 설정한 위험을 수동적으로 받아들이지 않고, 학습자 자신이 직접 능동적으로 위험을 감지한다. 또한, 그에 따라 안전한 행동을 결정할 수 있으며, 행동의 결과를 경험하거나 스스로 예측할 수 있게 된다. 이를 통해, 학습자는 위험과 관련된 지식을 습득하는 것에서 나아가, 위험 요소 감지 능력과 함께 위험에 대한 대처 능력 또한 기를 수 있을 것이다(김진석 외, 2021; 김진석 외, 2022).

안전체험관의 시설물은 관찰자형, 직접 체험형의 시설물에 집중된 경향을 보인다. 즉, 7대 안전 표준안에 따라 구성된 다양한 시설물을 체험할 때, 학습자는 수동적인 관찰자 관점에 머무르거나, 미리 설계된 위험 상황을 객체로서 체험하게 된다(김진석 외, 2021; 김진석 외, 2022). 한편, 위험 판단형과 같이 학습자에게 위험 판단의 경험을 제공하는 시설물도 일부 이용 가능했다. 그러나 대부분의 경우, 위험 판단 단계가 안전 행동 실행이나 행동 실행 결과를 체험하는 단계까지 나아가지 못하는 모습을 보였다. 따라서, 학습자들이 위험을 인지하고 대처하도록 시설물들을 위험 판단형으로 개발할 필요가 있다(김진석 외, 2021; 김진석 외, 2022).

안전체험관의 신기술 기반 체험교육 신규 콘텐츠는 교사와 학생 간 또는 학생들 간 상호작용이 활발하게 이루어지고, 학습자들이 학습동기를 유발하고 수업 참여도를 제고할 수 있도록 하며, 학습자의 위험 인지 감수성을 성장할 수 있도록 개발할 필요가 있다(김진석 외, 2021; 김진석 외, 2022). 또한, 신규 콘텐츠는 학습자들의 인지적 및 정의적 수준에 적합하게 개발하며, 학습자들의 학습 가능성(learnability) 및 교육 가능성(teachability)을 고려하여 개발해야 한다(김진석 외, 2021; 김진석 외, 2022).

위의 원칙들을 고려하여 학습자들이 안전하게 횡단보도로 길을 건너는 컨텐츠를 Meir 외(2015)의 학습자의 위험 지각 능력을 함양하는 위험 지각훈련프로그램(Child-pedestrians Anticipate and Act Hazard Perception Training: CA2HPT)을 기반으로 다음과 같이 개발할 수 있다(김진석 외, 2021; 김진석 외, 2022).

첫째, 시야가 가려지는 상황에서의 보행자 안전부터 점진적으로 잠재적 위험 요인에 대해 지도사의 안내를 받는 일련의 과정으로 구성한다. 무엇보다도, 질문이나 토론을 통해 지도사와 학습자들 간 또는 학습자들 간 상호작용이 원활하게 이루어져야 한다.

둘째, 학습자들이 스스로 위험을 판단할 수 있도록 실제와 비슷한 위기 상황을 제시한다. 이때 위기 상황은 동기유발이 되고 참여를 제고하는 진정성(authenticity)있는 시나리오로 구성되어야 한다.

셋째, 학습자들이 주어진 상황에서 길을 건널 것인지를 판단할 수 있도록 한 후, 시간이나 장면을 일시적으로 정지시켜 위험 요인을 스스로 찾도록 함으로써 위험 요인을 지각, 이해, 분석하고, 대처하는 능력을 함양할 수 있을 것이다.

넷째, 신호등이 있는 경우와 신호등이 없는 경우의 위험 요인을 인지하도록 하고, 사각지대와 같이 잠재된 위험 요인도 고려하여 위험 요인을 판단하도록 할 수 있다.

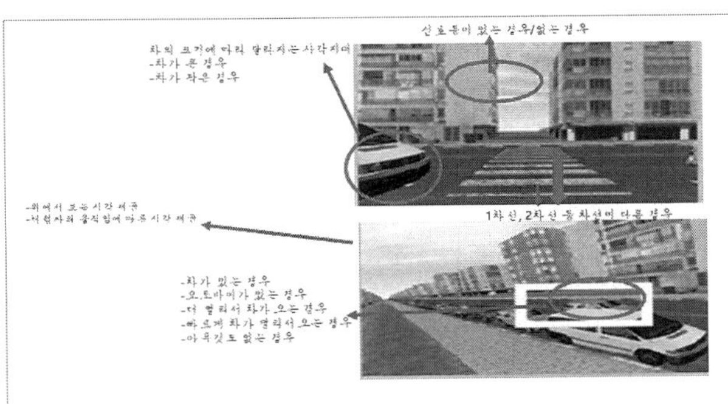

위와 같은 방식으로 구성한 체험관에서 활용할 위험교육의 시나리오를 가상현실 또는 증강현실 등과 접목하여 몰입감있는 상호작용의 지능화

를 구축함으로써 고위험 체험이 불가능하고 고대가성 영역[4]인 체험교육의 실제성을 제고할 수 있을 것이다(김진석 외, 2021; 김진석 외, 2022).

학습자들이 위험을 인지하고 위험을 제대로 대처할 수 있도록 가상현실 위험체험 교육 콘텐츠의 시나리오뿐만 아니라 콘텐츠 구현 기술에 사용자의 상호작용이 현저하게 구현되도록 개발되어야 한다(김진석 외, 2021; 김진석 외, 2022). 콘텐츠가 개발되었을 경우, 내용 측면에서는 ① 재난관리 단계별 교육내용, ② 상황 연출, ③ 수행능력 평가, ④ 정보 활용 등 네 가지 항목을 점검하고, 형식 측면에서는 ⑤ 시점, ⑥ 그래픽 구현 방법, ⑦ 교육내용 전달 방식, ⑧ 상호작용, ⑨ 4D 체험의 다섯 가지 항목을 점검할 필요가 있다(장선희, 장효진, 김성훈, 2021).

핵심개념

- 변혁적 역량(transformative competence)
- 관점의식(perspective consciousness)
- 총체적 학교접근 방식
- 효과적인 교실수업의 요인
- 프로젝트 중심 학습(project-based learning)
- 위험 요인 지각 훈련 프로그램
- 안타고니즘과 반동 인물(antagonist)
- 위험 요인과 사고 발생 모형
- Identify-Design-Execute-Assess-Reflect(IDEAR)

4 VR, AR, MR, XR은 HMD(Head Mounted Display)와 같이 시청각 등 센서를 통한 감각 추적이 가능한 몰입형 디바이스와 실사 영상 및 3D(4D) 그래픽 모델링 기반으로 구현된 가상환경에서 실감있는 체험을 제공함. 가상현실 관련 기술은 몰입감, 상호작용, 지능화와 같은 그 특성에 따라 고위험(dangerous), 체험불가(impossible), 고대가성(counter-productive), 고비용(expensive) 분야에 활발히 적용되고 있음(이자연, 2019).

제5장 연습문제

1. 변혁적 교육은 학습자들이 위험 리터러시 기반으로 위험을 인식하고 판단하여 실생활에 실천하도록 한다. 이를 위해서는 위험 리터러시 기반 관점의식(perspective consciousness)의 시각을 갖는 것이다. Merryfield & White(1996: 178)의 관점의식을 고려하여 학습자의 위험 리터러시 기반 안전의식을 고양하는 교수-학습 방법에 대해 설명하시오.

2. 효과적인 교실수업의 10가지 원칙을 고려하여 총체적 학교 접근 방식에 기초한 프로젝트를 학교와 교육 당국, 관계 행정기관, 전문 기관, 지원기관과 공동으로 추진할 수 있다. 유관 기관의 적극적인 협력을 통한 학교 안전 분야별 증진 강화 사업을 추진하는 프로젝트를 제시하시오.

3. 학습자의 위험 지각 능력을 함양하는 위험 요인 지각 훈련 프로그램(Child-pedestrians Anticipate and Act Hazard Perception Training: CA2HPT)의 단계들을 바탕으로 자동차 운전자의 관점에서 단계별로 프로젝트 수업을 설계하시오.

4. 안전체험관에서 설치된 체험교육 시설물은 관찰자형이나 직접 체험형보다는 위험 판단형 중심으로 개발되어야 한다. 안전체험관의 교육 시설물을 관찰자형, 직접 체험형, 위험 판단형으로 나누어 설명하고, 위험 판단형으로 교통안전을 지도하기 위해 체험관 시설을 어떻게 개발할 필요가 있는지를 기술하시오.

제6장

위험 리터러시 기반 수업 설계와 과제(task)

위험교육은 위험에 대한 인식을 높이고 위험을 관리하는 것을 목적으로 한다.
– Antoine et al, (2013)

생각하기

1. 위험 리터러시 기반 인지능력의 단계를 학교급별로 어떻게 구분할 수 있을까?
2. 위험교육을 효과적이고 적절하게 구현할 수 있는 수업모형의 조건은 무엇인가?
3. 학교급별에 적합한 위험 리터러시 기반 과제에는 어떤 것이 있는가?

교사는 10개 범교과 학습 주제 중 안전교육의 교육과정을 바탕으로 연간계획, 단원 계획 및 본시 계획을 구성할 필요가 있다. 무엇보다도, 위험 요인에 대한 시대적·사회적 요구와 학습자의 요구를 반영하여 주제를 설정하고 계획해야 한다. 학습자의 창의·융합 능력을 함양하기 위해 연간 계획, 단원 계획, 본시 계획의 내용, 교수–학습 방법, 평가를 구체적으로 교수–학습 도구 구성, 교수–학습 계획 및 자료 개발 계획, 평가계획, 시퀀스 계획 및 단원진도 계획 등으로 세분하여 설계해야 한다. 이 장에서는 수업 설계 시 교사의 역할, 빅 아이디어 기반 단원 및 차시 수업 설계의 방안, 수업 모형과 그에 따른 과제(task) 개발의 방향에 대해 살펴보고자 한다[1].

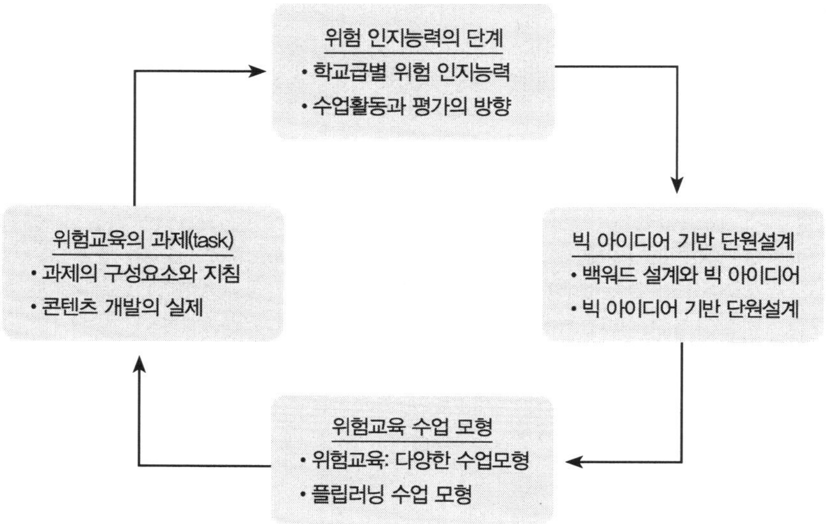

[그림 1] 핵심 내용 흐름도

1. 위험 인지능력의 단계와 교수 · 학습 방향

학습자들은 위험 요인을 인지하여 위험 요인이 사고나 재난으로 이어지지 않도록 적극적이고 능동적으로 대비하는 태도를 기르고, 위험을 지각 · 이해 · 분석 · 예측 · 결정하는 지식 및 기능을 함양하며, 위험을 신중하게 예측하고 대처하는 실행력을 함양해야 한다. 학습자들이 다음과 같은 중대 사고가 일어나지 않도록 대비하기 위해서는 위험 요인을 제대로

1 이 장은 김진석(2018), 김진석(2022a, b, c, d, e), 김진석 외(2021, 2022, 2023)를 위험교육의 관점에서 수정 · 보완한 것임.

파악해야 한다.

사례

2019년 고등학교 체육수업 6월 12일(화) 아침 휴식 시간인 8시 32분 경, 피해 학생은 학교 뒤 옹벽을 타고 넘어가려다 손으로 지지대를 제대로 잡지 못한 상태에서 발을 헛디뎌 낙상하는 사고가 발생함. 7~8m쯤 되는 높이에서 발이 먼저 땅에 닿는 형태로 떨어졌음. 사고 직후 주변에 있던 학생들이 보건 선생님께 신고하여 보건 선생님이 현장에 가서 상태를 확인하고 응급조치를 하며 119에 신고를 하였고, 인근 병원으로 후송했음(학교안전공제중앙회 자료집).

위 사례는 학교 뒤 옹벽을 타고 넘어가려다 손으로 지지대를 제대로 잡지 못한 상태에서 발을 헛디뎌 낙상하는 사고로, 개인 요인이나 또래 요인 등으로 사고가 발생하였다. 피해 학생이 7~8m쯤 되는 높이의 옹벽을 넘으려는 시도는 위험 요인이라 할 수 있다. 피해 학생이 위험 요인을 제대로 인지하지 못하고, 위험 요인이 사고로 이어질 것이라는 예측하지 못한 채 감수할 수 없는 위험을 과감하게 실행한 결과다. 피해 학생의 개인 요인으로는 판단 미숙, 과다 의욕, 주의 소홀 등으로 볼 수 있고, 피해 학생의 위험한 행동을 방조한 또래 요인 등이 있을 수 있다.

이러한 상황을 제대로 판단할 수 있도록 교사는 학습자의 인지 발달 단계를 고려하여 수업을 설계할 필요가 있다. 피아제는 인간의 행동 구조를 생물학적인 배경과 인식론에 근거한 철학적 관심을 바탕으로 발달단계를 제시하고, 그 단계에 적합한 수업 활동을 구현할 필요가 있다고 주장한다(김진석, 2023). 그는 출생에서부터 2세까지 감각 운동기(sensory-motor stage), 2세에서 7세까지를 전조작기(pre-operational stage), 7세부터 11세까지를 구체적 조작기(concrete operational stage), 11

세부터 16세까지 형식적 조작기(formal operational stage)로 세분하였다(Cranston, 1995). 각 단계의 특징을 정리하면 다음 그림과 같다(김진석, 2023).

단계	나이	특징
1단계 (감각 운동기)	출생~2세	• 급속한 뇌 발달, 언어 발달 기초단계, 문제상황에 대한 반응에서 감각적인 해결로 발달해 감, 행동보다 머릿속에서 생각으로 실험(내적 표상)해 보는 것이 많음
2단계 (전조작기)	2세~7세	• 문제 상황이 표출되어 해결됨, 언어 발달, 자기 중심적 사고, 실제적인 사회적 행동이 시작됨, 도덕적 사고 형성
3단계 (구체적 조작기)	7세~11세	• 논리적 조작이 발달하여 구체적 문제에 적용, 복잡한 언어나 가설 문제는 해결하지 못함, 의지 발달, 자주성 발현 시작
4단계 (형식적 조작기)	11세~16세	• 모든 문제를 논리적으로 해결, 과학적 사고, 복잡한 언어, 가설 등을 설정, 관념적 정서 발현, 인격형성

[그림 2] Piaget의 발달단계

위 그림에서와 같이, 행동보다는 생각으로 실험해 보는 언어 발달의 초기 단계인 감각 운동기부터 언어가 발달하고 문제를 해결하기 시작하는 전조작기, 논리적 조작이 발달하여 구체적 문제에 적용해 보는 구체적 조작기를 거쳐 모든 문제를 논리적으로 해결하는 과학적 사고의 시기인 형식적 조작기에 이르게 된다(김진석, 2009). 구체적 조작기에 적합한 수업 활동으로 '사물 분류하기'를 들 수 있다. 또한, 형식적 조작기에는 '공원의 지도를 설명하거나 그림들 간 유사점 및 차이점을 묘사'하는 활동을 들 수 있다(김진석, 2023).

위험교육에서 교사는 학습자의 인지능력을 고려하여 수업의 방식을 결정할 필요가 있다. 다시 말해서, 학습자의 인지 수준이나 주제에 따라 지식 기반 독립형 위험교육(top–down) 방식이나 기능 기반 통합형 위험교육(bottom–up) 방식 중 하나를 선택하여 수업을 설계한다.

- 지식 기반 독립형 위험교육(top–down)
  입문 과정, 규칙 확인, '사고 이야기', '위험 요소 발견' 활동지, 모의시범, 프레젠테이션, 비디오 시청(Antoine et al, 2013; 민천식 외, 2013)

- 기능 기반 통합형 위험교육(bottom–up)
  행동에 의한 학습, 그룹 토의 및 토론, 활동과 통합된 교육, 비공식 위험 평가, 역할극, 개인보호장비 활용

위험교육은 생활안전, 교통안전, 폭력예방 및 신변 안전, 약물 및 사이버 중독, 재난 안전, 직업 안전, 응급처치 등에 대한 안전 수칙의 습득과 습관화에 목적을 둔 안전교육과 달리, 위험에 대한 인식을 높이고 위험을 관리하는 것을 목적으로 한다. 이를 비교하면 다음과 같이 요약할 수 있다(Antoine et al, 2013; 민천식 외, 2013).

〈표 1〉 안전교육과 위험교육: 실시방법

안전교육	위험교육
• 안전 수칙의 습득과 습관화(생활안전, 교통 안전, 폭력 예방 및 신변 안전, 약물 및 사이버 중독, 재난 안전, 직업 안전, 응급처치 등)를 위해 체계적인 안전교육 실시	• 지식 기반 독립형 위험교육 : 고유한 위험에 대한 인식을 높이고 위험을 관리하기 위한 별도의 독립형 방법을 포함하는 지식 기반 위험교육 • 기술 기반 통합형 위험교육 : 직무 관련 활동과 학습 과정을 포함하는 참여 중심의 위험교육

위험교육에서 위험한 상황의 객관적 이해와 위험에 대한 주관적 이해를 구분하고, 위험관리와 위험 커뮤니케이션을 통해 그들 간 간극을 줄이거나 최소화(Nara & Sato, 2016)하는 것이 중요하다. 이를 위해서는 교사는 위험 커뮤니케이션과 위험 관리를 고려하여 다음과 같이 학교급별 단계별로 인지능력을 함양하는 수업을 설계하고 구현할 필요가 있다.

[그림 3] 학교급별 단계별 인지능력 함양(김진석, 2021)

유치원과 초등은 기초적 인지에, 중학교는 기본적 인지에, 고등학교는 인지의 심화 단계로 스코프와 시퀀스를 설정할 수 있다. 유치원과 초등은 중·고등학교와 달리 반드시 교사의 임장이 있어야 한다. 중·고등학교에서는 위험 요인을 제대로 지각·이해·분석·예측·결정할 수 있도록 메타인지를 강화할 필요가 있다. 위험 리터러시 기반 교수·학습 방향으로는 '총체적 학교 접근법, 문제 중심 접근법, 프로젝트 중심 접근법' 등이 있고, 교수·학습 활동으로는 '사례 중심 스토리텔링, 역할극, 실제 시연, 그룹 토론, 위험 지점 표시 시트('Spot the hazard' sheet), 스티커 제작, 포스트 제작, UCC제작' 등이 있으며, 평가 방법으로는 수업 활동이나 과제를 수행하는 중에 피드백, 스캐폴딩, 모니터링을 하여 과제를 완수하거나 문제를 해결하도록 도움을 주는 '백워드 설계 기반 자기평가나 상호평가, 형성평가, 역동적 평가, 수행평가' 등을 설계하고 실행할 수 있다. 교사가 수업 활동에서 교통사고 등과 관련된 문제해결형 프로젝트 수업을 구현한다면, 학습자들이 교통사고의 위험 요인이나 원인을 이해하고 분석할 수 있는 능력이 함양되어 위험이 사고나 재난으로 이어지지 않도록 판단하고 실천하는 실행력을 신장할 수 있을 것이다(구체적인 교수-학습 방법의 예시는 7-8장 참조).

2. 빅 아이디어 기반 단원 설계

위험 리터러시 기반 안전교육의 단원을 설계할 때, 학습자들이 학습 목표를 달성할 수 있도록 수업을 유연하게 설계하는 보편적 학습 설계(Universal Design for Learning: UDL)의 원칙들을 바탕으로 설계할 필요가 있다. 미국 CAST(Center for Applied Special Technology)에 의해 1990년대 처음 제시된 UDL은 정서적 영역, 인지적 영역, 전략적 영역에 근거하여 참여의 원리 (Engagement), 표상의 원리(Representation), 표현의 원리(Action & Expression)를 설정한다. 참여의 원리에서는 정서적 학습을 지원하기 위해 흥미를 돋우고, 지속적인 노력과 끈기를 도우며, 자기조절 능력을 키우기 위한 다양한 선택을 제공한다. 표상의 원리에서는 인지적 학습을 지원하고 이해를 돕기 위해 언어, 수식, 기호의 다양한 선택을 제공한다. 표현의 원리에서는 전략적 학습을 지원하기 위해 신체적 표현의 수단을 제공하고, 표현과 의사소통을 위한 다양한 선택을 제공하며, 자율적 실행 기능에 따른 다양한 선택을 제공한다.

체험 중심 안전교육에서는 표현의 원리가 중요하다. 학습자들이 위험 요인을 인식하고 위험을 판단하며 대처하는 능력을 신장하기 위해서는 협업과 의사소통을 통해 다양한 위험 요인을 선택하고 판단한 후 자율적으로 실천하는 활동이 실행되어야 하기 때문이다. 표현의 원리에는 브루너의 3가지 표현 양식 즉, 근육 기억의 형태로 몸과 행동으로 직접 경험하며 익히는 행동적 표현 양식, 정보가 이미지로 기억되고 축적되는 영상적 표현 양식, 기호나 상징 특히 언어로 기억되고 축적되는 상징적 표현 양식이 있다. 체험 중심 교육은 행동적 표현 양식의 체험교육에서 영상적 표현 양식과 상징적 표현 양식으로 위험 리터러시를 제고하는 것이 바람직하다. 위험에 노출되는 영상적 표현 양식의 체험에서 더 나아가 상징적 표현 양식을 통해 실제 위험을 예상하고 대응하면서 위험 요소에 대한 언어적 개념을 형성(verbal component)하도록 수업을 진행한다.

이에, 위험 리터러시 기반 안전교육 설계 시, "영속적 이해 혹은 빅 아이디어 또는 일반화"의 개념인 빅 아이디어(Wiggins와 McTighe, 2005)를 중심으로 해야 한다. 빅 아이디어는 학습자들이 영속적으로 이해해야 하는 주요 아이디어와 핵심과제이기 때문이다. 또한, 빅 아이디어를 중심으로 수업을 설계하면 빅 아이디어를 달성하는 과정에서 참여의 원리, 표상의 원리, 표현의 원리(행동적, 영상적, 상징적 표현 양식)를 고려하는 차시별 수업활동을 설계하고 구현하기 때문이다.

빅 아이디어는 다른 내용에 비해 깊이가 있으나 그 양은 적어서 가장 효율적인 교육 내용으로 선정될 수 있다(김진석, 2018). 빅 아이디어들을 명제화한 진술문인 일반화는 학습자들이 사실을 잊어버린 후에도 마음에 남아있는 영속적인 이해의 한 형태이다(김경자, 온정덕, 2014). 2022개정 교육과정에서는 빅 아이디어와 유사한 개념으로 핵심 아이디어를 설정하였다.

빅 아이디어는 핵심역량을 토대로 성취기준과 의사소통 기능을 반영하여 정립될 수 있다(김진석, 2018). 다시 말해서, 빅 아이디어는 '핵심역량, 범교과적인 주제(환경문제, 인구 문제, 빈부 격차, 고령화, 인권, 양성평등, 문화 다양성 등)나 교육과정에서 제시한 소재, 성취기준, 의사소통 기능' 등으로 구성될 수 있다(김진석, 2018). 따라서, 교사는 학습자들이 위험 요인과 관련한 과제를 해결하거나 위험에 맞닥뜨릴 경우 사고나 재난으로 이어지지 않도록 판단하고 대처하는 능력을 함양하기 위해서는 동료들과 토의·토론하고 협력할 수 있는 빅 아이디어 기반 수업을 설계할 필요가 있다.

빅 아이디어 중심의 수업을 설계하게 되면, 학생들은 빅 아이디어 기반 활동 중심 체험교육을 통해 영속적으로 이해할 수 있어서 어떤 긴박한 위험의 순간에 순간적인 기지나 올바른 판단으로 위험을 벗어날 수 있는 위기대응능력이 체화되어 습관화될 수 있을 것이다(학교안전공제중앙회, 2021). 실제, 2003년 2월 지하철의 문을 수동으로 열지 못하고 객차 안에 갇혀 많은 희생자가 발생했던 대구 지하철 참사와 같이 재난 상황에서 위기대응능력이 뛰어난 몇 명의 리더가 현장에 있었더라면 사상자를 현저히 줄일 수 있었을 것이다(학교안전공제중앙회, 2021).

빅 아이디어를 설정하면, 위험 리터러시 기반 단원의 '설계 및 개발'과 연계하여 '구현 및 평가'도 함께 구축할 수 있다. 교사는 수업시간에 수업활동 연계 과정평가를 통해 학습자들이 빅 아이디어를 제대로 달성할 수 있도록 모니터링하거나 스캐폴딩하여 수업 참여와 문제 해결을 돕는 촉진자(facilitator)의 역할을 수행한다.

최근 기후 변화로 인해 지구촌 곳곳에서 삶을 위협 받고 있다. 이러한 재난이 일어나게 된 위험의 요인이 무엇인지를 탐구하고 해결하는 방안을 모색하는 수업을 위험 리터러시를 고려하여 수업을 설계할 필요가 있다. 다음과 같이 '기후 위기와 환경 재난'이라는 빅 아이디어를 기반으로 수업을 설계할 수 있다(김진석, 2022).

기후위기와 환경재난 →

주제		평가 설계		수업설계
[1차시] 기후위기: 온실가스의 증가	→	TF, 퀴즈, 자기평가, 체크리스트, 상호평가	↔	[1차시] – 온실가스 증가의 문제 인식하기와 문제 파악하기 – 문제 해결하기 – 성찰하기
[2차시] 기후위기: 자연환경의 변화	→	관찰평가, 자기평가, 상호평가	↔	[2차시] – 자연변화의 심각성 인식하기와 문제 파악하기 – 문제 해결하기 – 성찰하기
[3차시] 기후위기: 생태계의 변화	→	관찰평가, 자기평가, 상호평가, 체크리스트	↔	[3차시] – 생태계의 변화문제 인식과 문제 파악하기 – 문제 해결하기 – 성찰하기

→ 빅 아이디어 실현

[그림 4] 기후위기와 환경 재난 관련 단원계획

기후 위기와 환경 재난을 빅 아이디어로 설정하고, 그것을 달성하기 위해 위 그림에서와 같이 평가를 먼저 설계하고 평가를 고려하여 수업을 설계할 수 있다. 빅 아이디어를 달성하기 위해 총 3차시(온실가스의 증가, 자연환경의 변화, 생태계의 변화)로 구성하고, 1차시에는 '온실가스 증가의 문제 인식하기와 문제 파악하기, 문제 해결하기'를, 2차시에는 '자연변화의 심각성 인식하기와 문제 파악하기, 문제 해결하기'를, 3차시에는 '생태계의 변화 문제 인식과 문제 파악하기, 문제 해결하기'를 수업활동으로, 플립러닝을 기반으로 수업을 설계한다면, 학습자들이 수업에 들어오기 전에 미리 문제를 인식하고 파악하는 활동을 하고, 수업 중에는 문제를 해결하기 위해 모둠별·짝별로 토의·토론 활동을 중심으로 수업을 실행할 수도 있다.

3. 위험 리터러시 기반 수업모형

효과적인 교실수업이 되기 위해서는 교사는 수업 시간에 학생들에게 학습 동기를 부여하고, 수업에 능동적이고 주체적으로 참여하도록 하며, 새로운 지식을 기존의 스키마와 연결하여 활성화하고 장기 기억하도록 해야 한다. 또한, 학습자들의 인지·정의·심동 수준에 맞는 맞춤식 수업과 개인화 수업을 구현하며, 장기 기억한 지식을 다른 영역에 전이하는 능력을 갖추도록 해야 한다(김진석, 2025).

먼저, 안전교육에 적합한 교수-학습 모형을 개발하기 위해, Kilbane & Milman, 2014:85-278)이 논의한 개념 형성 모형, 직접교수모형, 문제 기반 학습 모형, 협력 학습 모형, 통합 모형 등을 살펴볼 필요가 있다. 이러한 모형들에서 공통적으로 강조하고 있는 단계들로는 이슈 제기, 이슈 해결하기, 학습 평가라 할 수 있다(김진석, 2025). 각 단계에서 구현하는 활동들을 구체적으로 살펴보면, ① 도입 단계에서 과제 제시, 과제 소개, 패턴 탐색의 활동을 하고, ② 개발 단계에서는 가설 설정하기, 분류하기, 연습하기, 조사하기, 일반화하기, 제시하기, 요약하기 등의 활동을 구현하며, ③정리단계에서는 그룹별 측정 및 개인별 책무성, 수행 평가 및 학습 평가를 실시하고 있다(김진석 외, 2021: 60-61).

또한, 안전교육에서는 탐구학습 중심 수업 모형도 고려할 필요가 있다. 위험 요인 기반 안전교육에서는 학습자들이 위험 요인을 토의·토론하고 조사·발표하는 활동을 통해 위험을 인식하고 대처하며 위험이 사고나 재난으로 이어지지 않도록 실천하는 능력을 함양할 수 있기 때문이다. 그래서, 교사는 토의·토론 모형(위험 요인 및 재난 사고 경험 나누기 → 토의·토론 주제 정하기 → 토의·토론을 통해 문제 해결 방법 찾기 → 생활 속 실천하기), 조사·발표 수업 모형(위험 요인 및 재난 사고 경험 나누기 → 위험 요인 및 재난 관련 탐구 문제 설정하기 → 모둠별 조사하고 발표하기 → 생활 속 실천하기), 문제 중심 수업 모형(위험 요인 및 재난 사고 경험 나누기 → 문제 해결 계획 세우기 → 문제 해결 탐색 및 해결 방안 찾기 → 생활 속 실천하기) 등을 분석할 필요가 있다.

더욱이, 위험 리터러시 기반 안전교육에서는 체험 중심의 교수-학습 방법이 고려될 필요가 있다. 여기에는 실연 중심 수업모형(위험 요인 인식하기→ 위험 요인 탐색하기 → 위험 의사결정 및 판단 대처하기 → 실천하기), 표현 활동 중심 수업모형(위험 경험 나누기 및 문제 인식하기 → 위험 요인 표현 방법 탐색하기 → 위험 요인 표현하기 → 실천 생활화하기), 모의 훈련 수업 모형(생활 속 위험 요인 및 재난 사고 경험 나누기 → 시나리오 설정하기 → 모의 훈련 참여하기 → 성찰 및 실천하기) 등을 바탕으로 수업을 설계할 필요가 있다.

아울러, 다양한 교수-학습 모형에서 제안하고 있는 각 단계에 고려할 필요가 있는 테크놀로지도 고려할 필요가 있다(Kilbane & Milman, 2014:85-278). 예를 들어, 개념 형성 모형(내용을 제시하기 위한 자료 개발, 제공, 기록하는 도구들(예, Internet, BrainPop, TeacherTube, PPT)), 직접 교수모형(시뮬레이션, 협력, 예시를 위한 도구들, 학습물 제시 도구들(예, 온라인 포스터), 평가도구 개발(e.g., QuizStar, Rubistar)), 탐구 모형(설계용 도구들(예, Google과 같은 탐색 도구들), 실행용 도구들(예, 블로그, 디지털 비디오, 자료 분석), 평가용 도구들(예, 발표 도구 또는 서식들)), 문제 기반 학습 모형(Basecamp나 RemindPost와 같은 과제 운용 도구들, ConceptShare와 같은 챗팅, 블로그, 협력 도구들, GoToMeeting, Skype와 같은 비디오/웹 화상 도구)), 협력 학습 모형(설계용 도구들(예, Google과 같은 탐색 도구들), 실행용 도구들(예, 질문의 시각적 표현들), 평가용 도구들(예, 온라인 조사 도구들, SMSpoling)) 등을 살펴볼 수 있다. 선행 모델 연구에서, 테크놀로지는 학생들의 학습, 과제 관리, 협업, 회의, 평가 등의 교실 활동에 효과적으로 활용될 수 있는지를 논의한다. AI기반 수업이 구현된다면, AI기반 학생 대면 애플리케이션에는 지능형 튜터링 시스템(일반적으로, 영역 모델, 학습자 모델, 튜터링 모델로 구성됨. 영역 모델은 학습해야 할 내용들과 관련된 인지적인 것으로, 학습자들이 그들을 사용하여 교실수업에서 주어진 과제를 해결할 수 있도록 함(김진석 외, 2020)), 대화 기반 튜터링 시스템, 탐색적 학습환경, 자동 쓰기 평가, 대화형 에이전트 등을 고려할 수 있다.

이러한 모형들에서 공통적으로 추출할 수 있는 활동은 수업 참여하기, 동기 유발하기, 조사하기, 탐구하기, 발표하기, 토의·토론하여 문제 해결하기, 발표하기, 정리하기, 성찰하기, 전이·확장하기 등이다. 앞 절에서 살펴본 UDL의 원리(참여, 표상, 표현)에 성찰의 원리와 전이·확장의 원리를 더할 수 있을 것이다. 이러한 원리들을 바탕으로 플립러닝 기반 문제 해결형 프로젝트 교수-학습 모형을 다음과 같이 구축할 수 있다(김진석, 2017a,b; 2019b,c,d; 2020a,b).

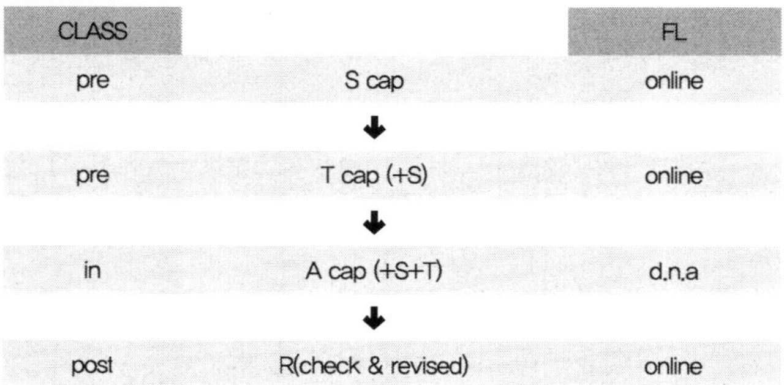

[그림 5] 플립러닝 기반 STAR 모형(김진석, 2019c)

위 STAR의 단계는 정보처리이론을 기반으로 하고 있다. 이는 컴퓨터의 '입력(input)-출력(output)' 모형으로, 입력은 컴퓨터의 키보드나 마우스에, 처리 장치는 모뎀이나 중앙처리장치에, 출력은 컴퓨터의 화면이나 프린터에 해당된다고 할 수 있다(김진석, 2016b). 또한, 플립러닝을 기반으로 하는 위의 모형은 학습자들이 탐구하고 사고하는 단계에서 AI앱이나 도구들을 활용하여 차시 수업의 내용을 개별적으로 학습할 수 있도록 하고 있다. 최근 테크놀로지가 발달하면서 '탐구단계'에서 정보를 수집하거나 정보 속 패턴 및 규칙을 찾을 수 있고, '사고단계'에서 주어진 문제를 해결하거나 과제를 완수하기 위해 학습목표와 관련한 정보를 개별적으로 분석하고 조직화할 수 있다. 각 단계들에서 무엇보다 중요한 것은 인지(cognitive), 정의(affective), 심동(psychomotor) 요소인 'cap'을 바탕으로 학습자들의 요구나 수준을 분석하고, 그 결과에 적합한 활동들을 설계·개발·구현하는 것이다(김진석, 2019a; 2020a,b,c).

위험 리터러시 기반 수업에서는 STAR모형(김진석, 2019b; 김진석 외, 2021)을 활용하여 문제해결 프로젝트형 수업을 설계하고 구현함으로써 학습자들의 위험 리터러시를 함양할 수 있을 것이다. 다시 말해서, 위험 관련 자료를 조사하여 탐구하고(surveying phase), 해결방안을 생각해보는(thinking phase) 일련의 수업 활동이 수행될 필요가 있다(STAR모형 기반 수업 설계와 구현은 7, 8장 참고). 이는 사고·이해에 초점을 두고 있는 Nikiforidou(2017)의 첫 번째 과정과 유사하다. 또한, 모둠별로 토론하고, 그 해결 방안을 발표(acting phase)하고 자신의 인지 정도나 위험 대처 능력을 성찰(reflecting phase)하는 활동은 판단·행동에 초점을 두고 있는 Nikiforidou(2017)의 두 번째 과정과 유사하다.

4. 위험 리터러시 기반 안전교육 수업 과제(task)

교실 수업의 과제(task)는 문제(problem), 과정(process), 결과(outcome)로 구성되어 있다. 1장에서 제시한 바와 같이, 위험 리터러시 기반 안전교육에서는 과제를 설계하고 구현하는 것이 중요하다. 과제는 위험이 사고나 재난으로 이어지지 않도록 학습자들이 위험 요인에 대해 토의·토론하고 협력하는 일련의 과정이 있기 때문이다. 위험 리터러시 관련 과제의 주제 내용(thematic content)을 선정할 때, 화제 친숙도(topic familiarity), 내적 흥미도(intrinsic interest), 화제 관련성(topic relevancy) 등이 고려된다(김진석, 2025). 학생들의 일상생활에서의 위험 요인은 학습자들이 친숙하게 느끼고 학습에 부담을 느끼지 않지만(Estaire와 Zanon,

1994), '글로벌 정의나 공정'과 글로벌 이슈와 관련하여 위험 요인을 탐구하고 판단하는 주제는 학습자에게 다소 동떨어져 있어서 학습에 어려움을 겪을 수 있다.

그래서, 과제 개발 시, '시대적 · 사회적 요구에 따른 교육정책 추진 체계 및 방향을 제대로 반영하고, 학습자들의 위험 리터러시를 제고하는 활동을 설계하고 개발해야 한다. 또한, 다른 기관 및 더 폭 넓은 지역사회 간의 관계성을 포함하는 총체적 학교 접근 방식을 강화하며, 안전사고 통계자료와 첨단기술을 반영한 체험형 안전교육을 함양하는 방안들'(김진석 외, 2023)을 고려하여 과제를 개발할 필요가 있다.

위험 리터러시 기반 과제 개발의 가이드라인을 다음과 같이 설정할 수 있다(김진석 외, 2023).

첫째, 학생들이 위험의 요인을 분석하고 대처하는 능력을 함양하며, 위험 요인에 대해 이해하는 데 그치지 않고 위험을 예측 · 판단 · 실천하는 능력을 함양하도록 학교안전사고 예방계획[2]과 연계하고 학교급별 인지수준에 적합한 과제를 개발한다([부록 2] 참조). 이에, 위험 요인을 점검 · 분석하는 방법 및 절차를 담은 '과제'를 개발할 필요가 있다.

둘째, 학생들이 자기 주도적으로 참여하여 위험 리터러시를 제고할 수 있도록 생활지도와 연계(예, 등 · 하교, 체류시간, 수업시간, 체육활동, 수련활동, 외부 체험활동, 위탁교육 등)하고 토의 · 토론 등을 통해 창의적으로 문제를 해결할 수 있도록 과제를 개발한다.

셋째, 학습자들이 쉽게 받아들일 수 있도록 위험 요인, 사고, 재난 등과 핵심 내용을 요약하고 다양한 접근 방식과 다중 모드(언어, 시각, 청각,

2 기본계획(교육부, 3년), 지역계획(교육청, 매년), 학교계획(단위학교, 매년)

동작, 공간 등의 의미표상 양식)를 통해 체득할 수 있도록 하며, 교직원, 학생, 부모, 보호자, 다른 기관 및 더 폭 넓은 지역사회 간의 관계성을 포함하는 총체적 학교 접근 방식을 강화하도록 과제를 개발한다.

넷째, 학교 정책 체계를 하향식(top-down)에서 상향식(bottom-up)으로 구조화하고, 통계정보 제공시스템의 고도화와 AI기반의 빅 데이터 분석 기법을 활용한 위험 리터러시 기반 학교급별 맞춤형 위험 요인의 예방 방안을 제시하는 과제를 개발할 필요가 있다. 맞춤형 안전교육 가상세계(metaverse) 구축 및 체험 콘텐츠를 통해 교사와 학생 간, 학생들 간 협업을 바탕으로 하는 공동체 프로젝트 활동을 구현하도록 과제를 개발한다.

다섯째, 안전교육의 활동을 사고·보상 데이터와 연계하고 데이터 관리의 용이성 및 통계의 활용성을 높이는 과제를 개발한다. 이는 일선 학교에서 수업 설계 시, 사고통계의 데이터를 활용하여 과제를 효과적으로 활용할 수 있는 방안을 마련하는 것이라고 할 수 있다.

학교안전공제중앙회는 위험 리터러시 기반 안전교육의 영역을 생활 전반으로 확대하고, 위험교육에 대한 부담감을 해소하기 위해 생활지도 연계 위주로 전환하였다(김진석 외, 2023). 교사가 주도적으로 참여하여 안전교육의 위험 리터러시를 제고할 수 있도록 생활지도 연계(예, 등·하교, 체류시간, 수업시간, 체육활동, 수련활동, 외부 체험활동, 위탁교육 등) 위주로 교육과정 내 안전교육을 통합·조정했다. 예를 들어, 아동학대는 성인이 되기 전 아동, 청소년의 전 시기에 발생하는 것으로 아동학대의 가해자가 부모 등 친인척인 경우가 대다수이며, 발생 장소 또한 가정이 흔하게 일어난다. 아동학대 예방은 학교의 안전교육 영역이 분명하나, 교육의 대상이 학부모로 확대되어야 하며 이는 생활과 연계한 교육이 필요하다는 것을 의미한다. 2021중등 폭력 예방 자료집의 아동학대 관련 자료에서는 다음과 같은 아동학대 실태를 제시한 후, 예방 활동 및 대처 방법을 그룹별로 토의하도록 하는 활동을 개발하여 제공하였다.

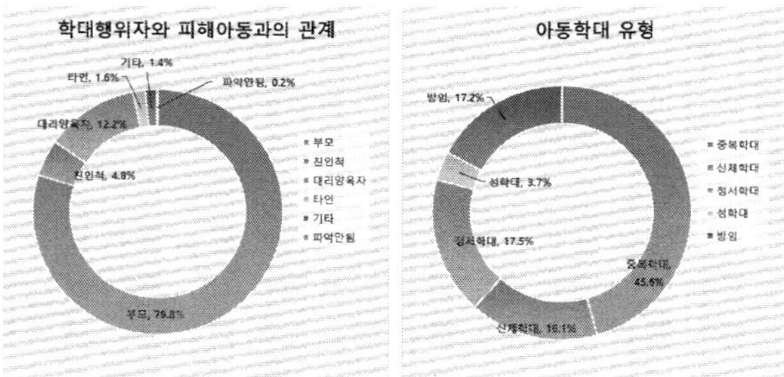

출처: 보건복지부, 중앙아동보호전문기관(2016). 2015 전국아동학대현황보고서

[그림 6] 아동학대 실태

위 단계는 위험 리터러시 기반 교수–학습 활동 자료들로, 학습자들이 위험 요소를 찾고 분석하며, 그 위험 요소들을 제대로 판단하고 대처하는 일련의 학습 활동들이 실행된다.

위의 실태에 따른 활동의 자료와 같이, 아동학대를 발생하게 하는 위험 요인을 제거하거나 감소하기 위해, 학부모 대상 교재 개발 및 프로그램을 개발할 필요가 있다. 교사는 아동학대 관련 수업을 구현할 경우, 각 학년군별로 아동학대를 교과와 연관 지어 교육할 수도 있지만, 지도의 영역을 생활 전반으로 확대해야 한다. 이는 형식적 안전교육에서 탈피하여 위험 리터러시의 제고로 교육 활동의 안전성을 강화하며, 교육 만족도 및 교육 효과를 증대할 수 있다.

학교안전공제중앙회는 학습자들이 교실 수업에서 위험을 인식하고, 분석하고, 대처하는 일련의 활동들을 안전한 학교 공모전을 통해 발굴하여 자료실에 탑재하고 있다. 위험 교육 관련 우수사례 자료(http://www.

ssif contest.com)를 살펴보면 다음과 같다.

- 1단계 – 위험요소 찾기[3]

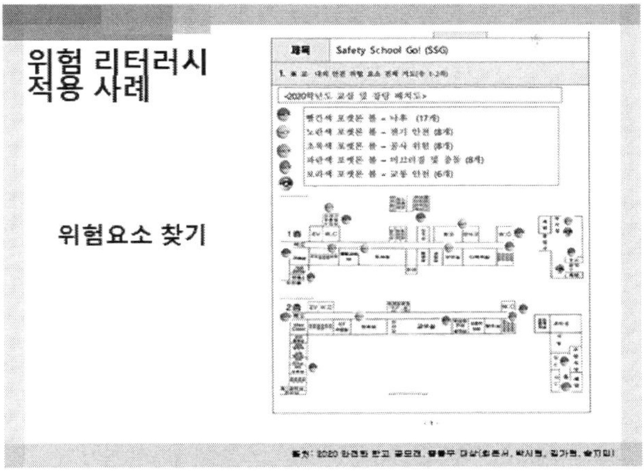

- 2단계 – 위험요소 분석하기

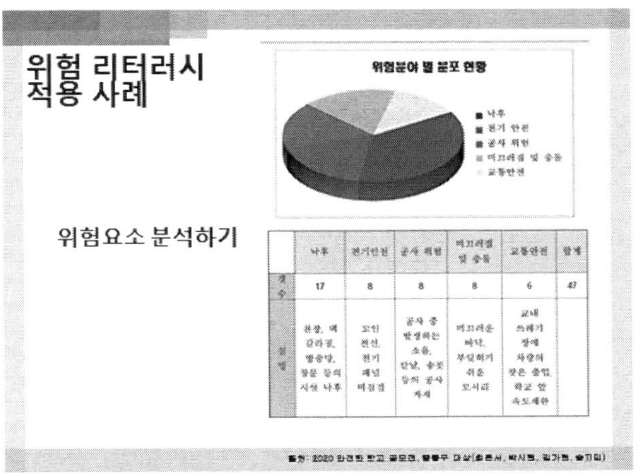

3 2020 안전한 학교 공모전, 중등부 대상 수상작임

- 3단계 – 위험요소 대처하기(낙후)

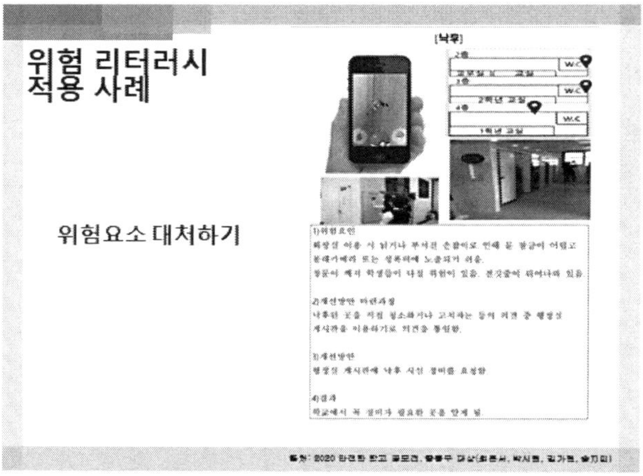

- 4단계 – 위험요소 대처하기(공사 및 교내 환경)

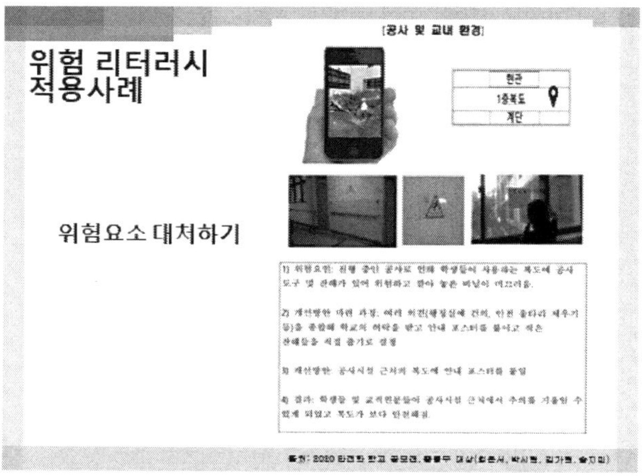

위 그림에서와 같이, 학생들은 모둠별로 학교의 도면이나 지도를 보면서 위험 요인이 있는 시설이나 위험에 노출되어 있는 장소를 찾고 위험 요

인을 분석한다. 그 결과를 바탕으로 위험 요인(낙후된 시설, 공사 중인 장소, 교내 환경 등)에 대처하는 능력을 기를 수 있다.

또한, 학교안전공제중앙회(2025)에서는 안전교육의 교수-학습 활동 자료를 개발하는 방향을 학교급별 맞춤형 콘텐츠, 취약 학생 안전교육 지원, 학생 참여형 교육 구성으로 나누어 개발하였다.

[그림 7] 안전 콘텐츠 개발 방향

학교급별 학습자들의 인지 수준에 적합한 맞춤형 콘텐츠를 개발하고, 안전교육의 사각지대에 있는 다문화 가정의 장애 학생을 대상으로 베트남어, 중국어, 수어 등으로 번역하여 콘텐츠를 제작하며, 학생들이 위험 요인을 인지하고 대처하는 능력을 함양할 수 있도록 학생 참여형 수업 활동을 개발하였다.

물론, 학교안전공제중앙회(2025)는 개발한 교수-학습 자료들을 자료실에 다음과 같이 탑재하여 교사들이 수업을 효과적으로 설계하거나 구현할 수 있도록 하고 있다.

▲ 유치원 - 애니메이션 ▲ 초등학교 – 사례 재연, 강의형 ▲ 중, 고등학교 – 사례 재연, 강의형

안전 콘텐츠 구성 및 특징

다양한 수업 콘텐츠 구성

신기술 기반 안전교육 콘텐츠

[그림 8] 안전 콘텐츠 구성과 다양한 콘텐츠

안전 콘텐츠를 유치원은 애니메이션을 중심으로, 초중등학교는 사례 재연, 강의형으로 구성하였다. 또한, 인터렉티브 활동, 챗 GPT활동, 역할

극, 게임 등 다양한 활동을 개발하였고, 신기술을 기반으로 안전교육 컨텐츠 개발하여 탑재해 놓고 있다.

지금까지 위험 리터러시 기반 수업 설계와 과제에 대해 살펴보았다. 위험교육에 사용할 과제를 개발할 경우, 학생들이 위험 요인에 대해 인지하는 데 그치지 않고 위험을 예측·판단·실천하는 능력을 함양하도록 해야 한다. 또한, 교직원, 학생, 부모, 보호자, 다른 기관 및 더 폭 넓은 지역사회 간의 관계성을 포함하는 총체적 학교 접근 방식을 고려한 과제를 완수하거나 수행할 수 있도록, 통계정보 제공시스템의 고도화와 빅데이터 분석 기법을 활용한 위험 리터러시 기반 학교급별 맞춤형 위험 요인의 예방 방안을 마련하는 과제를 개발할 필요가 있다.

핵심개념

- 전조작기(pre-operational stage)
- 구체적 조작기(concrete operational stage)
- 형식적 조작기(formal operational stage)
- 보편적 학습 설계: 참여의 원리 (Engagement)
- 표상의 원리(Representation)
  표현의 원리(Action & Expression)
- '입력(input)-출력(output)' 모형
- 인공지능 튜터링 시스템
- 위험 리터러시 기반 안전 콘텐츠 구성

제6장 연습문제

1. 피아제는 출생에서부터 2세까지 감각 운동기(sensory-motor stage), 2세에서 7세까지를 전조작기(pre-operational stage), 7세부터 11세까지를 구체적 조작기(concrete operational stage), 11세부터 16세까지 형식적 조작기(formal operational stage)로 세분하였다(Cranston, 1995). 이러한 인지 단계를 고려하여 위험교육에서의 수업 활동을 설계하는 방향을 예시하시오.

2. 빅 아이디어를 설정하면, 위험 리터러시 기반 단원의 '설계 및 개발'과 연계하여 '구현 및 평가'도 함께 구축할 수 있다. 교사는 수업시간에 수업활동 연계 과정 평가를 통해 학습자들이 빅 아이디어를 제대로 달성할 수 있도록 모니터링하거나 스캐폴딩하여 수업 참여와 문제 해결을 돕는 촉진자(facilitator)의 역할을 수행한다. 환경 재난과 관련하여 백 워드 설계를 바탕으로 빅 아이디어 기반 단원을 설계하시오.

3. 다양한 수업 모형들에서 공통적으로 추출할 수 있는 활동은 수업 참여하기, 동기 유발하기, 조사하기, 탐구하기, 발표하기, 토의·토론하여 문제 해결하기, 발표하기, 정리하기, 성찰하기, 전이·확장하기 등이다. UDL의 원리(참여, 표상, 표현)등을 반영하여 위험 리터러시 기반 안전교육의 교수-학습 모형을 개발하시오.

4. 위험 리터러시 관련 과제의 주제 내용(thematic content)을 선정할 때, 화제 친숙도(topic familiarity), 내적 흥미도(intrinsic interest), 화제 관련성(topic relevancy) 등이 고려된다. 이러한 요인들을 바탕으로 위험 리터러시 기반 과제의 주제를 개발하는 방향을 기술하시오.

제7장

안전 및 건강 관련 위험교육: 다학문적 실러버스

위험관리 능력은 삶을 풍요롭게 하는 핵심 생활기능이다.
– Shearn(2014)

생각하기

1. 안전과 건강과 관련하여 어떤 내용을 교육과정에 담을 필요가 있을까?
2. 안전과 건강과 관련하여 위험교육의 수업을 어떻게 설계할 것인가?
3. 위험 리터러시 기반 안전 및 건강과 관련한 수업 시, 효과적인 평가 방법은 무엇인가?

위험 리터러시는 기초적 리터러시에서 더 확장된 의사소통 리터러시, 다중·다층 리터러시로, 위험을 아는 것에서 그치지 않고 위험으로부터 안전한 삶이 되도록 실행하는 데에 있다[1]. 이런 측면에서, 위험 리터러시는 기초적 리터러시에서 더 확장된 의사소통 리터러시, 상호작용 리터러시, 다중모드 리터러시로 확장하였고, 그 리터러시들 중 위험 리터러시는 위험을 아는 것에서 제거·감소할 수 있는 행동과 실천의 역량"(김진

1 리터러시는 읽기와 쓰기에 초점을 둔 기능적 리터러시에서 다문화 리터러시, 미디어 리터러시, 디지털 리터러시, 데이터 리터러시, 인공지능 리터러시 등 다중 리터러시로 다양화되었고, 법 리터러시 등과 같은 특수 목적의 리터러시로 더욱 확장되고 있다(김진석 외, 2021). 이제, 리터러시는 21세기 학습자들이 반드시 함양해야 할 역량이라고 할 수 있다. 기존의 지식을 바탕으로 새로운 정보를 수집, 분석, 추론, 종합하고, 그들을 실생활의 상황에 전이하여 새로운 지식을 창출할 수 있는 능력이기 때문이다(김진석 외, 2021).

석, 2022a,d)이다. 따라서, 위험 리터러시는 사고 예측 및 판단 능력, 의사결정력, 문제해결능력, 공동체 역량 등과 밀접하게 관련되어 있어서 시대적·사회적으로 함양해야 할 필수 불가결한 역량이라고 할 수 있다. 이장에서는 학습자들의 위험 리터러시 기반 안전의식을 함양하기 위해, 교육과정과 교과서에 안전 및 건강 관련 내용을 제안하며, 그 내용을 반영하여 교재를 구성하고 교수-학습의 방향을 제안하고자 한다.[2]

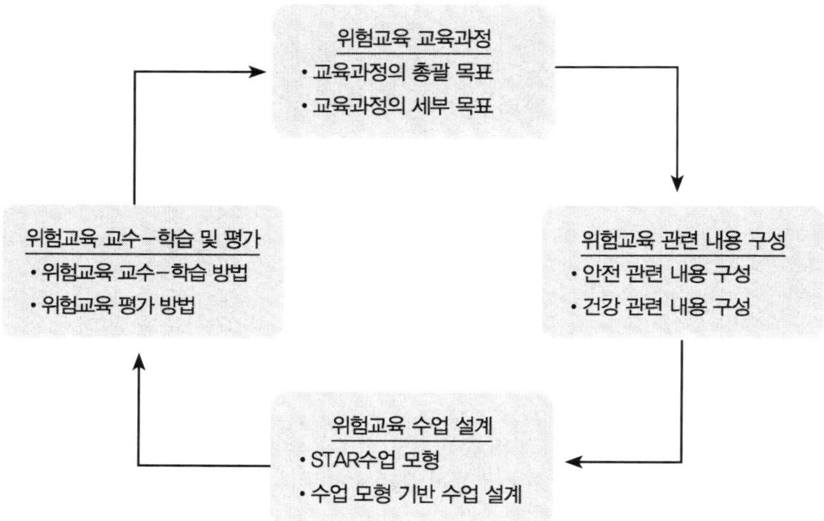

[그림 1] 핵심 내용 흐름도

2 이 장은 김진석, 장은숙(2024)을 위험 리터러시의 관점에서 수정하고 보완한 것임.

1. 2022개정교육과정에서의 안전교육

2022개정교육과정에서는 10개 범교과의 주제로 안전·건강, 인성, 진로, 민주시민, 인권, 다문화, 통일, 독도, 경제·금융, 환경·지속가능발전 등을 설정하고 있다. 영어 교과는 범교과로 2022개정영어과교육과정에서도 총론을 반영하여 개인생활, 가정생활, 학교생활, 사회생활, 문화, 민주시민, 생태전환, 디지털·인공지능, 일반교양 등을 소재로 설정하고 있다. 이러한 소재들 중 건강·안전을 동일한 소재 하에 설정하고 있다. 사실, 영국의 보건안전행정부(Health & Safety Executive), 유럽연합 산업안전보건청(EU-OSHA. 2002) 등에서도 건강·안전을 분리하지 않고 국가적 차원에서 관리하고 있다. 안전과 건강은 동전의 양면과 같이 분리할 수 없기 때문이다. 이런 측면에서, 2022개정교육과정에서는 초등학교 3~6학년의 과학, 실과, 체육, 음악, 미술, 국어, 사회, 영어 등 관련 교과의 내용 요소, 성취기준, 성취기준 해설 및 적용 시 고려 사항, 교수·학습에 구체적인 안전교육 내용을 반영하여 위기 상황 대처 능력을 함양할 수 있는 촘촘하고 체계적인 안전교육이 이루어지도록 하고 있다.

최근, 학교 안전사고 발생 건수를 최소화하기 위해, 교육부(2021)는 규칙 준수 안전교육에서 실생활 기반 체험 중심의 위험교육을 확대하고 있다. 실제, 엄격한 규칙 중심의 통제는 학습자들의 경험을 바람직하지 않은 결과를 초래(Nikiforidou, 2017)할 수 있도록 한다는 측면에서, 과학, 실과, 체육, 음악, 미술, 국어, 사회, 영어 등 안전교육 관련 수업 시, 위험을 예측하고 판단·대처할 수 있는 위험 리터러시 기반 안전·건강 교육이 내실있게 구현될 필요가 있다.

2022개정 영어과 교육과정의 총괄목표를 '다변하는 미래 사회를 대비하여 언어와 문화의 배경이 다른 세계인과 영어로 의사소통하는 역량을 기르는 것'(교육부, 2022)으로 개념화한 '영어 의사소통 역량'으로 정하고, 그 총괄목표를 달성하기 위한 세부목표로 '협력적 소통 역량, 자기관리 역량, 공동체 역량, 창의적 사고 역량, 심미적 감성 역량, 지식정보처리 역량'을 설정하였다. 이는 문화 간 의사소통능력(intercultural communicative competence: ICC)과 유사한 개념이라 할 수 있다(김진석, 2023). ICC는 언어와 문화적 배경이 다른 사람들과 효과적이고 적절하게 의사소통하는 능력이기 때문이다.

총괄목표를 달성하기 위해서는 세부목표에 적합한 내용이 설정되어야 한다. 세부목표들 중 위험 리터러시와 밀접하게 관련된 역량은 자기관리 역량, 공동체 역량, 창의적 사고 역량, 심미적 감성 역량이라고 할 수 있다. 이러한 역량을 학습자들이 함양하도록 하기 위해서는 교육과정의 내용, 교수-학습 방법, 평가 방법 등이 연계성[3]을 갖추어야 한다. 다시 말해서, 설정한 내용, 교수-학습 방법, 평가 방법 등은 총괄목표를 달성하기 위해 스코프[4]와 시퀀스를 확보해야 한다. 이에, 다음 절에서, 교육과정의 총괄목표와 세부목표를 달성할 수 있도록, 안전 및 건강과 관련한 내용을 적절하게 설정할 필요가 있음을 살펴보고자 한다.

3 종적으로는 학습한 내용을 선정, 조직하는 데 있어서 접합성, 계속성, 계열성, 연결성의 특성을 모두 고려하는 것으로, 횡적으로는 접합성, 통합성, 연결성의 특성을 고려하는 것으로 분류할 수 있다(김진석, 2016).

4 스코프(scope)는 특정한 시점에서 학생들이 배우게 될 내용의 폭과 깊이를 말한다(김진석, 2016).

2. 위험 리터러시 기반 안전 및 건강 관련 내용

학습자들이 위험 리터러시 기반 안전 및 건강교육을 통해 위험 상황을 인식·이해·분석·예측하여 위험을 제거·감소할 수 있는 능력을 함양해야 한다. 이는 안전의식을 제고하는 것에서 머무르지 않고 예측하는 위험요소를 제거·감소하는 위험관리능력과 실천으로 구현될 수 있다는 것을 의미한다. 요리 실습을 하던 중에 발생한 다음의 사례를 살펴보자.

사례
2019년 실과 수업에서 요리 실습을 하던 중 물의 양은 냄비의 3분의 2정도 담긴 상태였으며(냄비의 크기: 지름 약 28cm, 깊이 약 7cm), A학생의 옆구리와 B가 부딪히면서 물이 출렁이며 B에게 쏟아짐. 그 과정에서 B의 오른쪽 등, 팔 주변, 허벅지까지 물이 쏟아졌고 A학생은 왼쪽 발등에 물이 쏟아졌으나 실내화와 두꺼운 양말로 상처가 나지 않음. 뜨거운 물을 맞는 동시에 B가 쓰러짐(학교안전공제중앙회 자료집).

위 사례는 실과 수업에서 요리 실습을 하던 중 학생들 간 부딪히면서 물이 쏟아져 발생한 사고다. 피해 학생은 '냄비의 뜨거운 물'이라는 위험요인이 사고로 이어질 수 있다는 것을 예측하지 못한 채 옆구리에 부딪히면서 뜨거운 물을 맞았다고 할 수 있다. 피해 학생의 개인 요인으로는 주의소홀로 볼 수 있고, 또래의 위험한 행동에 휘말리게 된 요인도 있을 수 있다. 이는 예측하는 위험요소를 제거·감소하는 위험관리능력과 실천이 중요하다는 것을 보여준다.

이에, 학습자들의 위험 리터러시 기반 안전 및 건강교육이 교실수업에서 내실있게 실행되기 위해서는 교육과정의 내용에 위험 리터러시 기반 안전 및 건강 관련 소재가 담겨져 있는지를 분석할 필요가 있다. 분석 결과는 다음과 같다.

첫째, 영어과 교육과정의 소재로 다음과 같은 항목들이 설정되어 있다.

- 일반교양 관련: 생활 안전, 교통안전, 재난 안전, 직업 안전 등의 안전에 관한 내용
- 개인생활 관련: 보건, 위생, 영양 등 개인 건강관리에 관한 내용
- 민주시민 관련: 가난 및 기아 해결, 불평등 해소 등의 사회 현안을 논의하는 내용
- 생태전환 관련: 인간과 생태계의 관계에 대한 관점 등의 내용

위의 소재는 교육과정의 세부목표로 설정한 협력적 소통 역량, 자기관리 역량, 공동체 역량, 창의적 사고 역량, 심미적 감성 역량, 지식정보처리 역량을 달성하기 위해 설정한 것이다. 다시 말해서, 개인생활과 관련한 내용과 일반교양과 관련한 내용은 학습자들의 자기관리 역량을 함양하는 데 초점을 두고 있다. 또한, 민주시민 관련 내용과 생태전환 관련 내용은 협력적 소통 역량, 공동체 역량, 창의적 사고 역량 등을 함양하기 위해 설정한 소재이다. 이러한 역량들 중 안전 및 건강과 관련된 역량은 자기관리 역량, 공동체 역량, 심미적 감성 역량이라고 할 수 있다. 예를 들어, 자기관리 역량은 자아정체성과 자신감을 가지고 자신의 삶과 진로를 스스로 설계하며 이에 필요한 기초능력과 자질을 갖추어 자기 주도적으로 살아갈 수 있는 역량(교육부, 2022)으로 생활 안전, 교통안전, 재난 안전, 직업 안전 등의 안전과 보건, 위생, 영양 등의 개인 건강관리가 필수 선행 조건이라고 할 수 있다.

둘째, 위험 리터러시 기반 안전 및 건강교육 관련 내용을 단원의 주제

로 하고 있는지를 분석한 결과, 6학년에서 설정한 5종교과서의 단원주제는 다음과 같다.

- A교과서: How Often Do You Wash Your Hands?
- B교과서: I Have a Cold.
- C교과서: You Should Wear a Helmet.
  How Often Do You Exercise.
  What's Wrong?
- D교과서: I Have a Headache.
- E교과서: I Have a Headache.

위와 같이 단원의 주제는 주로 건강과 관련한 일상생활이었고, 안전과 관련해서는 1종의 교과서에서만 "You Should Wear a Helmet."를 설정하고 있다. 교과서는 교육과정의 소재를 제대로 반영하여 개발되고 검·인증되기 때문에 교육과정의 소재로 설정되어 있는 안전에 관한 내용(생활 안전, 교통안전, 재난 안전, 직업 안전 등)도 반영하여 개발되어야 한다. 그럼에도, 안전과 관련된 단원이 제대로 개발되어 있지 않은 것은 안전과 관련한 교과서 개발의 지침이 구체적으로 설정되어 있지 않고, 안전과 관련한 소재가 상세화되어 있지 않기 때문이다. 따라서, 영어과 교육과정의 소재와 교수-학습 및 평가 방법 등에서 안전과 관련한 교과서 개발의 지침이나 소재가 구체적으로 설정되어야 한다.

학교안전공제중앙회(2021)에 의하면, 학교안전교육의 내용을 생활안전교육(시설 및 제품 이용, 신체활동, 유괴 미아사고예방), 교통안전교육(보행자, 자전거, 오토바이, 자동차, 대중교통), 폭력 예방·신변 안전교육(학교폭력, 성폭력, 아동학대, 자살, 가정폭력), 약물·사이버 안전교육(약물중독, 사이버중독, 스마트 폰 중독), 재난 안전교육(화재, 사회재난, 자연 재난), 직업 안전교육(직업안전의식, 산업재해의 이해와 예방, 직업병, 직업안전의 예방 및 관리), 응급 처치교육(심폐소생술, 상황별 응급처치) 등으로 설정하고 있다. 최근, 테크놀로지의 발달로 생활용품의 소재에는 CCTV, 월 패드, 드론, 전자 제어 장치 등을 고려해야 하고, 교통안전에는 전기자전거, 전동킥보드, 드론 택시 등도 포함해야 한다. 예를 들어, 전동 킥보드 등 개인형 이동장치(personal mobility)[5]로 사고가 빈번하게 발생하고 있어서, 영어과 교육과정에서 위험 리터러시를 고려한 안전교육의 소재에 담을 필요가 있다. 이는 보호장치(안전모 등) 미착용, 승차정원 초과 탑승, 13세 미만 어린이 운전 등으로 위험을 고려하여 개인형 이동장치 운전자의 주의의무를 강화하고 있기 때문이다.

또한, 약물·사이버 안전교육의 소재에 사이버 괴롭힘(cyber bullying)을 포함할 필요가 있다. 미국의 경우, 2011년부터 사이버 괴롭힘이 학교 안전을 저해하는 주요 문제로 다루어 왔고, 2021년 학교안전개선법(Safe Schools Improvement Act)을 제정하여 적대적이고 폭력적인 사이버 괴롭힘으로부터 학생을 안전하게 보호하고자 하였다. 우리나라에서도 사이버 괴롭힘이 빈번하게 발생하고 있으므로, 이러한 위험을 예방하기 위해서는 위험 리터러시 기반 디지털 시민의식을 함양하고 위험한 상황을 사전에 이해하고 관리할 수 있도록 해야 한다.

더욱이, 영어과 교육과정에 보건, 위생, 영양 등 개인의 건강관리에 관한 내용이 소재로 설정되어 있지만, 몸에 좋은 음식과 나쁜 음식, 식

5 개인형 이동장치(personal mobility)의 종류에는 전동 킥보드, 전동 이륜평행차, 전동기의 동력만으로 작동할 수 있는 자전거 등을 말하며, 속도 25km/h 미만이고, 무게는 30kg미만이다.

중독 예방 방법, 안전한 식품 감별 방법, 식품의 종류에 따른 안전한 보관 방법, 식품 첨가물의 유해성과 안전, 안전한 식생활, 기호 식품의 특성과 유해성 등을 구체적으로 제시할 필요가 있다. 이에 더하여, 유네스코의 지속가능한 발전 목표(sustainable development goals) 중 건강한 삶 및 복지(예, 전염병, 안전하지 않은 식품 · 식수, 화학 · 방사능 오염, 자연재해, 전쟁, 사회적 분쟁 및 기후 변화), 깨끗한 물과 위생(Clean Water and Sanitation), 안전하고 지속가능한 도시와 공동체 구축(Sustainable Cities and Communities) 등을 소재로 담을 필요가 있다.

3. 위험 리터러시 기반 안전 및 건강 관련 수업 설계

초등영어 6학년 5종 교과서의 단원들을 분석한 결과, 차시 수업의 경우 제시 단계–연습 단계–생성 단계(presentation–practice–production: PPP) 기반 수업 설계나 프로젝트 수업을 고려하여 다음과 같이 수업이 설계되었다.

- A교과서(How Often Do You Wash Your Hands?)의 프로젝트 수업
  - Step 1: 질문을 읽고, 자신의 생활습관에 해당하는 대답을 골라봅시다.
  - Step 2: 모둠별로 조사할 생활습관을 정한 다음 빈도를 조사해봅시다.
  - Step 3: 조결과를 바탕으로 문장을 완성해 봅시다.
  - Step 4: 완성된 생활습관을 그래프로 보여주며 발표해 봅시다.

- B교과서(I Have a Cold.)의 PPP수업
  - Play Together: '바이러스를 잡아라.'를 하며, 아픈 곳을 묻고 답해 봅시다.

- Real Talk
- Choose & Make

위와 같은 단원 설계는 학습자들의 의사소통능력을 함양하는 데 초점을 두고 있어서 위험을 인식·이해·분석·예측하여 위험을 제거·감소할 수 있는 능력을 함양하는 데 한계가 있다. 2022개정 영어과교육과정은 의사소통능력뿐만 아니라 자기관리 역량, 협력적 소통 역량, 공동체 역량, 창의적 사고 역량 등을 함양해야 하기 때문이다. 다시 말해서, 안전 및 건강과 관련된 소재로 학습자들 간 상호작용하면서 의사소통능력을 함양하는 것도 중요하지만, 위험한 상황을 인식하고 분석하며 대처해 나가는 창의적 문제해결능력도 중요하다고 할 수 있다.

이런 측면에서, 영어교실수업에서 교사는 위험 리터러시의 내용을 주제로 하여 위험을 지각·이해·분석·예측·판단하여 위험을 제거·감소할 수 있는 역량을 함양할 수 있도록 효과적인 위험 리터러시 기반 의사소통함양 방안을 설계하고 구현해야 한다(김진석, 2022b). 영국의 건강 안전부(Health & Safety Executive: HSE)에서는 다가올 자연재해와 같은 위험한 상황을 정확하고 간결하게 전달하는 효과적인 위험 커뮤니케이션의 10단계 즉, '위험 관련 자료 수집, 위험의 과학적 근거 이해, 일어날 수 있는 부정적 영향 이해, 위험의 공적 인식 이해(조사, 인터뷰), 메시지에 대한 다양한 반응 기대, 위험 비교, 감정 요인의 중요성 이해, 위험이나 그 효과를 이해 가능한 방식으로 묘사, 관심 사항을 거부하지 않음, 다른 신뢰할만한 정보원들과 협업' 등을 설정하고 있다.

위험 리터러시 기반 안전과 건강 관련 수업에서, 위험한 상황의 객관적 이해와 위험에 대한 주관적 이해를 구분하고, 위험관리와 위험 커뮤니케이션을 통해 그들 간 간극을 줄이거나 최소화(Nara & Sato, 2016)하는 것이 중요하다. 이를 위해서는, 학습자들이 모둠별로 위험 요인이나 원인에 대해 소통하고 협력하여 안전과 건강 관련 문제를 해결하는 방안을 마련하여 발표하는 문제해결형 프로젝트 수업이 구현될 필요가 있다. 예를 들어, 위험 리터러시 기반 교실수업에서는 다음과 같이 탐구하기(Surveying), 생각하기(Thinking), 실행하기(Acting), 성찰하기(Reflecting)로 구성된 STAR모형(김진석 외, 2021; 김진석, 2022b)을 활용하여 문제해결형 프로젝트 수업을 구현함으로써 학습자들의 위험 리터러시를 함양할 수 있을 것이다.

- 탐구하기(Surveying)
  - 위험 상황 제시하기(문제 제기)
  - 위험과 관련된 정보 수집하기(조사하기)
- 생각하기(Thinking)
  - 위험 해결을 위한 절차 마련하기
  - 위험 해결을 위한 정보 분석하기
  - 위험 정보를 조직화하기
- 실행하기(Acting)
  - 위험 문제 해결 실행하기
  - 동료 학습자와 위험에 대해 토의하기
  - 결과 산출하기
  - 결과 일반화하기
- 성찰하기(Reflecting)
  - 결과물 종합하기

– 결과물 평가하기

위와 같은 단계로 학습자들이 수업활동을 하는 중간에 과정평가가 이루어질 수 있다. 교사는 학습자들이 수업활동을 수행하는 중에 지시하기, 제안하기, 시범보이기, 강화/피드백 등과 같은 도움을 줄 수 있고 그것을 기록하고 분석하여 학습자들이 더 성장할 수 있도록 장기적이고 체계적인 스캐폴딩을 계획할 필요가 있다. 물론, 성찰단계에서 도전 골든벨, T/F, 상호평가, 자기평가 등의 활동들을 통해 학습목표를 달성하였는지를 정리하고 제출하도록 할 수 있을 것이다.

이를 위해, 교사는 교실수업에서, 위험 리터러시를 고려하여 STAR모형 기반으로 수업을 설계할 수 있다. 학습자들이 위험을 인지하고 판단하여 위험 문제를 해결할 수 있는 위험 관리 능력을 함양해야 하기 때문이다. 예를 들어, 단원 "You Should Wear a Helmet."이란 단원을 설계한다고 가정해 보자. 위험 리터러시를 고려하여 다음과 같은 위험 판단형 기반 전동 킥보드 수업 활동을 다음과 같은 단계로 설계하고 구현할 필요가 있다(김진석 외, 2021).

- 탐구하기: 전동 킥보드 위험 상황 시나리오 보기
- 생각하기: 전동 킥보드로 인한 위험의 상황을 분석하고 브레인스 토밍하기
- 실행하기: – 가시화된 위험과 잠재된 위험 체험하기
  – 위험을 예측하는 관점의 점진적 변화
  – 다양성 위험 시나리오 체험하기
  – 위험을 예상하고 실행하기
- 성찰하기: 전동 킥보드로 인한 위험의 결과물 종합하고 평가하기

〈표 1〉 STAR 모형 기반 차시 수업(예시)

학습 단계	학습 요소	교수 · 학습 활동	시간 (분)	자료및 유의점
탐색 하기 (문제 제기)	전시학 습상기 동기 유발 학습 문제 확인 학습 활동 안내	⊙ **AR/VR, 유튜브 등을 활용한 전동 킥보드로 인한 생활 속 위험 요인 상기** – 전동 킥보드로 인해 사고가 발생하는 문제 상황 제시 – 전동 킥보드를 안전하게 사용하는 방법을 떠올려 볼까요? ⊙ **학습문제 확인하기** 전동 킥보드를 안전하게 사용하는 방법을 체험할 수 있다. ⊙ **학습활동 안내하기** 〈활동1〉 횡단보도 건너기와 관련된 위험 사례 및 자료 보기 〈활동2〉 안전하게 횡단보도를 활용하여 길을 건너는 방법 생각하기 〈활동3〉 횡단보도 건너기 체험하기	5	– AR/VR – 유튜브 PBL(문제중심학습)의 문제 상황을 제시하여 학생 스스로 주어진 문제를 해결하도록 한다.
문제 생각 하기 (정보 조직 · 분석) 실행 하기	활동1	〈활동1〉 전동 킥보드와 관련된 위험 사례 및 자료 보기 – 전동 킥보드와 관련된 위험 사례 제시 – 전동 킥보드와 관련된 위험 통계자료 제시 〈활동2〉 안전하게 전동 킥보드를 사용하는 방법 생각하기 – 신호등이 있는 횡단보도에서 전동 킥보드를 사용하는 방법 – 신호등이 없는 횡단보도에서 전동 킥보드를 사용하는 방법 – 위험 상황 시나리오(3D 가상공간 체험) – 1차적 위험 관련 질적 · 양적 평가 〈활동3〉 안전하게 전동 킥보드 사용 체험하기 ⊙ 안전하게 전동 킥보드 사용 체험 (1) – 가시화된 위험과 잠재된 위험 체험하기 – 잠재적 위험요소에 대한 안내 – 교사와 학생 간 토론 또는 학생들 간 토론	10	– 에듀테크(엔트리, 티처블 머신, 챗봇 등) – 도로횡단 원칙 – 자기 평가지 (카훗)

학습 단계	학습 요소	교수 · 학습 활동	시간 (분)	자료및 유의점
		⊙ 횡단보도 건너기 체험 (2) – 다양한 위험 시나리오 체험하기 – 제시된 상황에서 위험 요인 스스로 찾기 제시된 상황에서 위험 예측하기 – 제시된 상황에서 길을 건널 것인지 판단하기 – 안전하게 전동 킥보드 사용하기 – 전동 킥보드 사용 시 위험 상황 대처하기		
성찰하기 (평가 및 정리)	자기 평가 차시 예고	⊙ 자기 평가하기 – 2차적 위험 관련 평가하기 – 자기평가지를 작성하며 오늘 활동을 되돌아 봅시다. ⊙ 차시 예고하기	5	– 자기평가지 (카훗)

위의 단계는 5장에서 살펴본 Meir 외(2015)의 학습자의 위험 지각 능력을 함양하는 위험지각훈련프로그램(Child–pedestrians Anticipate and Act Hazard Perception Training: CA2HPT)의 단계들을 바탕으로 전동 킥보드 운전자의 관점에서 단계를 설정한 것이다.

전동 킥보드의 위험을 예상하고 실행하는 단계에서는 많은 다른 인지적 기능처럼 학습은 지각과 실행 간 연결을 기반으로 하고 있다. 실행력은 훈련에서 개발되고 형성된다. 위험 지각 프로그램을 통해 학습자들의 위험 지각 능력을 함양하기 위해서는 이론적으로 지도하는 요소와 실질적 실행의 요소들이 병행하는 것이 가장 효과적이다(Meir et al., 2013a). 예를 들어, 중재 시뮬레이션 프로그램에 더하여 개념적 교육을 더하는 것이 운전자의 안전교육을 내실있게 구현할 수 있는 방법이라고 할 수 있다.

4. 안전 및 건강 관련 교수-학습 및 평가 방법

영어과 교육과정의 교수-학습 및 평가 방법 등이 안전 및 건강과 관련하여 종적 및 횡적 연계성을 갖추었는지 분석한 결과, 자기관리 역량, 공동체 역량, 심미적 감성 역량 등의 역량을 총괄목표로 설정했음에도, 그 총괄목표들을 달성하기 위해 스코프와 시퀀스를 고려하여 지속적이고 순서화되어 있지 않았다. 학습자들이 안전문화를 정착시키는 데 능동적으로 참여하고 안전규칙을 준수할 뿐만 아니라 위험이 어떻게 사고로 이어지는 지에 대한 이해와 판단을 이끌어 내고, 이러한 인식이 행동과 실천으로 나타날 수 있도록 안전의식을 함양하는 교수-학습 방법이 설정되어 있지 않았다.

또한, 영어과교육과정에서는 결과 중심 평가에서 과정 중심 평가로의 전환을 강조하고, 과정 중심의 평가 방법과 실행을 명시하고 있는데도, 안전 및 건강 관련하여 교수-학습 및 평가 방안이 제시되어 있지 않았다. 다시 말해서, 일정한 기간 동안 학습한 내용을 측정하는 수동적인 학습결과 중심의 평가에서 수시로 다양하게 평가하는 능동적인 과정 중심의 평가(김진석, 2018)의 방안을 마련하지 않았다. 구체적으로 살펴보면, 위험 리터러시 기반 안전 및 건강 관련 교수-학습 및 평가 방안을 분석한 결과, 6학년 5종 교과서에 설계된 활동들은 다음과 같다.

- Think & Talk / Sing & Read / Play Together / Talk Together / Read & Speak / Read & Write in Real Life / Read to Write / Think & Write

위의 활동들은 학습자들이 듣기, 말하기, 읽기, 쓰기 등의 활동을 수행하면서 의사소통능력을 함양할 수 있도록 설계된 것이다. 이러한 활동을 수행하는 중에 학습자들이 어느 정도 달성하였는지를 교사나 학생이 관찰평가, 자기평가, 상호평가 등을 통해 수시로 측정하고, 서로 피드백을 주는 평가를 제대로 하고 있지 못하고 있다.

학습자들이 실질적으로 위험을 인식하고 위험 요소를 제거·감소할 수 있는 능력을 함양하기 위해서는 학습자들이 위험에 적극적이고 능동적으로 대처하는 태도를 기르고, 위험을 지각·이해·분석·예측·결정하는 지식 및 기능을 함양하며, 위험을 신중하게 판단하고 대처하는 실행력을 함양해야 한다(김진석, 2022b). 이를 위해, 위험 리터러시 기반 교수·학습 및 평가 방법을 설계하고 구현해야 한다. 예를 들어, 교수·학습 활동으로는 '사례 중심 스토리텔링, 역할극, 실제 시연, 그룹 토론, 위험 지점 표시 시트('Spot the hazard' sheet), 스티커 제작, 포스트 제작, UCC제작' 등(김진석, 2021)을 할 수 있고, 평가방법으로는 형성평가, 수행평가, 역동적 평가(dynamic assessment) 등의 과정평가를 계획하고, T/F, 토론, 토의, 대화, 인터뷰, 시뮬레이션, 역할놀이, 자기평가, 교사 평가 설문지 등의 평가를 실행할 수 있다.

과정 중심 평가는 통합적 지식 및 기능, 핵심적 역량, 인지적·정의적 특성 등을 수시로 평가하고 분석하여 학습자들에게 즉각적인 피드백이나 스캐폴딩하는 특징이 있다(김진석, 2021). 수업활동 중 즉각적이거나 체계적인 피드백이나 스캐폴딩을 통해 학생이 자신의 학습을 자기 주도적으로 지속적이고 능동적으로 성찰하고 개선할 수 있어야 한다. 일반적으로 사람들마다 다양한 위험 상황들을 지각하는 정도가 다르고, 다양한 위험 상황별 대처하는 능력을 체득하고 실행하는 것이 쉽지 않다. 실제, 동일한 위험도 학생 개개인마다의 가치관, 규준, 신념에 따라 다르게 인식하고 대처하기 때문이다. 그래서 객관적 위험과 주관적 위험 간 차이를 줄이는 교수·학습 방법이 마련되어야 한다(Nara & Sato, 2016).

위험 리터러시 기반 교실수업에서는 위험 관리의 과정, 위험 커뮤니케이션의 과정, 위험 관리의 테크닉, 위험 커뮤니케이션의 테크닉, 신뢰의 중요성, 위험 요인 판단·대처 능력 등이 중심이 되어야 한다. 이 과정이 제대로 실행되지 않으면 행동의 부주의, 지식 부족, 안전 규칙의 미이행, 판단력 미흡 등으로 안전사고가 발생할 수 있다. 객관적 위험과 주관적 위험 간 간극을 최소화하기 위해, 교사는 수업 활동 중에 지속적이고 체계적으로 피드백을 주어야 한다.

또한, 위험 대응 능력이 현저하게 떨어지는 학습자들에게는 맞춤식 스캐폴딩과 모니터링을 통해 학습자의 역량을 함양해야 한다. 이러한 간극을 줄이기 위한 스캐폴딩의 전략을 거시적 전략과 미시적 전략으로 세분할 수 있다. 거시적 스캐폴딩의 전략으로는 (a) 정서적 분위기 조성, (b) 자기 조절 촉진하기, (c) ZPD에 머물게 하기, (d) 발전 및 적용, (e) 상호주관성 갖기 등이 있고, 미시적 스캐폴딩의 전략으로는 (a) 동기 유발, (b) 생각 모으기, (c) 정서적 지원, (d) 거리두기, (e) 지시하기, (f) 제안하기, (g) 시범 보이기, (h) 반론 및 모순 지적하기, (i) 확인하기, (j) 강화, 피드백 등이 있다(이상수, 강정찬, 황주연, 2006). 좀 더 구체적으로 살펴보면, 교사는 수업의 과정(도입, 전개, 정리)에서 필요로 하는 스캐폴딩의 유형들 중 정서적 지원을 좌절 조절하기, 의견 존중하기, 격려하기 등으로, 거리두기를 발문, 과제 지향, 과제 완성, 낮은, 중간, 높은 단계의 거리두기 등으로, 지시하기를 역할 분담 및 지시, 방향유지, 자유정도 감소하기, 설명하기 등으로, 제안하기를 심화 및 보충하기, 새로운 시도 제안하기 등으로, 시범보이기를 시연, 언어나 몸짓을 통한 도움, 힌트주기 등으로, 확인하기를 자기 아이디어 산출하기, 요약 및 정리 진술하기 등으로, 강화 및 피드백을 학습 결과에 대한 역동적 평가, 강화와 피드백 제공하기, 보충하기 등으로, 발전 및 적용하기를 새로운 ZPD에 머물기, 탈자동화, 환원하기, 심화 및 도전하기 등으로 세분(강이철, 2004)하여 수업을 계획할 필요가 있다.

무엇보다도, 학습자들이 위험관리 능력이 있는지를 측정할 필요가 있다. 위험관리 능력은 삶을 풍요롭게 하는 핵심 생활기능(key life skill)으로 불확실하게 나타날 수 있는 잠재적 위험을 제거할 수 있는 지속가능한 능력이다(Shearn, 2014). 그래서, 학생들은 실제 직면한 위험을 올바르게 판단하고 결정하는 위험관리 능력을 함양해야 한다. 다시 말해서, 학습자들이 위험에 직면하면 어느 정도 통제력을 행사하고 손실없이 원하는 결과를 달성할 수 있는 능력을 함양해야 한다. 이를 위해서는 위험예방가능성 5점 척도(risk preventability scale)를 기반(예, 척도 0−1는 사소한 위험, 척도 2−3은 용인(감수)할 수 있는 위험, 척도 4−5는 용인(감수)할 수 없는 위험)으로 하는 기본적인 위험예방 필수조치를 취해야 한다(Shearn, 2014: 99). 영국의 Health & Safety Executive에 의하면, 잠재된 위험 요인(hazard), 위험 노출 정도(exposure), 위험 취약성(vulnerability)의 정도성을 평가하여 위험 점수(risk score)를 다음과 같이 측정할 수 있다.

〈표 2〉 위험 점수(Health & Safety Executive)

	잠재된 위험 요인 (hazard) (1–3점)	위험 노출 정도 (exposure) (1–3점)	위험 취약성 (vulnerability) (1–3점)	위험 점수
인간의 조치에 의해 완화될 수 없는 바이러스				

주관적이지만 위험점수를 통해 사소한 위험, 용인(감수)할 수 있는 위험, 용인(감수)할 수 없는 위험으로 나누며, 그 위험들을 내재된 위험 확인(1단계), 누가 어떻게 피해를 볼지 결정(2단계), 위험을 평가하고 예방책 결정(3단계), 결과물을 기록하고 그들을 실행(4단계), 자기평가로 성찰하고 필요시 업데이트(5단계)와 같은 다섯 단계(Forest School)의 과정으로 위험을 예방할 필요가 있다. 예를 들어, 물놀이 안전체험의 경우, 5점 척도로 구성된 위험 예방 가능성 척도(risk preventability scale)의 데이터 분석 결과, 0에서 5까지 폭 넓게 위험이 발생했지만, 척도 4–5에 해당되는 위험은 익수 사고로 분류할 수 있다. 사소한 위험이나 용인(감수)할 수 있는 위험을 통제하는 것은 지나친 과잉보호라 할 수 있다. 그럼에도, 합리적 실행가능성(reasonable practicality: RP)의 조치를 실행해야 한다. 예를 들어, 교육 매뉴얼을 바탕으로 보호 장비(구명조끼 등)를 하고 비상 조치를 해야 한다. 사고의 원인코드별 분류를 기반으로 척도 4나 5에 해당되는 위험으로 분류될 경우 사소한 위험 수준에 도달할 때까지 RP가 있는 조치를 적절하게 취해야 한다. RP의 조치가 적절하게 취해진 상황에서는 사고가 거의 일어나지 않았기 때문이다. RP에서는 안전이 절대적인 것이 아니라 항상 문제가 있다는 것을 지속적으로 인식해야 한다는 것을 전제한다.

또한, 위험관리역량 진단도구를 요인(인지, 가치 및 태도, 실행 등)별로 구성하고, 그 도구를 교사용과 학생용으로 나누어서 개발할 필요가 있다. 예를 들어, 학생 문항들 중 인지요인으로 "나는 위험상황에 대한 대처방법을 알고 있다. 나는 학교에 설치된 안전 장비의 사용법을 알고 있다."를 설정할 수 있고, 실행요인으로 "나는 위험 상황 발생 시 적절하게 대처할 수 있다. 나는 안전 교육과 훈련에 적극적으로 참여한다." 등을 설정할 수 있다.

물론, 장기적으로는 위험평가 · 관리시스템을 구축할 필요가 있다. 다시 말해서, 위험을 적절하게 평가하고 관리하며, 위험 행동을 적절하고 지속적으로 통제하고 효과적으로 조치를 취하는 시스템이 구축되어야 한다. 안전의 모든 영역에서 강력한 위험관리 시스템을 갖추는 것이 효과적인 안전관리의 핵심이며, 그러한 시스템은 학교생활기록부(NEIS) 등과 통합되어 구동할 수 있을 것이다.

핵심개념

- 스코프와 시퀀스
- 문화 간 의사소통능력(intercultural communicative competence)
- 총괄목표와 세부목표
- 위험 상황 시나리오
- STAR모형 기반 수업 설계
- 중재 시뮬레이션
- 스캐폴딩의 거시적 전략과 미시적 전략
- 위험 지점 표시 시트('Spot the hazard' sheet)
- 위험예방가능성 척도(risk preventability scale)
- 합리적 실행가능성(reasonable practicality)

제7장 연습문제

1. 총괄목표를 달성하기 위해서는 세부목표에 적합한 내용이 설정되어야 한다. 세부목표들 중 위험 리터러시와 밀접하게 관련된 역량은 자기관리 역량, 공동체 역량, 창의적 사고 역량, 심미적 감성 역량이라고 할 수 있다. 이러한 역량을 학습자들이 함양하도록 하기 위해서는 교육과정의 내용, 교수-학습 방법, 평가 방법 등이 연계성을 갖추어야 한다. 위험교육에서 연계성을 갖춘 사례를 세부목표, 역량 등을 고려하여 예시하시오.

2. 약물·사이버 안전교육의 소재에 사이버 괴롭힘(cyber bullying)을 포함할 필요가 있다. 미국의 경우, 2011년부터 사이버 괴롭힘이 학교 안전을 저해하는 주요 문제로 다루어 왔고, 2021년 학교안전개선법(Safe Schools Improvement Act)을 제정하여 적대적이고 폭력적인 사이버 괴롭힘으로부터 학생을 안전하게 보호하고자 하였다. 사이버 괴롭힘이 빈번하게 발생되게 하는 위험 요인이 사고로 이어지지 않도록 지도하는 방안에 대해 설명하시오.

3. 위험 리터러시 기반 안전과 건강 관련 수업에서, 위험한 상황의 객관적 이해와 위험에 대한 주관적 이해를 구분하고, 위험관리와 위험 커뮤니케이션을 통해 그들 간 간극을 줄이거나 최소화(Nara & Sato, 2016)하는 것이 중요하다. 이를 위해, 위험 리터러시 기반 안전과 건강 관련 수업을 설계하시오.

4. 위험 대응 능력이 현저하게 떨어지는 학습자들에게는 맞춤식 스캐폴딩과 모니터링을 통해 학습자의 역량을 함양해야 한다. 이러한 간극을 줄이기 위한 스캐폴딩의 전략을 거시적 전략과 미시적 전략으로 세분할 수 있다. 각각의 유형과 특징을 기술하시오.

제8장

기후재난 관련 위험교육: 간학문적 실러버스

객관적 위험과 주관적 위험 간 차이를 줄이는 교수 · 학습 방법이 마련되어야 한다.
– Nara & Sata(2016)

생각하기

1. 기후 위기에 대한 국제적 협력과 개별 국가의 대응은 어떠한가?
2. 기후 위기와 관련하여 위험 리터러시 기반 수업을 어떻게 구현할 것인가?
3. 기후 위기를 해결하기 위해 위험 리터러시 기반 평가방법을 어떻게 실행할 것인가?

유네스코(2009)에서는 리터러시를 다른 사람들과 의사소통을 잘 하고 사회적 관습을 알고 실천하는 능력으로 정의하고 있다. 실제, 의사소통은 다양한 장르들로 분류[1]할 수 있는데, 그들의 공통점을 바탕으로, Ghesemi와 Rasekh(2020: 23)는 리터러시를 "특정한 영역에서 의사소통을 이해하고 적용하는 능력"으로 정의한다. 예를 들어, 특수 목적의 장르들로는 인간관계, 시민법, 경제, 사업, 광고, 위험 등의 리터러시를 들 수 있고, 이들은 의사소통을 이해하는 데에 그치지 않고 실생활에 적용하는 능력까지 포함하고 있다. 이 장에서는 학습자들을 위한 위험 리터

1 의사소통 리터러시는 참가자를 기준으로는 인간 내적, 대인 간, 그룹, 로봇 리터러시 등으로, 특수 목적을 기준으로 시민법, 재정, 사업, 광고, 위험 리터러시 등으로, 맥락을 기준으로 문화 내, 문화 간 리터러시 등으로 장르를 세분할 수 있다(김진석, 2021b).

러시의 목표 및 내용 체계를 정립하고, 기후 위기를 해결하기 위한 위험 리터러시 기반 교수·학습 및 평가 방법에 대해 살펴보고자 한다.[2]

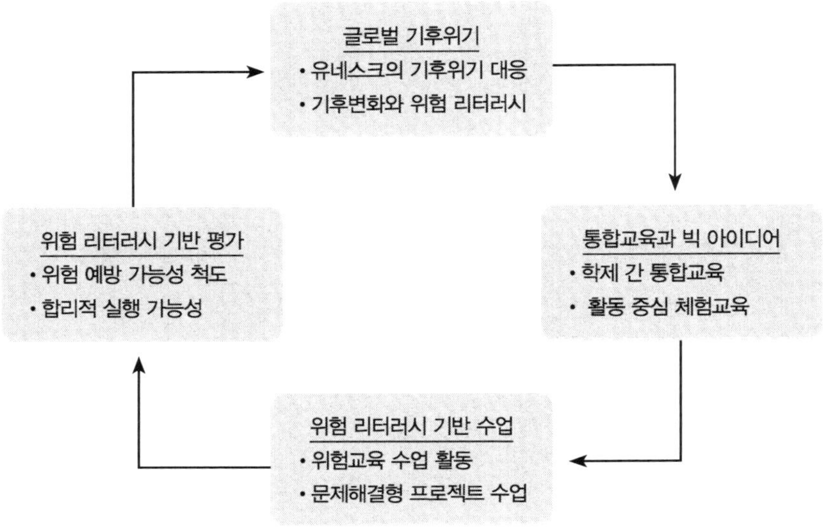

[그림 1] 핵심 내용 흐름도

1. 지역 · 국가 · 글로벌 기후위기

지구온난화로 인해 지구촌 곳곳에 이상기후 현상이 나타나고 있다. 기후위기의 주범은 전기 생산(27%), 제조(31%), 사육과 재배(19%), 교통과 운송(16%), 냉방과 난방(7%) 등 약 510억 톤의 온실가스 배출량을 차지하는 산업들이다(Gates, 2021). 이런 측면에서, Giddens(2009)는 선진 산

2 이 장은 김진석(2021)을 위험 리터러시의 관점에서 수정하고 보완한 것임.

업국들이 책임국가(ensuring state)로써 글로벌 기후위기 상황을 직시하고, 이에 즉각적으로 대응하기 위한 노력의 일환으로 저탄소 에너지 경제체제로의 전환을 강조했다. 실제로 기후위기 상황에 관한 과학적 연구들이 2009년부터 급증하고(Wilson & Orlove, 2021), 기후 문제 대응을 위한 국제적 협력과 개별 국가의 정부가 주도하는 대응정책이 마련되고 있다(임연수 외, 2021). 예를 들어, 2015년 12월 12일 채택한 파리협정(Paris Agreement)은 97년 채택한 교토의정서(Kyoto Protocol)와 달리 모든 당사국에게 구속력이 있는 국제적 합의이다. 파리협정은 제21차 유엔 기후변화협약 당사국총회에서 교토의정서가 만료되는 2020년 이후의 신 기후 체제를 수립하기 위한 합의문이다.

최근, 제26차 유엔기후변화 글래스고 협약에서는 지구 평균온도 상승을 1.5℃ 내로 억제해야 하기 위해 탄소중립 실현에 합의했다. 실제, 파리협정 채택(2015년 12월 12일) 후 수년간의 협상을 거쳐 제24차 당사국총회(2018년, 폴란드)에서 파리협정의 이행에 필요한 규칙 대부분이 마련되었으나 당사국 간 이견으로 채택이 결렬되었고, 제25차 당사국총회(2019년, 스페인)에서도 합의에 이르지 못했다(11월 1일 환경부 보도자료).

유네스코(2014: 9)에서는 학습자가 범지구적 이슈들을 해결하는 데에 능동적으로 참여할 수 있도록 역량을 강화하는 것을 목표로 하고, 학습자들이 보다 공정하고, 평화롭게, 수용적이고, 안전하고, 지속 가능한 세상에 기여할 수 있도록 가르치는 것에 그 의의를 두고 있다(김진석, 장은숙, 2020). 유네스코의 지속가능개발의 목표로 제시된 "건강한 삶 및 복지, 양질의 교육 보장, 깨끗한 물과 위생, 안전하고 지속가능한 도시와 공동체 구축, 기후변화와 그에 대한 대응(climate action)"들 중 기후변화와 그에 대한 대응을 더욱 강조하고 있다.

EU에서는 탄소국경조정제도(Carbon Border Adjustment Mechanism: CBAM)를 2026년 1월부터 본격적으로 시행한다. CBAM은 무역관세의 일종이다. 탄소배출량 감축규제가 강한 국가에서 상대적으로 약한 국가로 탄수배출이 이전되는 탄소유출(carbon leakage)의 문제를 해결하기 위한 것이다(김진석 외, 2024). 이는 저탄소 제품 생산을 위한 투자로 생산원가가 상승해 역외국 대비 불공정한 상황에 노출된다는 문제의식에서 출발한 것이다(KOTRA, EU탄소국경조정제도 Q & A).

무엇보다도, 학습자들은 기후변화에 따른 위험을 지각하고 인지하는 것이 중요하다. 지각된 위험은 기후변화 의식과 대응행동 의도에 정적인 영향을 미치고(김서용과 김선희, 2016), 지각 요인들 중 지각된 위험의식이 기후변화에 대한 행동을 높이며(Kwon 외, 2019), 학생의 기후변화 지식이 기후변화 위험인식에 영향을 미치고 기후변화 위험인식은 기후변화 태도에 긍정적 영향을 미치고 있기 때문이다(김종민 외, 2021). 또한, 학습자들은 기후변화에 따른 위험을 제대로 이해·분석·예측·판단하는 능력을 함양해야 한다. 지식과 기능은 기후변화 관련 위험을 인지하는데 지대한 영향을 주기 때문이다(Osman 외, 2018; Van der Linden, 2015).

따라서, 교실수업에서 기후위기와 같은 글로벌 이슈를 능동적으로 탐구하여 기후위기를 해결하는 방안을 모색하며, 실생활에 실천하는 능력을 함양하는 방향을 모색해야 한다. 교실수업에서 학습자들은 기후위기의 예로는 무엇이 있는지를 설명하고, 나/우리와 어떤 연관이 있는가를 해석하며, 학습한 지식과 기능을 적용할 수 있는 객관적 이해 능력을 길러야 한다. 더 나아가 학습자들은 기후위기에 대한 통찰력과 비판적인 견해로 자기 나름의 관점을 가지고, 기후 위기가 무엇을 느끼고 볼 수 있도록 하였는지를 판단하며, 기후위기에 대한 자신의 사고 및 행위를 반성할 수 있는 자기지식(self-knowledge)을 함양하도록 해야 한다.

실제, 초등영어 교실수업에서는 기후위기와 관련된 문제를 해결하려는 다양한 수업활동들이 구현되고 있다. 영어과교육과정의 소재(계절, 날씨 등 자연 현상에 관한 내용, 환경문제, 자원과 에너지 문제, 기후 변화 등 환경보전)를 바탕으로, 교과서에서는 일기변화, 환경보호, 지구촌의 삶과 기후변화, 계절과 날씨, 환경 변화, 환경 개선과 지속가능성, 자연과 사람, 대기와 오염 간의 관련성, 기후변화와 양질의 삶, 국경 없는 환경문제, 천연자원 고갈과 기후 변화, 지속 가능한 발전에 대한 지구촌의 노력 등을 주제로 단원을 구성하고 있으며(김진석, 2019a), 교실수업에서는 학습자들이 기후위기를 지각하고 인식하도록 수업활동을 구현하고 있다. 그럼에도, 여전히 영어교실수업에서 기후위기를 날씨나 자연환경의 문제로 간주하는 경향이 있다. 이는 학습자들이 기후위기의 심각성을 일상생활 속에서 지각하기 어렵고 기후 문제를 방관하게 할 가능성이 크게 나타날 수 있다(Giddens, 2009). 따라서, 학습자들이 기후위기를 이해·분석·예측·판단하는 능력을 기르고, 실질적으로 기후위기를 해결하는 실행력을 갖도록 하기 위해 위험 리터러시 기반 교수-학습 및 평가 방법을 마련할 필요가 있다.

2. 위험교육: 기후위기 관련 통합교육

RosPa에 의하면, 전체 교과 과정 내에서 안전과 위험을 나선형으로 실로 꿰는 학제 간 통합교육이 시행되어야 한다(김진석, 장은숙, 2021). 또한, 영국 정부와 건강안전부(Health & Safety Executive)는 수학여행의 안전에 대한 새로운 지침을 개발하고, 위험 평가에 대해 합리적이고 비관

료적인 접근 방식을 권장하며, 예측 가능한 위험을 통제하고 미래 학교에 도움이 될 수업의 계획을 개선할 수 있도록 모니터링하고 조사하고 학습할 필요성을 강조했다. 모니터링을 구체적으로 살펴보면, 교사가 위험 리터러시 기반 안전교육의 과제를 더 잘 설계하고 구현할 수 있도록 하고, 학교 현장에서 위험교육이 잘된 것과 부족한 것을 점검하면서 부족한 부분을 보충할 수 있는 방법에 대해서 함께 고민하는 일련의 과정이 포함된다.

RosPa에서는 모든 현명한 것들과 국가 커리큘럼의 안전 및 위험교육은 학교 맥락에서 점점 더 연결되어 내실화된 수업을 구현해야 한다. 실제로 정부는 현재 핵심 단계(key stage) 3에 해당하는 학생을 위해 개인, 사회 및 보건교육(Personal, Social & Healthy Education: PSHE)에서 안전 및 위험교육을 더 효과적으로 교육하는 방법을 컨설팅하고 있다. PSHE는 개인의 정서적, 사회적 발달 및 건강, 마약, 인간관계와 관련된 쟁점들을 핵심 내용으로 한다. 특히, 자기 자신의 감정과 행동을 이해하고 조절하며, 다른 사람과 건강한 관계를 맺고 다른 사람과의 갈등을 효과적으로 해결해 나갈 수 있도록 지식, 태도 및 기술을 체득(이인재, 2025)하는 데 초점을 두고 있다.

위험교육을 실행하는 교실수업에서, 간학문적 실러버스 기반 단원의 주제 선정 시, 빅 아이디어를 중심으로 해야 한다. 빅 아이디어는 학습자들이 영속적으로 이해해야 하는 주요 아이디어와 핵심과제이기 때문이다(Wiggins와 McTighe, 2005). 예를 들어, 빅 아이디어로 설정한 '환경문제의 탐구와 이해' 단원의 학습목표를 달성하기 위해, 언어, 과학, 수학, 사회, 미술, 체육 등의 교과적 특성과 활동들을 바탕으로 다음과 같

이 간학문적으로 접근할 수 있다.[3]

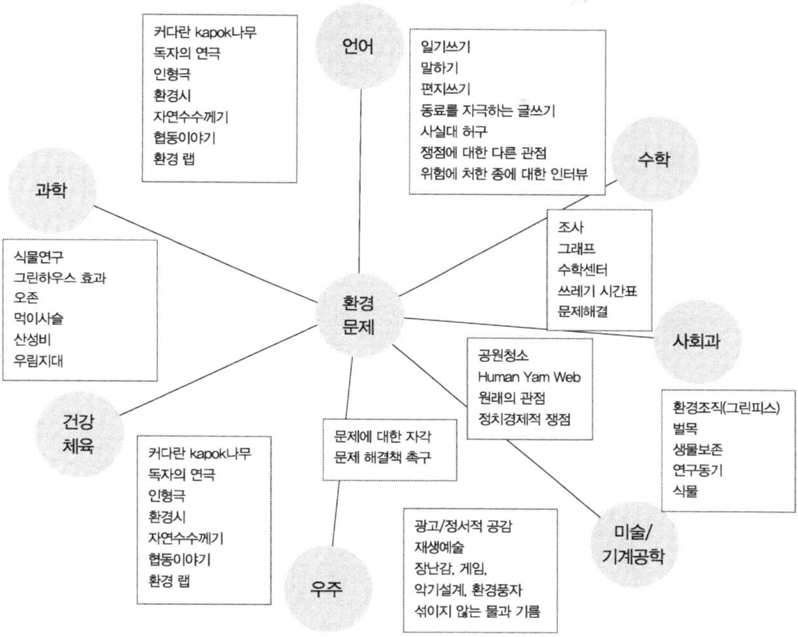

[그림 2] 간학문적 접근방법: 환경문제(노철현, 2020)

위의 그림에서와 같이, 언어에서는 일기 쓰기, 말하기, 편지쓰기, 동료를 자극하는 글쓰기, 사실 대 허구, 쟁점에 대한 다른 관점, 위험에 처한 종에 대한 인터뷰 등을, 과학에서는 식물 연구, 온실효과(greenhouse effect), 오존, 먹이사슬, 산성비, 우림지대를, 건강과 체육에서는 연극,

3 2022교육과정에서의 핵심 아이디어는 빅 아이디어와 유사하다. 핵심 아이디어는 영어 학습을 통해 학습자가 함양해야 하는 영어 이해 및 표현 영역의 의사소통에 필요한 일반화된 내용이다. 이전 교육과정의 영역별 핵심 개념 및 일반화된 지식을 재정리하고, 영어과 역량의 개념을 반영하여 영역별로 핵심어를 추출하였으며 '지식 · 이해', '과정 · 기능', '가치 · 태도'의 측면을 고루 포괄하여 초등학교와 중학교를 아우를 수 있도록 기술하였다(교육부, 2022).

인형극, 환경시, 자연 수수께기, 협동 이야기, 환경랩을, 사회과에서는 공원 청소, 정치·경제적 쟁점, 환경 조직(그린피스), 벌목, 생물 보존 등을 고려하여 수업활동을 설계할 수 있다.

이렇게, 빅 아이디어는 '핵심역량, 범교과적인 주제(환경문제, 인구 문제, 빈부 격차, 고령화, 인권, 양성평등, 문화 다양성 등)나 교육과정에서 제시한 소재, 성취기준, 의사소통 기능' 등으로 구성될 수 있다(김진석, 2018). 따라서, 교사는 빅 아이디어를 중심으로 학습자들이 동료들과 소통하고 협력하여 문제를 해결하거나 과제를 완수함으로써 빅 아이디어를 효과적으로 달성할 수 있도록 설계해야 한다(김진석, 2018).

빅 아이디어 중심의 수업을 하게 되면, 앞 장에서 살펴본 바와 같이, 학생들은 빅 아이디어 기반 활동 중심 체험교육을 통해 영속적으로 이해할 수 있어서 어떤 긴박한 위험의 순간에 순간적인 기지나 올바른 판단으로 위험을 벗어날 수 있는 위기대응능력이 체화되어 습관화될 수 있을 것이다(학교안전공제중앙회, 2021). 학습자가 위험 요인을 미리 알고 대처하는 위기대응능력이 체화되지 않아 발생한 다음의 사례를 살펴보자.

사례

2015년 10월 30일 6교시 체육수업 중 발야구를 하다가 1루에서 2루로 뛰어가는 도중 다리에 힘이 풀리며 넘어지면서 무릎이 땅에 부딪힘. 넘어지고 무릎의 통증을 호소하여 보건실로 이동 무릎이 부어올라 보건 선생님의 얼음 찜질의 조치를 받았으며, 귀가 후 00정형외과에 가서 X-rey 및 MRI를 촬영하여 전방십자인대가 끊어졌다는 처방을 받음. 그러나, 부종이 심하여 십자인대의 상황을 정밀하게 보기 위해 병원에서 며칠 더 있다가 다시 내원할 것을 권유함. 전방십자인대의 부상과 수술의 상황이 중요한 내용인 만큼 근처의 000정형외과를 방문하였으나 같은 진단을 받고 수술을 권유받음(학교안전공제중앙회 자료집).

위 사례는 체육수업 중 발야구를 하다가 1루에서 2루로 뛰어가는 도중

다리에 힘이 풀리며 넘어지면서 무릎이 땅에 부딪혀 발생한 중대 사고들 중 하나다. 피해 학생이 다리가 풀리면 뛰지 않아야 된다는 것을 제대로 인지하지 못하고, 위험 요인이 사고로 이어질 것이라는 예측하지 못한 채 계속 뛰어 간 결과라고 할 수 있다. 피해 학생의 개인 요인으로는 과다 의욕 등으로 볼 수 있고, 피해 학생의 위험한 행동을 부추긴 또래 요인 등이 있을 수 있다.

학교의 생활이나 학교 밖 공동체 내에서 일어날 수 있는 위험한 요인을 추출하여 빅 아이디어로 설정하면 학습자들이 친숙하여 다양한 접근 방식으로 위험이 사고로 이어지지 않도록 미리 알고 대처하는 위기대응 능력을 함양할 수 있을 것이다. 이런 측면에서, 초등영어 교실수업에서 위험 리터러시 교육이 제대로 실행되기 위해서는 빅 아이디어를 고려한 성취기준이 설정될 필요가 있다. 예를 들어, 교육과정의 소재 중 하나인 환경문제와 관련된 'Garbage Islands: Sailing in a Sea of Plastic'(신정현 외, High School English Ⅱ, YBM) 단원의 빅 아이디어는 "지구촌의 환경 및 오염 문제에 대해 학습자들 간 토론하면서 자신의 의견을 논리적이고 합리적으로 표현할 수 있다"로 설정할 수 있다(김진석, 2018). 이런 측면에서, "기후 위기와 관련한 텍스트를 읽고 토론·발표할 수 있다."와 같은 학습목표를 설정할 수 있을 것이다.

3. 위험교육: 기후위기 관련 교수 · 학습 방법

초등영어 교실수업에서 학습자들은 기후위기의 원인을 인지하고, 기후위기의 영향을 환경적 영향, 사회적 영향, 경제적 영향으로 분석하여 기후위기를 예측하는 능력을 신장해야 한다. 이러한 교실활동을 통해,

초등영어학습자들은 기후위기에 적극적이고 능동적으로 대처하는 태도를 기르고, 위험을 지각 · 이해 · 분석 · 예측 · 결정하는 지식 및 기능을 함양하며, 위험을 신중하게 판단하고 대처하는 실행력을 함양할 수 있을 것이다. 이를 위해, 기후위기와 관련한 위험 리터러시 기반 교수 · 학습 및 평가 방법을 설계하고 구현해야 한다.

위험 리터러시 기반 교수 · 학습 방법으로는 6장에서 살펴본 바와 같이, '총체적 학교 접근법, 문제 중심 접근법, 프로젝트 중심 접근법' 등이 있고, 교수 · 학습 활동으로는 '사례 중심 스토리텔링, 역할극, 실제 시연, 그룹 토론, 위험 지점 표시 시트('Spot the hazard' sheet), 스티커 제작, 포스트 제작, UCC제작' 등이 있으며, 평가 방법으로는 '백워드 설계, 형성평가, 역동적 평가, 수행평가' 등이 있었다. 예를 들어, 초등영어 수업활동에서 온실 기체의 증가, 에너지 과다 사용, 해빙, 해수면 변화, 이상기후, 생태계 변화, 사회적 문제, 질병 증가 등과 관련된 문제해결 프로젝트형 수업을 구현한다면, 학습자들이 기후위기를 이해하고 분석할 수 있는 능력이 효과적으로 신장될 수 있을 것이다. 문제해결 프로젝트형 수업에서는 학습자들이 모둠별로 기후위기의 문제를 해결하는 방안을 소통하고 협력하여 설정하고 발표하는 수업이기 때문이다. 문제해결 프로젝트형 영어수업 시, 학습자들에게 기후위기의 원인으로 "consumption, energy, food, water, waste products"와 같은 범주들을 제시한 후, 해결방안을 모색하는 방안을 모둠별로 포스트 발표를 하도록 한다면, 다양한 방안들 즉, "Reduce food waste. Plan our menus to avoid food waste. Stop consuming ready meals." 등이 표현될 수 있을 것이다.

일반적으로, 사람들마다 다양한 위험 상황들을 지각하는 정도가 다르고, 다양한 위험 상황별 대처하는 능력을 체득하고 실행하는 것이 쉽지 않다. 실제, 동일한 위험도 학생 개개인마다의 가치관, 규준, 신념에 따라 다르게 인식하고 대처하기 때문이다. 그래서, 객관적 위험과 주관적 위험 간 차이를 줄이는 교수·학습 방법이 마련되어야 한다(Nara & Sata, 2016). 이를 위해서는 위험 관리와 위험 리터러시가 필수적이다. 위험관리 능력은 핵심 생활기능이다. 위험 요인을 인지하지만, 의사결정이나 통제 능력이 부족하면, 위험 요인이 사고나 재난으로 이어질 수 있기 때문이다. 이 과정이 제대로 실행되지 않으면 행동의 부주의, 지식 부족, 안전 규칙의 미이행, 판단력 미흡 등으로 안전사고가 발생할 수 있다. 따라서 교사는 객관적 위험과 주관적 위험 간 간극을 최소화하기 위해 수업 활동 중에 지속적이고 체계적으로 피드백을 주어야 한다. 또한, 위험 대응 능력이 현저하게 떨어지는 학습자들에게는 맞춤식 스캐폴딩과 모니터링을 통해 학습자의 역량을 함양해야 한다.

영어교실수업에서 교사는 위험 리터러시의 내용을 주제로 하여 위험을 지각·이해·분석·예측·판단하여 위험을 제거·감소할 수 있는 역량을 함양할 수 있도록 수업을 설계하고 구현할 필요가 있다. 무엇보다도 객관적인 위험과 주관적인 위험 간 격차를 줄이기 위한 효과적인 위험 커뮤니케이션이 고려되어야 한다. 교사는 학습자들이 위험 요인을 탐구하고 이해하며 실생활에 실천할 수 있도록 효과적이고 적절하게 스캐폴딩하고 모니터링해야 한다. 영국의 건강 안전부(Health & Safety Executive: HSE)에서는 다가올 자연재해와 같은 위험한 상황을 정확하고 간결하게 전달하는 효과적인 위험 커뮤니케이션의 10단계 즉, '위험 관련 자료 수집, 위험의 과학적 근거 이해, 일어날 수 있는 부정적 영향 이해, 위험의 공적 인식 이해(조사, 인터뷰), 메시지에 대한 다양한 반응 기대, 위험 비교, 감정 요인의 중요성 이해, 위험이나 그 효과를 이해 가능한 방식으로 묘사, 관심 사항을 거부하지 않음, 다른 신뢰할만한 정보원들과 협업' 등을 설정하고 있다.

위험에 대한 원인과 대응 방법을 교육하는 것이 무엇보다 중요하기 때문에 위험에 대한 불안감을 해소하기 위해 총체적 교육으로 정립할 필요가 있다(조인식 · 정필운, 2015). 위험 요소는 정적이지 않으며 개인(예, 지식 또는 기술), 학교 (예, 정책), 동료 그룹 (예, 태도), 가족(예, 부모의 규칙들), 커뮤니티(예, 범죄) 등 여러 영역에서 나타날 수 있다(McWhirter 외, 2012). 이러한 위험 및 보호 요소를 이해하면, 부상 예방 및 개인 안전의 더 넓은 측면에 집중할 수 있도록 안전 교육 자료를 설계하고 제공하는 사람들을 도울 수 있다.

위험 리터러시 기반 초등영어 교실수업에서는 STAR모형(김진석, 2019b; 김진석 외, 2021)을 활용하여 문제해결 프로젝트형 수업을 설계하고 구현함으로써 학습자들의 위험 리터러시를 함양할 수 있을 것이다. 다시 말해서, 위험 관련 자료를 조사하여 탐구하고(surveying phase), 해결방안을 생각해보는(thinking phase) 일련의 수업 활동이 수행될 필요가 있다. 이는 사고·이해에 초점을 두고 있는 Nikiforidou(2017)의 첫 번째 과정과 유사하다. 예를 들어, 이산화탄소를 줄이는 방안에 대해 한국의 국립중앙과학관(https://www.science.go.kr/) 또는, 영국의 과학박물관(https://scienceorg.www.museum.uk/see-and-do/climate-talks) 등을 통해 조사하고 사고할 수 있을 것이다, 또는 영국의 과학박물관 자료들 중 "The world is warming. Human activities are the main cause. But why."의 글을 제시하고 여러분들의 일상 활동들 중 기후 위기의 원인이 될 수 있는 것을 모둠별로 토론하고, 그 해결방안을 발표하도록 할 수 있다(acting phase). 이러한 과정을 통해 교사는 초등영어 학습자들이 기후

위기의 상황에 대해 객관적으로 지각하고 이해하였는지를 퀴즈나 T/F 등을 통해 측정하고 자신의 인지 정도나 위험 대처 능력을 성찰할 수 있을 것이다(reflecting phase).

그러나 위험에 대한 이해는 학습자들 간 차이가 다양하게 나타날 수 있다. 예를 들어, 학습자들이 지구 평균온도가 1.5℃상승하게 되면 지구가 위험한 상황에 처한다는 것을 객관적으로 이해하였지만, 학습자 개개인들은 직접 경험하지 않은 먼 나라의 이야기처럼 주관적으로 인지할 수 있다. 이러한 위험의 주관적 이해와 객관적 이해 간 격차를 최소화하기 위해서는 교사는 위험 커뮤니케이션[4]과 위험 관리를 통해 간극을 최소화해야 한다(Nara & Sata, 2016). 이런 측면에서, 학습자들은 AR, VR 등의 도구를 기반으로 기후 위기를 체험하는 활동을 통해 기후위기를 인식하고 대처해 나가는 능력을 함양할 수 있을 것이다. 또한, 교사는 위험 체험관이나 AR, VR, 챗봇, 스크래치, 앤트리, 카훗 등을 활용하여 학습자들이 위기 상황에 대처할 수 있는 능력이 있는지를 측정하고, 그것을 토대로 주관적 이해와 객관적 이해 간의 간극을 최소화할 수 있도록 지속적이고 체계적으로 스캐폴딩[5]이나 피드백[6]을 줄 수 있을 것이다.

---

4 영국의 건강 안전부(HSE)에 의하면, 효과적인 위험 커뮤니케이션으로 다가올 자연 재해와 같은 위험한 상황을 메시지로 전달하고, 정확한 정보를 간결하고 직접적으로 제공함으로써 효과적으로 의사소통할 필요가 있음을 강조하고 있다(김진석, 장은숙, 2021).

5 스캐폴딩은 학습자들이 객관적 위험과 주관적 위험 간 간극을 최소화하여 학습 목표를 효과적으로 달성할 수 있도록 한다. 교사는 학습자가 위험 요인에 대해 이해하지 못하면 다른 방식으로 설명해 주거나 힌트를 주기도 하고, 더 잘 이해하도록 도움이 되는 질문을 한다. 또한, 수업 도중에 학급 친구들에게 질문을 할 기회를 주거나 교사에게 질문할 수 있는 기회를 주어 과제를 완수하거나 문제를 해결할 수 있도록 한다(김진석, 2018).

6 피드백은 평가 결과를 바탕으로, 학습자에게는 학습상의 강 · 약점을 파악하여 강점을 더욱 함양하고 약점을 교정할 수 있도록 정보를 제공하는 것이다. 교사에게는 학생의 수준을 분석하여 필요로 하는 것이 무엇인지를 추출하여 교수 · 학습을 개선할 수 있도록 제공하는 것이다(김성숙 외, 2015; 임은진 외, 2015). 교사가 학습자에게 적절한 피드백을 제공한다면, 교사와 학

4. 위험교육: 기후위기 관련 평가방법

초등영어 교실수업에서 학습자들이 기후 위기를 체험하면서 그들 간 상호작용을 통해 문제를 해결할 수 있도록 메타버스 플랫폼[7] 기반 교수·학습 및 평가 방안도 마련할 필요가 있다. 교수자는 학습자 개인 및 소그룹 활동에 대한 통제 및 학습자의 반응에 따라 즉각적으로 피드백을 주는 것이 용이하고, 학습자는 자신의 아바타를 통해 탐험과 체험으로 수업에 참여하고 몰입감과 호기심을 가지고 수업에 적극적으로 참여하며 자신의 수준 및 흥미에 따른 맞춤형 수업을 받는 것이 가능하기 때문이다. 무엇보다도, 학습자들은 게더타운에서 기후 위기를 토의·토론하고 발표하도록 하거나 역할극을 통해 위험을 실감하고 성취감도 얻을 수 있을 것이다. 예를 들어, 탐구하기와 사고하기 단계에서는 학습자들이 'Monitor Your Carbon Footprints'의 스페이스를 탐험하며 그들의 탄소지수를 생각해 보도록 할 수 있다.

생 사이에 학습에 대한 정보가 소통되고 다음 단계의 학습을 효율적으로 설계할 수 있다. 따라서, 경쟁을 유발하는 방향보다는 학습을 지원하고 학습 동기를 격려하는 방향으로 피드백을 제공하는 것이 효과적이다(임은진 외, 2015).

7 메타버스에는 VR/AR형 메타버스, SNS형 메타버스, 게임형 메타버스, 회의업무 교육형 메타버스 등이 있다. 예를 들어, SNS형 메타버스는 제페토, 게임형 메타버스는 로블록스, 회의 업무 교육형 메타버스는 게더타운, 이프랜드 등이 있다.

[그림 3] 탄소발자국 모니터하기

평가 실행 단계에서는 다음의 "한 끼 밥상 탄소 계산기 및 탈 플라스틱 정책을 알아보기"를 통해 기후위기의 문제를 해결하는 방안을 영어로 제시한다. 예를 들어, "Take a reusable bag to the store. Turn off lights." 등과 같이 모둠별로 탄소 배출량을 줄일 수 있는 방안을 논의하고 발표한다. 물론 학습자는 자신의 아바타를 통해 다음과 같이 한 끼 밥상 탄소 계산기 및 탈 프라스틱 정책을 알아볼 수 있을 것이다.

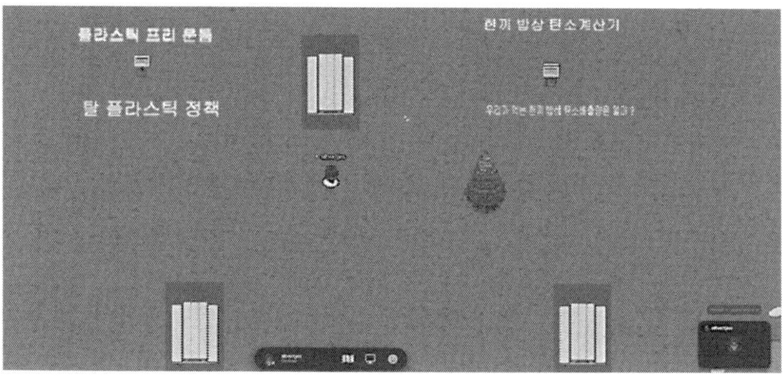

[그림 4] 한 끼 밥상 탄소 계산기 및 탈 프라스틱 정책 알아보기

또한, 수업 구현 단계에서 탈 플라스틱 방안과 관련하여 모둠별로 역할극을 할 경우, 다음과 같이 상황 최소화(minimal situation) 활동을 제시하여 모둠별로 스크립트를 만든 후 발표하도록 할 수 있을 것이다(Cranston, 1995).

(3) 상황 최소화 활동

(a) 개요

- 다섯 가지 위문사 중 4개를 사용함
- 정확하게 플라스틱 과다사용과 관련하여 일어난 사실만 다룸

(b) 지도

- 역할극 준비 시, 토의는 행위에만 초점을 둠(What happens? Who does it happen to? Who does it happen? Who does it happen?).
- 도입, 전개 및 절정, 결말을 부각함

위의 상황 최소화 활동을 디지털 스토리텔링으로 구현한다면, 학습자들이 언플러그(unplug)활동으로 스크립트를 모둠별 또는 짝별로 작성한 후, 스크래치나 엔트리로 코딩하여 발표하도록 수업을 실행할 수 있다. 이는 학습자들이 기후재난과 관련한 문제를 해결하는 활동 과정에서 비판적 사고능력, 창의력, 문제해결능력 등을 함양할 수 있도록 할 것이다. 물론, 이러한 역할극을 통해 학습자들은 기후위기를 지각하고 이해하며 플라스틱을 과다하게 사용하는 생활 습관을 개선할 수 있을 것이다.

성찰 단계는 도전 골든벨, T/F 등의 활동들을 통해 기후 위기의 심각성을 인식하고 기후 위기를 해결하기 위한 다각적인 방안을 정리하여 제출하도록 한다. 이렇게 플랫폼으로 이용할 경우, 직접 자신의 아바타로

가상세계를 체험하기 때문에 더 나은 상호작용의 효과를 가질 수 있다. 또한 실제로 아바타 간 거리가 가까우면 화상채팅이 활성화되고 멀어지면 비활성화되어 실제와 같은 자연스런 대화 경험을 제공한다(김진석 외, 2021).

마지막으로, 위험을 예방하기 위해서는 합리적 실행 가능성(Reasonable practicality: RP)을 고려할 필요가 있다(Shearn, 2014). 위험은 누구에게나 언제 어디서나 일어날 수 있다는 인식을 가져야 하고 합당한 RP조치를 취할 필요가 있다. RP에서는 안전이 절대적인 것이 아니라 항상 문제가 있다는 것을 지속적으로 인식해야 한다는 것을 전제한다. 교사는 위험 리터러시 기반 기후 위기 관련 교수·학습 활동을 구현한 후, 학습자들이 기후위기를 어느 정도 인식하고 있는지를 다음과 같이 위험 예방 가능성 척도(risk preventability scale)를 활용하여 스스로 점검할 수 있도록 할 수 있다.

(4) 위험 예방 가능성 척도(Shearn, 2014)

척 도	0	1	2	3	4	5
정도성	사소한 위험		감수할 수 있는 위험		용인할 수 없는 위험	
체 크						

수업시간에 탄소 발자국을 주제로 수업을 구현한 후, 위의 척도를 활용하여 학습자들이 지구 온난화의 위험을 어느 정도 인식하고 있는지를 자기 평가할 수 있도록 함으로써 위험에 대한 객관적인 위험과 주관적인 위험 간의 간극이 어느 정도인지를 점검할 수 있다. 예를 들어, 학습자들이 지구온난화로 인한 기후위기를 정량적인 자료를 통해 객관적으로 인식하였지만, 먼 나라의 위기로 인식한다면 사소한 위험에 체크할 것이

다. 이럴 경우에는, 교사는 학습자들이 기후위기에 대한 자신의 사고 및 행위를 반성할 수 있는 메타인지[8]를 함양하도록 체계적인 피드백이나 스캐폴딩을 해야 한다. 이런 측면에서, 교사는 위험예방가능성 척도를 기반으로 기본적인 위험 예방 필수 조치를 취해야 한다(Shearn, 2014; 김진석 외, 2021: 99).

지금까지 기후위기 관련 위험교육을 간학문적으로 접근하여 수업을 설계하고 구현하는 방향에 대해 살펴보았다. 학생들은 교실수업에서 실제 직면한 위험을 올바르게 판단하고 결정하는 위험관리 능력을 신장해야 한다. 이를 위해서는 학습자들이 위험 리터러시 기반 수업 활동에 능동적으로 참여하는 참가자(participants)의 역할[9]을 해야 한다. 학습자가 수신자, 청중인, 방청자가 되지 않도록 하기 위해서는 위험 판단형의 체험활동을 수업 시간에 구현할 필요가 있다(김진석 외, 2021; 김진석 외, 2022; 김진석 외, 2023). 이런 활동을 통해 위험관리 능력을 체화한 학습자들이 위험 상황에 직면하게 되면, 위험에 대해 어느 정도 통제력을 행사하고, 위험을 능동적으로 대처하여 사고가 유발되지 않도록 할 수 있을 것이다.

실제로 안전에 대한 RP의 접근 방식은 적절하고 충분한 위험 평가를 수행하는 기술에 달려 있다(RoSPA). 처음에는 위험이 사소한지, 보통인지, 높은지를 확인하고 마지막 두 범주에 해당하는 경우, 통제 조치가

8 위험 리터러시 기반 체험교육이 제대로 되려면 수동적으로 이해하는 사실적 지식 암기 위주의 하향식 접근이 아니라 학습자들이 상향식 접근의 체험을 통해 능동적으로 위험을 판단하고 대처하는 메타 인지적 지식이 필요하다.

9 위험요인을 전통적인 교실 상황에서와 같이 간접적으로 듣고 경험하는 수동적인 수신자(addressee)의 역할을 하는 경우가 있고, 체험관의 활동에 참여를 하고는 있지만 위험요인을 대강 이해하는 청중인(auditor)의 역할을 하기도 하며, 심지어 엿듣는 모습을 하면서 전혀 다른 행동을 보이는 방청자(overhearer)의 역할을 하기도 한다.

적절한 지 또는 더 많은 조치가 필요한지를(극단적으로 활동 종료 포함) 결정하는 것을 의미한다. 또한 평가를 통해 교사는 학습자에게 주의를 주기 위해 위험의 우선순위를 지정할 수 있으며, 그 위험은 일반적일 수도 있지만 상황에 따라서는 구체적이며 역동적일 수 있다.

RP가 인증한 보건 및 안전법의 의무에는 적절한 수준의 조직, 교육, 정보를 달성하는 데 필요한 단계와 같은 절차적 의무뿐만 아니라 통제 조치(보호, 유해 노출 통제를 위한 값 등)와 직접 관련된 의무가 포함된다(RoSPA). 즉, 위험을 성공적으로 식별하고, 위험을 평가하고, 올바른 조치를 선택하고 구현하기 위해 수행해야 하는 필수 사항이다.

또한, 학습자들이 위험을 인지하고 스스로 대처할 수 있는 능력이 어느 정도 신장되었는지를 다음과 같은 "2차적 위험 관련 자기평가지"를 통해 측정할 수 있다. 2차적 위험 관련 평가지는 학습목표를 달성했는지를 가늠하는 점에서 중요할 뿐만 아니라, 학습자들이 위험을 주관적으로 제대로 이해하게 되면 위험 요인이 사고의 직접적인 원인으로 이어질 수 있다는 것을 최소화할 수 있다는 점에서 평가를 실시할 필요가 있다(김진석, 2022).

(a) 나는 횡단보도의 위험 상황에 대한 대처 방법을 알고 있다.
(b) 나는 신호등이 없는 횡단보도를 안전하게 건너는 방법을 알고 있다.
(c) 나는 횡단보도의 위험 상황 발생 시 적절하게 대처할 수 있다.
(d) 나는 교통안전 교육과 훈련에 적극적으로 참여한다.

위 자기평가지의 (a)와 (b)는 인지적 측면을, (c)는 실행적 측면을, (d)는 가치 및 태도를 고려하여 구성한 설문지다. 물론 진단도구는 요인(인지, 가치 및 태도, 실행 등)별로 구성하고, 그 도구를 교사용과 학생용으로 나누어서 개발할 필요가 있다.

무엇보다도 학습자들의 인지적, 정의적, 심동적 영역 기반 학교급별·단계별 접근을 통해 교수·학습 및 평가를 내실있게 구현할 필요가 있다. 다시 말해서, 유치원과 초등학교에서는 학습자들이 교사의 스캐폴딩을 받아 위험 요인을 기초적으로 지각·이해·분석하여 위험에 능동적으로 대처하는 능력을 신장하도록 하고, 중·고등학교에서는 학습자들이 위험 요인을 심도있게 지각·인지·판단하여 위험에 스스로 대처하는 위험관리능력을 함양하도록 체험활동을 설계하고 구현할 수 있을 것이다. 유치원과 초등학교에서는 교사가 임장하여 위험 요인의 인지와 판단을 스캐폴딩하지만, 중·고등학교 학교급에서는 위험 요인에 대해 학습자 나름대로의 관점을 가지고 메타 인지적 자기지식을 가짐으로써 위험 문제해결능력과 관리능력을 함양할 수 있도록 해야 한다.

핵심개념

- 파리협약(Paris Agreement)
- 교토의정서(Kyoto Protocol)
- 핵심 단계(key stage)
- 학제 간 통합교육
- 문제해결형 프로젝트 수업
- 모니터링과 피드백
- 스캐폴딩과 역동적 평가
- 지속 가능한 능력
- 위험예방가능성 척도(risk preventability scale)
- 합리적 실행가능성(reasonable practicality)

제8장 연습문제

1. 교실수업에서 기후위기와 같은 글로벌 이슈를 능동적으로 탐구하여 기후위기를 해결하는 방안을 모색하며, 실생활에 실천하는 능력을 함양하는 방향을 모색해야 한다. 학습자들이 위험 리터러시 기반 기후 위기의 요인을 이해하고 실천하도록 지도하는 방법에 대해 설명하시오.

2. 우리나라는 수학여행이나 수련회 등의 안전에 대한 새로운 지침을 개발하고, 위험 평가에 대해 합리적이고 비관료적인 접근 방식을 권장하며, 예측 가능한 위험을 통제하고 미래 학교에 도움이 될 수업의 계획을 개선할 수 있도록 모니터링하고 조사할 필요가 있다. 교육부나 17개 시도 교육청에서 단위학교를 모니터링하는 방안에 대해 기술하시오.

3. 학습자들은 AR, VR 등의 도구를 기반으로 기후 위기를 체험하는 활동을 통해 기후위기를 인식하고 대처해 나가는 능력을 함양할 수 있을 것이다. 또한, 교사는 위험 체험관이나 AR, VR, 챗봇, 스크래치, 앤트리, 카훗 등을 활용하여 학습자들이 위기 상황에 대처할 수 있는 능력이 있는지를 측정하고, 그것을 토대로 주관적 이해와 객관적 이해 간의 간극을 최소화할 수 있도록 지속적이고 체계적으로 스캐폴딩이나 피드백을 줄 수 있을 것이다. 위험교육에서 지속적으로 스캐폴딩을 하는 방법을 제시하시오.

4. 위험을 예방하기 위해서는 합리적 실행 가능성(Reasonable practicality: RP)을 고려할 필요가 있다(Shearn, 2014). 위험은 누구에게나 언제 어디서나 일어날 수 있다는 인식을 가져야 하고 합당한 RP조치를 취할 필요가 있다. 학습자들이 위험 요인을 어느 정도 인식하고 있는지를 위험 예방 가능성 척도(risk preventability scale)를 활용하여 스스로 점검할 수 있는 방법에 대해 기술하시오.

참고문헌

권은주 (2020). *원자력에 대한 위험인식 분석을 통한 지리교육에서의 안전교육 방안에 대한 연구 - 서울지역 재학생을 대상으로*. 서울대학교 박사학위논문.

강경석, 정우영. (2006). 학교조직문화와 교사효능감 및 학교조직몰입 간의 인과관계 분석. *한국교원교육연구, 23*(1). 397-419.

강이철. (2004), Vygotsky의 중재전략을 반영한 수업사상별 비계활용 방안. *교육공학연구*, 20(3), 21-51.강욱, 조준택. (2018). 모든 위험 접근법(All-Hazard Approach)을 활용한 유소년 재난안전 교육에 관한 연구. *한국초등교육, 29*(2), 93-108.

강현석, 이지은. (2016). *이해중심 교육과정을 위한 백워드 설계의 이론과 실천: 교실혁명*. 학지사.

강현석, 전호재. (2014). 교육과정 개정에서 범교과 학습 주제의 교육과정 적용 방안 연구. *학습자중심교과교육연구, 14*(11), pp. 239-264.

강현석, 주동범, 김창호. (2004). *선택중심교육과정의 이론과 실제*. 학지사.

고경석, 김정렬, 김진석, 김진완, 김해동, 류호열, 정숙경. (2008). *중등학교 영어과 교사 자격 기준 개발과 평가 영역 상세화 및 평가도구 개발 연구*. 한국교육과정평가원.

고미숙. (2006). 체험교육의 의미. *아시아교육연구, 7*(1), 133-162.

고영엽. (2022). 개인형 이동장치 사례중심교육. *2022학년도 2학기 학교 안전교육 담당자 연수자료집*. 세종특별자치시교육청.

고영희. (2001). *수준별 과제 수행을 통한 초등학교 영어 듣기 수업에 관한 연구*. 한국교원대학교 석사학위논문.

고은옥, 엄우섭, 김진석, 문성환, 신춘호, 임형남, 최미정. (2023). 초등학생을 위한 위험 리터러시 기반 기후변화교육 프로그램의 개발 및 적용. *에너지기후변화교육, 13*(3), 343~360.

곽순란. (2009). *문화 간 의사소통 능력 평가도구 개발 : 고등학교 1학년을 중심으로*. 한국교원대학교 석사학위논문.

곽현석, 강옥려, 김경성. (2016). 역동적 평가의 연구동향 분석. *한국초등교육, 27*(2), 1-18.

교육부. (2015). *2016~2018년도 학교안전사고 예방에 관한 기본계획.*

권순달, 이현주. (2015). 중학생의 심리적 특성, 관계특성, 수업만족, 학교생활적응의 관계에 대한 구조 분석: 2013년 서울소재 중학교 1학년을 중심으로. *교원교육, 31*(2). 287-314.

교육부. (2014). *교육 분야 안전 종합대책.*

교육부. (2015). *학교 안전교육 7대 표준안.*

교육부. (2015). *안전교육 7대 표준안 수정 관련 전문가 협의회 자료.*

교육부. (2015). *유·초·중·고 발달단계별 학교 안전교육 7대 영역 표준안 발표.*

교육부. (2018). *2015 개정 교육과정(누리과정)과 연계한 안전교육 운영 모델.*

교육부. (2018). *제2차 2019～2021년도 학교안전사고 예방에 관한 기본계획.*

교육부. (2018). *초·중등학교 교육과정 총론.*

교육부. (2018). *학년별 안전교육 연계 운영 계획표.*

교육부. (2019). *학교안전사고 예방 및 보상에 관한 법률 시행령.*

교육부. (2019). *학교안전사고 예방 및 보상에 관한 법률*

교육부. (2021). *제3차(2022～2024년도) 학교안전사고 예방 기본계획.*

교육부. (2022). *2022개정교육과정.*

교육부. (2024). *제4차(2025～2027년도) 학교안전사고 예방 기본계획.*

교육부. (1997). *제7차 교육과정 중학교 영어교과 교육과정 해설*. 대한교과서.

김경자, 온정덕. (2014). *이해중심 교육과정; 백워드 설계*. 교육아카데미.

김서용, 김선희. (2016). 기후변화 의식과 대응행동 결정요인 분석, *행정논총. 54*(1), 179-206.

김종민, 손다정, 남미자. (2021). 경기도 초·중·고등학생 기후위기 행동의 영향요인 분석: 기후위기 위험인식과 생태시민성의 매개효과를 중심으로, *교육학연구, 59*(4), 215-242.

김진석. (2015). *문화 간 의사소통능력과 다문화교육*. 한국문화사.

김진석. (2018). *영어과 교육과정 기반 교육평가의 이해*. 한국문화사.

김진석. (2019a). Artificial intelligence-based digital literacy's goals and contents for primary English language learners - Focused on climate change and sustainability. *The Korea Society of Energy and Climate Change Education, 9*(3), 261-279.

김진석. (2019b). On developing assessing methods aligned with teaching-learning activities for improving English language learners' digital literacy. *2019 Applied*

Research International Conference on Education. Literature & Language (ARICELL).

김진석. (2019c). Designing unit and syllabus for improving primary English language Learners' digital literacy. *한국초등교육, 30*(3), 101-115.

김진석. (2021a). 인공지능 리터러시 기반 초·중등교육의 내용과 교수·학습 방안 탐구. *한국초등교육지, 32*(3), 19-35.

김진석. (2021b). 초등영어교실에서의 위험 리터러시 기반 교수·학습 및 평가 방향. *에너지후변화교육, 11*(3), 297-310.

김진석. (2021c). 다문화 사회에서 문화간 화자의 커뮤니케이션 리터러시와 문화지능 함양의 방향 탐구.*글로벌교육학회 겨울학술대회*.

김진석. (2022a). 위험 리터러시 기반 안전교육. *학교안전교육 7대 표준안 교육 자료집 개편 사업 워크숍*. 학교안전공제중앙회.

김진석. (2022b). *학교안전체험관 중장기 운영지원 방안 회의자료*.

김진석. (2022c). 학교안전체험관 중장기 운영지원 방안 연구 결과(교육지원). *2022년 학생안전체험관 운영 발전 워크숍 자료집*. 학교안전공제중앙회.

김진석. (2022d). 위험 인지 감수성(Risk Literacy) 기반 안전교육 내실화 방안. *2022학년도 2학기 학교 안전교육 담당자 연수자료집*. 세종특별자치시교육청.

김진석. (2022e). 안전한 학교 조성을 위한 학교안전정책의 뉴 노멀. *2022학생안전포럼*. 학교안전공제중앙회.

김진석. (2022f). 위험 리터러시와 중대사고 예방. *교직원 동계안전연수교육자료집*. 서울교육대학교.

김진석. (2022g). 모두를 위한 학교안전정책의 뉴 노멀. 대전미래교육박람회.

김진석. (2021h). 위험 리터러시 기반 중대사고 예방방안. *2021년 하계 교직원 표준 안전 연수*. 서울교육대학교.

김진석. (2022). *문화지능 기반 글로벌시민교육*. 한국문화사.

김진석. (2023). *초등영어과교육과정의 이해와 적용*(개정 4판). 한국문화사.

김진석. (2024). 위험 리터러시 기반 중대사고 예방안안. *2024년 하계 교직원 표준 안전 연수*. 서울교육대학교.

김진석. (2024). *상호작용 의미 화용론*. 한국문화사.

김진석. (2025). *AI시대 교실수업*. 한국문화사.

김진석. (2025). 위험 리터러시 기반 중대사고 예방방안. *2025년 교직원 표준 안전 연수*.

서울교육대학교.

김진석, 김영화, 최행정, 표석환, 이영훈, 임정민, 김은주. (2021). *학교안전사고 분류코드 정비·개발 연구*. 학교안전공제중앙회.

김진석, 박지숙, 홍선호, 노철현, 조경선, 정연현, 강훈식, 이삭. (2020, 2021, 2022). *초등학습자를 위한 다양성 기반 창의성 발현 프로그램 연구*. 서울교육대학교.

김진석, 장은숙 역. (2021). *위험교육(risk education) 이론 탐구와 교육의 방향*. 학교안전공제중앙회.

김진석, 장은숙. (2024). *글로벌 시대 문화다양성 이해*. 한국문화사.

김진석, 장은숙, 고은옥, 이순화, 전재호, 고은수, 박상아, 변혜진, 성나연, 안진승, 윤소영, 이은지, 이은학, 임태훈, 정자연, 정지영. (2021). *인공지능 리터러시의 이해와 실제*. 한국문화사.

김진석, 최병옥, 김방희, 김교선, 김은송, 표석환, 김준서, 김예은. (2023). *학교안전교육 제도개선 연구*. 학교안전공제중앙회.

김진석, 최병옥, 이기용, 이창훈, 박희원, 이민호, 오준영, 천진승, 표석환, 김준서, 김예은. (2023). *교직원 안전교육 지원체계 마련 연구*. 학교안전공제중앙회.

김봉석. (2020). 사회과에서 안전교육의 실제적인 접목을 위한 지역학습 교재 개발. *학습자중심교과교육연구, 20*(8), 1403-1430.

김종훈, 구하라, 조영철, 유용흠, 한아름, 이승현, 홍덕표, 송인발. (2021). *학생 안전 체험시설 운영의 교육적 효과 제고 방안*. 성신여대 학교안전연구소.

김현례, 김선아. (2011). 중학생의 위험행동 영향요인 분석. *정신간호학회지, 20*(1), 91-102.

김형태. (2023). *학교안전사고 예방에 관한 법제 연구*. 가천대학교 박사학위논문.

김혜금. (2006). 아동의 위험 감수 행동과 위험에 대한 인지와 두려움과의 관계. *방과후아동지도연구, 3*(2), 1-16.

뉴시스. (2022). *전동킥보드 이용자 10명 중 7명은 1020세대...사고도 가장 빈번*. 뉴시스, 11월 13일 보도자료.

류성창, 라종민. (2016). 학교 내 안전교육에 대한 초·중·고등학교 교사들의 인식 차이. *인문사회과학연구, 50*, 5-21.

민천식, 신재한. (2021). *2021 하계 교직원 표준 안전연수 결과 보고서*. 2021. 10. 31., 학교안전공제중앙회.

박인현, 김기식. (1999). 사회과에서 새로운 안전교육방향의 모색. *대구교육대학교 초등*

교육연구논총, 14, 49-92.

박효정. (2015). *학교 안전교육 현황과 내실화 방안*(PP2015-05). KEDI 연구보고서, 1-32.

박효정, 유선영, 박남수, 이두희, 김승혜, 이창호, 강욱, 정혜선, 박은영. (2016). *안전교육 표준안 마련을 위한 정책 연구*. 한국교육개발원.

박효정, 김현진, 김종민, 최지영. (2016). *학교폭력예방문화 정착방안 연구(Ⅲ): 학교폭력 예방문화 지원체제 구축 및 정책적 지원 방안 마련*. (연구보고 RR2016-08). 한국교육개발원.

법제처. (2023a). *성매매방지 및 피해자보호 등에 관한 법률*. 법률 제15450호, 2018. 9. 14. 시행.

법제처. (2023b). *성매매방지 및 피해자보호 등에 관한 법률*. 시행령. 대통령령 제32984호, 2022. 11. 8. 시행.

법제처. (2023c). *성매매방지 및 피해자보호 등에 관한 법률*. 시행규칙. 여성가족부령 제198호, 2023. 11. 17. 시행.

법제처. (2023d). *성폭력방지 및 피해자보호 등에 관한 법률*. 법률 제19339호, 2023. 4. 11. 시행.

법제처. (2023e). *성폭력방지 및 피해자보호 등에 관한 법률*. 시행령. 법률 제32985호, 2022. 11. 8. 시행.

법제처. (2023f). *성폭력방지 및 피해자보호 등에 관한 법률*. 시행규칙. 여성가족부령 제181호, 2022. 11. 11. 시행.

법제처. (2023g). *아동복지법*. 법률 제19605호, 2023. 11. 9. 시행.

법제처. (2023h). *아동복지법*. 시행령. 대통령령 제33858호, 2023. 11. 16. 시행.

법제처. (2023i). *아동복지법*. 시행규칙. 보건복지부령 제976호, 2023. 11. 17. 시행.

법제처. (2023j). *유아교육법*. 법률 제19737호, 2023. 9. 27. 시행.

법제처. (2023k). *유아교육법*. 시행령. 대통령령 제32999호, 2022. 11. 22. 시행.

법제처. (2023l). *유아교육법*. 시행규칙. 교육부령 제290호, 2023. 1. 1. 시행.

법제처. (2023m). *학교보건법*. 법률 제18640호, 2022. 6. 29. 시행.

법제처. (2023n). *학교보건법*. 시행령. 대통령령 제33246호, 2023. 2. 14. 시행.

법제처. (2023o). *학교보건법*. 시행규칙. 교육부령 제270호, 2022. 6. 29. 시행.

법제처. (2023p). *학교안전사고 예방 및 보상에 관한 법률*. 법률 제15966호, 2019. 6. 19. 시행.

법제처. (2023q). *학교안전사고 예방 및 보상에 관한 법률* 시행령. 대통령령 제29950호, 2019. 7. 2. 시행.

법제처. (2023r). *학교안전사고 예방 및 보상에 관한 법률* 시행규칙. 교육부령 제188호, 2019. 9. 17. 시행.

법제처. (2023s). *학교폭력 예방 및 대책에 관한 법률*. 법률 제19234호, 2023. 9. 15. 시행.

법제처. (2023t). *학교폭력 예방 및 대책에 관한 법률* 시행령. 대통령령 제33723호, 2023. 9. 15. 시행.

산업안전대사전. (2004). *불안전한 행동*. 골드.

신정현 외. (2017). *High School English Ⅱ*, YBM.

안기옥 외. (2006). ICECI를 이용한 중증 소아외상의 분류. *대한외상학회지, 15*(1), 30-51.

양희산, 박남수, 임종생, 방명환, 김태숙, 신수연, 김옥심, 박지선. (2011). *학교안전사고 통계 체계 개선 및 학교안전교육 활성화 방안 연구*. 학교안전공제중앙회.

엄우섭, 문성환, 신춘호, 김진석, 고은옥, 임형남, 최미정. (2023). *위험 리터러시 기반 기후변화 교수-학습 프로그램: 기후위기를 중심으로*(I). 서울교육대학교.

엄우섭, 문성환, 신춘호, 김진석, 고은옥, 임형남, 최미정. (2024). 위험 리터러시 기반 기후변화 교수-학습 프로그램: 기후위기를 중심으로(Ⅱ). 서울교육대학교.

이규미 외. (2014). *학교폭력 예방의 이론과 실제*. 학지사.

이상수, 강정찬, 황주연(2006), 효과적인 비계설정을 위한 수업설계모형, *교육정보미디어연구, 20*(3), 21-51.

이수진. (2020). 국어교육분야에서의 읽기 부진 연구 동향 : 주제범위 문헌고찰(Scoping Review). *독서연구, 57,* 145-169.

이현주, 신동희, 신은혜, 최영진, 이지희, 심미경, 문소영, 문민경. (2025). 미래 시민역량으로서의 해저드 리터러시 - 다차원적 개념틀 개발. *한국과학교육연구, 45*(3), 337~351.

임연수, 이기영, 이진균. (2021). 유튜브에서 '기후변화', '기후위기', '지구온난화'는 어떻게 다뤄지는가?: 기후 문제 대응을 위한 공공커뮤니케이션 방향 모색. *광고 PR 실학연구, 14*(3), 155-184.

임유나. (2022). 교육과정 개발과 실행에서 개념적 접근의 교육적 의의와 과제. *교육학연구, 60*(2), 31-61.

임준규 외. (2020). 손상감시를 위한 핵심 데이터 선정과 보완. *디지털융복합연구, 18*(9), 78-115.

유병열, 손은혜. (2019), 한국과 일본의 학교 안전교육 비교 연구(Ⅱ): 학교 안전교육의 지도 내용 및 교육 방법을 중심으로. 한국초등교육, 30(2), 81-100.

윤순진. (2009). 학교 기후변화 교육의 현황과 과제. *환경교육, 22*(2), 1-21.

정진우(2020), 부주의의 심리학, *한국융합학회논문지, 38*, 31-42.

정현민, 이효철. (2013). 초등학교 고학년 안전보건교육 프로그램 개발과 효과검증. *한국응급구조학회지, 17*(3), 149-168.

채영란. (2016). 유아교육기관-가정을 연계한 유아 안전교육프로그램 개발 및 적용. *어린이문학교육연구, 17*(4), 653-678.

조인식, 정필운(2015). 학교에서 안전교육에 대한 비판적 연구. *법과 인권교육연구, 8*(2), 43-64.

조진일, 장재원, 박성철, 송병준, 방영현, 윤형욱. (2016). 학생안전체험교육시설 구축을 위한 체험형 안전교육프로그램 도출 기초 연구-「학교 안전교육 7대 표준안」을 중심으로. *교육녹색환경연구, 15*(2), 1-12. http://dx.doi.org/10.7743/kisee.2016.15.2.001

조진일, 장재원, 박성철, 송병준, 방영현, 윤형욱. (2017), 체험형 안전교육을 위한 학생 안전 체험교육 시설의 수요 분석. *한국교육·녹색환경연구, 16*(1), 1-11.

차우규. (2017). *학교안전교육 실태분석과 과제*. 한국교육개발원 이슈 페이퍼 CP2017-02-01. 한국교육개발원.

차우규·표석환. (2016). *학교안전관리와 안전교육론*. 양서원.

최길홍, 장광집. (2018). 스토리텔링과 혼합현실(Mixed Reality)을 활용하여 실재감을 증가시킨 안전 체험관 설계 방안 연구. *기초조형학연구, 19*(3), 387-399.

최수연. (2021). *기후위기 SSI-STEAM 수업이 중학생의 기후 소양에 미치는 영향*. 서울대학교 석사학위논문.

학교안전중앙공제회. (2018). *2018 교직원 표준안전 연수 운영 계획*(안). 예방사업부.

학교안전중앙공제회. (2019). *2019 교직원 표준안전 하반기 연수 계획*(안). 예방사업부.

학교안전중앙공제회. (2021). *2018 교직원 표준 안전연수(하계) 운영 기본계획*(안). 예방사업부.

학교안전공제중앙회. (2021). *2021년 하계 교직원 표준 안전 연수*. 학교안전공제중앙회.

학교안전공제중앙회. (2022). *2022년 하계 교직원 표준 안전 연수*. 학교안전공제중앙회.

학교안전공제중앙회. (2024). *2024년 하계 교직원 표준 안전 연수*. 학교안전공제중앙회.

학교안전공제중앙회. (2025). *2025년 교직원 표준 안전 연수*. 학교안전공제중앙회.

환경부 보도자료. (2021). *제26차 유엔기후변화협약 당사국총회 영국서 개막*. 환경부.

Adams, J. (2001). *Risk*. Routledge.

Anderson, L. W. & Krathwohl, D. R. (2001). *A taxonomy for learning, teaching, and assessing: A revision of Bloom's taxonomy of educational objectives*. Longman.

Antoine, M. J., Théveny, L., De France, M., Gervais, R., Kaluza, S., Zwink, E., & Cabeças, M. (2013). *Occupational safety and health and education: A whole school approach*. EU-OSHA.

Arksey, H., & O'Malley, L.(2005). Scoping studies: Towards a methodological framework. *International Journal of Social Research Methodology, 8*(1), 19-32.

Aven, T. (2024). Risk literacy: Foundational issues and its connection to risk science. *Risk Analysis, 44*(5), 1011-1020.

Beane (1993). *A middle school curriculum: From rhetoric to reality* (2nd ed.). National Middle School Association.

Bernal, G. A., Cardona, O. D., Marulanda, M. C., & Carreño, M. L. (2021). Dealing with uncertainty using fully probabilistic risk assessment for decision-Making. In Eslamian, S., & Eslamian, F. (Eds.) *Handbook of disaster risk reduction for resilience*(pp. 299-340). Dordrecht, Netherlands: Springer.

Barsalou, L.W. (2008). Grounded cognition. Annual Review. *Psychology. 59*, 617 – 645.

Berstein, P. L. (1996). *The new religion of risk management*. Harvard Business Review.

Bibbings, B. (2014). Safety philosophy: Reflections on occupational health and safety policy and practice from 1996 to 2014. *The RoSPA Occupation Safety & Health Journal*.

Bielik, T., Krell, M., Zangori, L., & Ben Zvi Assaraf, O. (2023). Investigating complex phenomena: Bridging between systems thinking and modeling in science education. *Frontiers in Education, 8*, 1308241.

Bogdan, R. B., & Biklin, S. K. (1998). *Qualitative research for education: An introduction to theory and methods* (3rd ed.). Needham Heights, Allyn & Bacon.

Borowsky, A., Shinar, D., Oron-Gilad, T. (2007). Age, skill, and hazard perception in driving. *Proceedings of the Fourth International Driving Symposium on Human Factors in Driver Assessment, Training and Vehicle Design.*

Brien, S. E., Lorenzetti, D. L., Lewis, S., Kennedy, J., & Ghali, W. A. (2010). Overview of a formal scoping review on health system report cards. *Implementation Science, 5*(1), 21-37.

Brown, L. M., Haun, J. N., & Peterson, L. (2014). A proposed disaster literacy model. *Disaster Medicine and Public Health Preparedness, 8*(3), 267-275.

Chan, A. P. Wong, F. K., Hon, C. K,; Lyu, S., Javed, A. A. (2017). Investigating ethnic minorities' perceptions of safety climate in the construction industry. *Journal of Safety Research. 63*, 9－19.

Collard, D. C., Chinapaw, M. J., Verhagen, E. A., Bakker, I., & Van Mechelen, W. (2010). Effectiveness of a school-based physical activity-related injury prevention program on risk behavior and neuromotor fitness a cluster randomized controlled trial. *International Journal of Behavioral Nutrition and Physical Activity*, *7*(1), 1-10.

Cooper, Bruce S., Fusarelli, Lance D., & Randall, E. Vance. (2004). *Better policies, better schools: Theories and applications*. Pearson.

Cranston, J. W. (1995). *Transformation through Drama*. Jenfred Press.

Dennison, D & Golaszewski, T. (2002). The Activated Health Education Model: Refinement and Implications for School Health Education. *The Journal of School Health, 72*(1), pp. 23-26.

Dragutinovic, N., Twisk, D. (2006). *The effectiveness of road safety education: A literature review*. SWOV Institute for Road Safety Research.

Faigenbaum, A. D., & Myer, G. D. (2010). Resistance training among young athletes: safety, efficacy and injury prevention effects. *British Journal of Sports Medicine, 44*(1), 56-63.

Ferreira, A. I., Martínez, L. F., & Guisande, M. A. (2009). Risky behavior, personality traits and road accidents among university students. *European*

Journal of Education and Psychology, *2*(2), 79-98.

Fogarty, R. (1991). *How to integrate the curricula*. Skylight.

Heinrich, H. W. (1931). *Industrial accident prevention: A scientific approach*. McGraw-Hill. OCLC 571338960.

Garland, J. (2008). *National pedestrian crash report*. National Pedestrian Crash Report.

Gates, B. (2021). *How to Avoid a Climate Disaster*. Knopf Publishing Group.

Ghesemi, H., & Rasekh, N. (2020). Identifying dimensions of communication literacy: Thematic analysis approach. *Journal of Health Literacy*, *18*, 18-29.

Giddens, A. (2009). *Politics of climate change*. Polity Press.

Greenstein, L. (2012). Beyond the core: Assessing authentic 21st century skills. *Principal Leadership, 13*(4), 36-42.

Eliott, M., Page, K., & Carter, L. W. (2012). Reason's accident causation model: application to adverse events in acute care. *Contemp Nurse, 43*(1), 22-8. doi: 10.5172/conu.2012.43.1.22.

Garland, J. (2008). *National Pedestrian Crash Report*. National Pedestrian Crash Report.

Ghesemi, H. & Rasekh, N. (2020). Identifying dimensions of communication literacy: Thematic analysis approach. *Journal of Health Literacy 18*. DOI:10.22038/jhl.2019.43878.1085.

Giddens, A. (2009). *Politics of climate change*. Polity Press.

Gigerenzer, G. (2011). What scientific concept would improve everybody's cognitive toolkit?: Risk literacy. available at https://www.edge.org/response-detail/10624(retrieved Dec. 22, 2019).

Griffin, M., & Neal, A. (2000). Perception of safety at work: A framework for linking safety climate to safety performance, knowledge, and motivation. *Journal of Occupational Health Psychology, 5*(3), 347-358.

Heinrich, H. W. (1931). *Industrial accident prevention: A scientific approach*. McGraw-Hill. OCLC 571338960.

Hillier, L. M., & Morrongiello, B. A. (1998). Age and gender differences in school-age children's appraisals of injury risk. *Journal of pediatric psychology,*

23(4), 229-238.

Hino, A. (2011). Risk literacy for food safety. *Education and Medicine, 59*(12), 1173-1180.

Hosp, R. (2010) *Linking assessment and instruction : Teacher preparation and professional development: A TQ connection issue paper on improving student outcomes in general and special education*. Washington D.C.: National Comprehensive Center for Teacher Quality.

IBO (2018): *Developing a programme of inquiry*.

Janis, I.L. & King, B.T. (1954). The influence of role playing on opinion change. *Journal of Abnormal Social Psychology, 49*, 211-21.

Jones, H. (2012). *Improving classroom effectiveness*. Rowman & Littlefield Education.

Katz, L. G. & Chard, S. C. (1989). *Engaging children's minds : The project approach*. Ablex.

Killeen, P.R., Glenberg, A.M. (2010). Resituating cognition. *Comp. Cogn. Behav. Rev. 5*, 59 – 77.

Koehler, M. & Mishra, P. (2009). What is technological pedagogical content knowledge? *Society for Information Technology & Teacher Education, 9*(1), 1528-5804.

Kwon, S. A., Kim. S. Y., & Lee, J. E. (2019). Analyzing the determinants of individual action on climate change by specifying the roles of six values in South Korea, Sustainability, MDPI, *Open Access Journal, 11*(7), 1-24.

Krapp A., Hidi, S., & Renninger, K.A. (1992). Interest, learning, and development. In K. A. Renninger, S. Hidi & A. Krapp, *The Role of Interest in Learning and Development*(pp (pp.3-25). Erlbaum.

Kusumi, T. (2013). Scientific literacy and risk literacy. *Japanese Journal of Risk Analysis, 23*(1), 29-36.

Lavrysen, A., Bertrands, E., Leyssen, L., Smets, L., Vanderspikken, A., & de Graef, P. (2015). *Risky-play at school. Facilitating risk perception and competence in young children*. DOI:10.1080/1350293X.2015.1102412.

Lund, J., & Aarø, L. E. (2004). Accident prevention. Presentation of a model placing emphasis on human, structural and cultural factors. *Safety Science, 42*(4), 271–324.

Lusardi, A. (2015). Risk literacy. *Italian Economic Journal, 1*, 5-23.

Lyu, S., Hon, C. K. H., Chan, A. P. C., Wong, F. K. W., & Javed, A. A. (2018). Relationships among safety climate, safety behavior, and safety outcomes for ethnic minority construction workers. *International Journal of Environmental Research and Public Health. 15*(3), 484-499.

Maslow, A. (1954). *Motivation and personality*. Harper & Row. Reprinted in 1970.

Mays, N., Roberts, E., & Popay, J. (2001). Synthesizing research evidence. In N. Fulop, P. Allen, A. Clarke, & N. Black (Eds.), *Studying the Organization and Delivery of Health Services: Research Methods* (pp. 188–220). Routledge.

McWhirter, J. & Francis, C. (2012). *Effective safety education revisited*. Royal Society for the Prevention of Accidents.

Mead, M. (1970). *Culture and commitment: A study of the generation gap*. Natural History Press & Doubleday.

Meir, A., Borowsky, A., Oron-Gilad, T., (2013). Formation and evaluation of act and anticipate hazard perception training (AAHPT) intervention for young novice drivers. *Traffic Inj. Prev. 15* (2), 172–180.

Meir, A., Oron-Gilada, T., & Parmet, Y. (2015). Can child-pedestrians' hazard perception skills be enhanced? *Accident Analysis & Prevention, 83*, 101-110.

Morrongiello, B. A., & Lasenby-Lessard, J. (2007). Psychological determinants of risk taking by children: an integrative model and implications for interventions. *Injury Prevention*, 13(1), 20-25.

Nara, Y. (2018). Action research for improving the risk literacy of university students: Focusing on the effectiveness of risk communication using crossroad game. *Procedia Computer Science, 12*, 2219-2227.

Nara, Y. & Sato, T. (2016). Construction of the practical model and learning program for risk literacy of everyday life: based on students' awareness. *20th International Conference on Knowledge Based and Intelligent Information and Engineering Systems*, KES2016, 5-7 September 2016, York, United Kingdom.

Nation, I. S. P., & Macalister, J. (2010). *Language Curriculum Design*. Routledge.

Nikiforidou, Z. (2017). It is riskier': preschoolers' reasoning of risky situations. *European Early Childhood Education Research Journal, 25*(4), 612-623.

Nitko, A. J. & Brookhart, S. M. (2007). *Educational assessment of student* (fifth ed.). Pearson Merril Prentice Hall.

Noice, H., Noice, T. (2001). Learning dialogue with and without movement. *Mem. Cogn. 29*(6), 820–827.

Novak, S. (2009). Virtual environment pedestrian training programs for children: A review of the literature. *Stud. Undergrad. Res. Guelph 2*(2), 28–33.

Osman, M., Karen S., Anne U., Julie, C., & Harris, S. (2018). The influence of instruction, prior knowledge, and values on climate change risk perception among undergraduates, *Journal of Research in Science Teaching, 55*(4), 550-577.

PEMA. (2013). *911 Staff Attend PEMA Emergency Management Operations Program.*

Perneger, T. (2005). The Swiss cheese model of safety incidents: Are there holes in the metaphor? *BMC Health Serv Re*s. 5, 71-105.

Piaget, J. (1923). *The language and thought of the child*. Kegan Paul.

Pollak, Y., Dekkers, T. J., Shoham, R., & Huizenga, H. M. (2019). Risk-taking behavior in attention deficit/hyperactivity disorder (ADHD): A review of potential underlying mechanisms and of interventions. *Current Psychiatry Reports*, 21(5), 1-11.

Reason, J. (1997). "The Contribution of Latent Human Failures to the Breakdown of Complex Systems". Philosophical Transactions of the Royal Society of London. Series B, *Biological Sciences, 327* (1241): 475–84.

Rogers, R.W. & Prentice-Dunn, S. (1997) Protection motivation theory. In D. Gochman(Ed), *Handbook of Health Behavior Research*(pp.113-32). Plenum.

Rost. M. (2002). *Teaching and researching listening.* Penguin.

Russell, G. L. (2015). Risk education: A worldview analysis of what is present and could be. The *Mathematics Enthusiast, 12*(1), 62-84.

Sandoval. J. (1995). Teaching in subject matter areas: Science. *Annual Review of Psychology, 46*, 355-374.

Schwebel, D. C., Barton, B. K., Shen, J., Wells, H. L., Bogar, A., Heath, G., et al. (2014). Systematic review and meta-analysis of behavioral interventions to improve child pedestrian safety. *Journal of Pediatric Psychology, 39*(8), 826 – 845. https://doi. org/ 10.1093/jpepsy/jsu024.

Schwebel, D. C., Combs, T., Rodriguez, D., Severson, J., & Sisiopiku, V. (2016a). Community-based pedestrian safety training in virtual reality: A pragmatic trial. Accident; Analysis and Prevention, 86, 9 – 15. https://doi.org/ 10.1016/j. aap. 2015. 10. 002.

Schwebel, D. C., Shen, J., & McClure, L. A. (2016b). How do children learn to cross the street? The process of pedestrian safety training. *Traffic Injury Prevention, 17*(6), 573 – 579. https:// doi. org/ 10. 1080/15389 588. 2015. 11254 78.

Shearn, P. (2005). *Teaching practice in risk education for 5-16 years olds*. HSL Report.

Shearn, P. (2014). Safety philosophy: Reflections on occupational health and safety policy and practice from 1996 to 2014. *The RoSPA Occupational Safety & Health Journal*.

Shearn, P. & Weyman, A. (2004). *Risk education provision: A survey of schools in England, Scotland, and Wales*. RoSPA.

Shoham, R., Sonuga-Barke, E. J., Aloni, H., Yaniv, I., & Pollak, Y. (2016). ADHD-associated risk taking is linked to exaggerated views of the benefits of positive outcomes. *Scientific Reports*, 6(1), 1-8.

Smith, T. D., DeJoy, D. M., Dyal, M., Pu, Y., & Dickinson, S. (2019). Multi-level safety climate associations with safety behaviors in the fire service. *Journal of Safety Research, 69*, 53-60.

Ta, V. M., Frattaroli, S., Bergen, G., & Gielen, A. C. (2006). Evaluated community fire safety interventions in the United States: A review of current literature. *Journal of Community Health, 31*(3), 176-197.

Thomson, J.A., Tolmie, A.K., Foot, H.C., Sarvary, P.A., Whelan, K.M., Morrison, S. (2005). Influence of virtual reality training on the roadside crossing judgement of child pedestrians. J. Exp. *Psychol.: Appl. 11* (3), 175 – 186.

Till, C. (2014). Fostering risk literacy in elementary school. *Mathematics Education, 9*(2), 83-96.

Trilling, B. & Fadel, C. (2009). *21st century skills: Learning for life in our times.* San Francisco: Jossey-Bass.

UNESCO. (2009). A review of LIFE, 2006-2009. Literacy Initiative for Empowerment. (Principal author: U. Hanemann). UIL.

UNESCO. (2014). *Sustainable Development Goals*. UNESCO.

U.S. Global Change Research Program. (2009). Climate literacy: The essential principles of climate science. NOAA Climate Program Office.

Van der Linden, S. (2015). The social-psychological determinants of climate change risk perceptions: Towards a comprehensive model. *Journal of Environmental Psychology, 41*, 112-124.

Wagenaar, W. A., Hudson, P. T., & Reason, J. T. (1990). Cognitive failures and accidents. *Applied Cognitive Psychology, 4*(4), 273－294. https://doi.org/10.1002/acp.2350040405.

Vanderspikken, A., & de Graef, P. (2015). Risky-play at school. Facilitating risk perception and competence in young children. *European Early Childhood Education Research Journal, 25*, 1-28.

Wiegmann, D. A., & Shappell, S. A. (2003). *A human error approach to aviation accident analysis: The Human Factors Analysis and Classification System*. Routledge.

Wiggins, G. (2012). Seven keys to effective feedback. *Educational Leadership, 70*(1), 10-17.

Wiggins, G. & McTighe, J. (2004). *Understanding by design : Professional development workbook*. Association for Supervision & Curriculum Development.

Wiggins, G. & McTighe, J. (2005). *Understanding by design*(2nd ed.). Association for Supervision & Curriculum Development. Wiggins, G. & McTighe, J. (1998). *Understanding by design*. Alexandria, Association for Supervision & Curriculum Development.

Wiggins, G. & McTighe, J. (2008). Put understanding first. *Educational Leadership,*

65(8), pp. 36-41.

Wikipedia. (2021). *Swiss Cheese Model*. Retrieved November 27, 2021, https://en.fromwikipedia.org/wiki/Swiss_cheese_model.

Wikiversity (2021). *Risk Literacy*. Retrieved November 27, 2021, from https://en.wikiversity.org/wiki/Risk_Literacy.

Wilson, A. J., & Orlove, B. (2021). Climate urgency: Evidence of its effects on decision making in the laboratory and the field. *Current Opinion in Environmental Sustainability, 51*, 65~76.

Wisner, B., Blaikie, P., Cannon, T., & Davis, I. (2004). *At risk: Natural hazards, people's vulnerability and disasters* (2nd ed.). Routledge.

Wu, C., Song, X., Wang, T., & Fang, D. (2015). Core dimensions of the construction safety climate for a standardized safety-climate measurement. *Journal of Construction Engineering and Management, 141*(8).

Zhao, Y., Guo, Y., Xiao, Y., Zhu, R., Sun, W., Huang, W., et al. (2020). The effects of online homeschooling on children, parents, and teachers of grades 1–9 during the COVID-19 pandemic. *Medical Science Monitor, 12*(26), e925591. https://doi. org/ 10. 12659/MSM. 925591.

Zint, M., & Peyton, R. B. (2001). Improving risk education in grades 6-12: A needs assessment of Michigan, Ohio, and Wisconsin science teachers. *The Journal of Environmental Education, 32*(2), 46-54.

Zwi, K., Woolfenden, S., Wheeler, D. M., O'Brien, T., Tait, P., & Williams, K. J. (2007). *School-based education programmes for the prevention of child sexual abuse.* Cochrane database of systematic reviews.

[부록 1] 국제손상외인분류기준(ICECI)에 의한 손상 분류체계(김진석외, 2021)

ICECI는 ICD-10에 포함된 외인 분류 적용이 손상 예방에 한계가 있다는 반성 아래 손상의 발생 양상에 대한 체계적인 정보와 관련 요인에 대한 역학적 접근, 손상 예방과 관리에 의료인이 참여할 수 있는 폭을 넓히고자 손상의 의도성, 손상 기전, 손상 발생장소, 손상 관련 물질, 손상 당시 활동에 관한 정보, 술이나 약물남용의 관련 손상을 중심으로 하고 특히 폭력, 교통사고, 스포츠 관련, 직업성 손상에 대한 구체적인 정보를 파악할 수 있도록 개발된 손상자료수집 체계이다(ICECI를 이용한 중증 소아외상의 분류, 안기옥 외, 대한외상학회지, 2006).

ICECI는 손상예방에 유용한 정보를 충분히 제공하기 위하여 국제협력의 산물이다. 이는 C1 의도(Intent), C2 기전(Mechanism), C3 물체/물질(Object/Substance), C4 장소(Place), C5 활동(Activity), C6 알콜사용(Alcohol use), C7 약물사용(Drug use)와 같이 7개의 핵심 분류로 구성된 다축·모듈식 분류이다. 다축이므로 7개의 코드가 상호 독립적으로 기록될 수 있다. 예를 들면 C2 기전(Mechanism)은 하나의 축이 되어서 C1 의도(Intent)와 상관없이 독립적으로 분류될 수 있다. 그리고 분류는 계층구조이기 때문에 자료수집과 보고를 위해 필요에 따라 3단계까지 상세하게 분류할 수 있다(손상감시를 위한 핵심데이터 선정과 보완, 임준규 외, 2020).

KCD와 ICECI의 가장 큰 차이점은, 코딩 사례에서 살펴본 바와 같이 KCD는 발생 장소 분류와 활동분류를 손상기전분류에 붙여서 손상외인을 하나의 코드로 분류하고 있으나 ICECI는 다축 분류이므로 의도, 기전, 장소, 활동 등을 각기 독립하여 손상외인을 여러 개의 코드로 분류하고 있다는 점이다. 따라서 KCD는 ICECI에 비해 단순하여 사용하기 가 쉽다는 장점이 있다. 하지만 KCD는 하나의 코드로 손상외인을 모두 표현하여야 하므로 손상외인을 세분화하기 어려워 코드로 전환하는 과정에서 데이터 손실이 많이 있을 수 있다는 단점이 있다. 반대로 ICECI는 손상외인을 여러 개의 코드로 표현하기 때문에 손상 데이터를 보다 세분화 할 수 있는 장점이 있으나 사용이 쉽지 않다는 단점이 있다(손상감시를 위한 핵심데이터 선정과 보완, 임준규 외, 2020).

[부록 2] 인지수준을 고려한 학교급별 교수–학습 자료 개발 매트릭스(김진석, 2022)

(a) 유 · 초등학교: 사실 · 개념(약) · 절차(약) 인지 / 교사임장

(b) 중학교: 사실 · 개념(중) · 절차(중) · 메타인지(약)

(c) 고등학교: 사실 · 개념(강) · 절차(강) · 메타인지(강)

학교급	지식 차원	인지과정 차원					
		1.기억	2.이해	3.적용	4.분석	5.평가	6. 창발성
유초등학교	A. 사실적 지식 (DOK 1)	0	0	0	0	0	0
중학교		0	0	0	0	0	0
고등학교		0	0	0	0	0	0
유초등학교	B. 개념적 지식 (DOK 2)	0	0				
중학교		0	0	0	0		
고등학교		0	0	0	0	0	0
유초등학교	C. 절차적 지식 (DOK 2, 3, 4)	0	0				
중학교		0	0	0	0		
고등학교		0	0	0	0	0	0

유초등학교	D. 메타인지 지식	0	0				
중학교		0	0	0	0		
고등학교		0	0	0	0	0	0

* 사실적 지식은 용어에 대한 지식, 구체적인 세부 사항과 요소에 대한 지식
* 개념적 지식은 분류와 범주에 대한 지식, 원칙과 일반화의 지식, 이론, 모형, 구조에 대한 지식
* 절차적 지식은 교과 구체적 기술과 알고리즘에 대한 지식, 교과 구체적 기법과 방법에 대한 지식, 적절한 절차를 활용하기 위한 준거 지식
* 창발성: 스키마들 간 상호작용으로 안전 프레임이 새롭게 구축되어 안전 습관이나 판단 대처 능력이 창출됨

찾아보기

ㄱ–ㅎ

ㄱ

가상세계(Metaverse)__80
간학문적 주제(21st Century Interdisciplinary Themes)__120
강이철, 2004__220
개념 형성 모형__191
개인, 사회 및 보건교육(Personal, Social & Healthy Education: PSHE)__230
개인안전건강부(PSHE)__138
개인형 이동장치(personal mobility)__81, 156, 210
골디락 원칙__67
과제 중심 학습(task–based learning: TBL)__131
관점의식(perspective consciousness)__118, 141
교토의정서(Kyoto Protocol)__227
구체적 조작기(concrete operational stage)__181
국제 바칼로레아(International Baccalaureate: IB)__115
국제손상외인분류기준(International Classification Of External Causes of Injury: ICECI)__78
기능 기반 통합형 위험교육(bottom–up) 방식__183
김경자, 온정덕, 2014__187
김종민 외, 2021__228
김진석, 2018__187
김진석, 2022__188

ㄷ

다학문적 접근__126
딥 보이스(deep voice)__20
딥 페이크(deep fake)__20

ㅁ

맞춤형 안전교육
가상세계(metaverse)__195
메타버스 플랫폼__238
문제 중심 학습(problem–based learning: PBL)__131
문화 간 의사소통능력(intercultural communicative competence: ICC)__206

ㅂ

범교과 학습 주제(cross–curricular learning themes)__45, 59, 69, 75
변혁적 역량(transformative competencies)__140
보건 리터러시(Health Literacy)__75
빅 아이디어__187, 233

ㅅ

사건(event)__54
사이버 괴롭힘(cyber bullying)__210
상황 최소화(minimal situation)__240
스위스 치즈모델(Swiss cheese model)__87
스캐폴딩__219
스코프__217
시퀀스__217

실행 가능성(Reasonable practicality: RP)__241

ㅇ

안면인식 데이터베이스__21
안전 문화(safety culture)__56
안전의식__43
안전의식(safety consciousness)__53
안전체험관__80
안타고니즘(antagonism)__159
알고리즘적 자아(algorithmic self)__17
언어적 개념 형성(verbal component)__158
역동적 평가(dynamic assessment)__218
영국의 건강 안전부(Health & Safety Executive: HSE)__205, 212, 220
영국의 사고예방왕립협회(Royal Society for the Prevention of Accidents: RoSPA)__19, 61, 138
영국 정부와 건강안전부(Health & Safety Executive)__229
예방적 조치에 관한 지식(preventive knowledge)__170
온실효과(greenhouse effect)__118, 231
올바른 의사결정(risk literacy)__35
용인될 수 없는(unacceptable)__30
위험관리__99
위험관리능력__22, 207
위험관리체계__53
위험 기반 접근법(risk-based approach)__20, 22
위험예방가능성 5점 척도(risk preventability scale)__220
위험 예방 가능성 척도(risk preventability scale)__221, 241
위험 요인에 대한 각성(hazards alertness)__170
위험 요인 지각 훈련 프로그램(Child-pedestrians Anticipate and Act Hazard Perception Training: CA2HPT)__156, 173, 216
위험 의식(risk awareness)__145
위험 지점 표시 시트('Spot the hazard' sheet)__185
위험 커뮤니케이션__99
위험 커뮤니케이션의 테크닉__219
위험판단능력__22
위험 판단형__171, 172
유네스코 아시아태평양 국제이해교육원, 2014__140
유네스코의 지속가능개발의 목표__112
유럽연합산업안전보건청(EU-OSHA, 2002)__144
의미표상 형식(multi-modal)__130
이상수, 강정찬, 황주연, 2006__219

ㅈ

조연순 외, 2017__156
중재 시뮬레이션 프로그램__216
지속가능한 발전 목표(sustainable development goals: SDGs)__112, 211
지식 기반 독립형 위험교육(top-down) 방식__183

ㅊ

초학문적 주제(transdisciplinary theme)__114, 115
촉진자(facilitator)__188
총체적 학교 접근법(Whole School Approach)__32, 39, 143
최적(optimality)__30

ㅋ

컴퓨터적 사고 능력(computational thinking)__131

ㅌ

탄소국경조정제도(Carbon Border Adjustment Mechanism: CBAM)__228
통계정보제공시스템__79

ㅍ

판옵티콘(panopticon)__17
퍼스널 모빌리티__113
프로젝트 중심 학습(project-based learning: PBL)__154
플립러닝 기반 문제 해결형 프로젝트 교수-학습 모형__192

ㅎ

학교안전개선법(Safe Schools Improvement Act)__210
학교안전지원시스템__50
학습에 접근하는 방식(Approaches to Learning: ATL)__114
할루시네이션(hallucination)__20
합리적 실행가능성(Reasonable Practicality: RP)__66, 221
합리적인 의사결정(risk literacy)__107
핵심 생활기능(key life skill)__100, 220
행동 실천(risk control)__35, 107
허용할 수 없는 위험(unacceptable risk)__21
형식적 조작기(formal operational stage)__182
환경 · 지속가능발전 교육__45
회복탄력성(resilience)__102
효과적인 방법(Teaching Practice in Risk Education, 2005)__149
효과적인 위험 커뮤니케이션__235
휴먼팩터 분석 및 분류 체계__54

A-Z

A

Adams, 2001__20, 89
AIED(AI in education) 적용 시스템__95
Antoine et al, 2013__32, 33
Aven, 2024__27

B

Beane, 1993__115
Bender, 2012__155
Berstein(1996: 337)__35
Brown et al., 2014__91

C

CAST(Center for Applied Special Technology)__185

E

Eliott et al., 2012__88

F

Forgarty, 1991__119

G

Garland, 2008__22, 35
Ghesemi & Rasekh, 2020__27, 225

Giddens, 2009__226, 229
Gigerenzer, 2011__33

H

Haas와 Hird, 2013__126
Heinrich, 1931__86
Heinrich 피라미드 법칙__87

J

Jamaimool & Watanabe, 2014__101

L

Lund와 Aarø, 2004__56, 160

M

McWhirter와 Francis. 2012__27, 146
McWhirter 외, 2012__236
McWhirter & Francis, 2012__27
Meir 외, 2015__156
Meir et al., 2013a__158

N

Nara & Sata, 2016__27, 98
Nikiforidou, 2017__20, 89, 193, 236
Novak, 2009; Thomson 외, 2005__158

O

Osman 외, 2018; Van der Linden, 2015__228

P

Partnership for 21st Century Learning(P21)__74, 120
Perneger, 2005__53, 88
PMI(Plus–Minus–Interesting)__124
PYP(Primary Years Programme)__115

R

Reason, 1997__88

S

Savin–Baden, 2000__156
Shearn, 2005__33
Shearn, 2014__25, 100, 220, 241
STAR모형__193, 213

T

Trilling와 Fadel, 2009__155

U

UN재난위험경감국__18
U.S. Global Change Research Program(2009)__113

W

Weyman과 Shearn, 2005__149
Wiggins와 McTighe, 2005__186, 230

AI시대 위험 리터러시 기반 안전교육

1판 1쇄 발행 2025년 12월 29일

지 은 이 | 김진석 · 장은숙
펴 낸 이 | 김진수
펴 낸 곳 | 한국문화사
등 록 | 제1994-9호
주 소 | 서울시 성동구 아차산로49, 404호(성수동1가, 서울숲코오롱디지털타워3차)
전 화 | 02-464-7708
팩 스 | 02-499-0846
이 메 일 | hkm7708@daum.net
홈페이지 | http://hph.co.kr

ISBN 979-11-6919-381-8 93370